国家自然科学基金资助项目

基于关系传递的企业网络组织结构嵌入与控制机制研究

JIYU GUANXI CHUANDI DE QIYE WANGLUO ZUZHI JIEGOU QIANRU YU KONGZHI JIZHI YANJIU

彭正银 韩敬稳 包凤耐 等著

中国财经出版传媒集团
经济科学出版社
Economic Science Press

图书在版编目（CIP）数据

基于关系传递的企业网络组织结构嵌入与控制机制研究/彭正银等著．—北京：经济科学出版社，2017.6
ISBN 978-7-5141-8348-1

Ⅰ.①基… Ⅱ.①彭… Ⅲ.①企业-组织结构-研究 Ⅳ.①F272.9

中国版本图书馆CIP数据核字（2017）第197420号

责任编辑：王柳松
责任校对：王肖楠
责任印制：邱　天

基于关系传递的企业网络组织结构嵌入与控制机制研究
彭正银　韩敬稳　包凤耐　等著
经济科学出版社出版、发行　新华书店经销
社址：北京市海淀区阜成路甲28号　邮编：100142
总编部电话：010-88191217　发行部电话：010-88191522
网址：www.esp.com.cn
电子邮件：esp@esp.com.cn
天猫网店：经济科学出版社旗舰店
网址：http://jjkxcbs.tmall.com
固安华明印业有限公司印装
710×1000　16开　18.25印张　字数335000
2017年6月第1版　2017年6月第1次印刷
ISBN 978-7-5141-8348-1　定价：46.00元
(图书出现印装问题，本社负责调换．电话：010-88191510)
(版权所有　翻印必究　举报电话：010-88191586
电子邮箱：dbts@esp.com.cn)

PREFACE 前　言

　　本书是国家自然科学基金项目《基于关系传递的企业网络组织结构嵌入与控制机制研究》（批准号：71172018）的研究成果。近年来，企业网络组织的研究日渐丰富且深入，在对网络组织的特征、运行机制、绩效等研究的基础上，逐渐向网络组织的战略、协同、治理等方面不断推进，并对企业网络的嵌入问题进行探讨。但这些研究主要探讨企业的网络嵌入行为对企业绩效、运行、战略设计可能产生的影响，少有对网络嵌入如何形成、形成路径等的分析，对网络嵌入过程的治理研究就更少了。在实际运作过程中，由于中国市场环境较高的不稳定性与嵌入过程的高复杂性，企业双边关系的时限取向通常较短，多数企业集团、战略联盟与产业集群等网络化组织在成立之初关系较为融洽，但在嵌入过程中多存在关系松散甚至裂解的问题，造成企业网络组织整体运行效率低下与发展不稳定等诸多问题。另外，由于企业的利益驱动特征，企业间的信任、承诺等带有情感因素的关系资本薄弱，尤其是在尚未建立"合作关系"的企业之间，这就使得企业的网络嵌入并非一蹴而就，往往需要借由第三方的"关系传递"才能得以实现。因此，探究企业网络中主体间如何通过第三方进行间接联结，关系传递的动机是什么，关系传递如何影响企业间形成以系统为特征的关系嵌入和结构嵌入等科学问题，将对把握中国企业网络组织的嵌入行为与演进机理，建立对网络嵌入过程的控制机制，减少网络运作风险，提高网络整体的运行效率显得尤为重要。

　　因此，本书以关系的传递作为过程导向之源和研究的切入点，剖析关系传递情境下企业网络组织结构嵌入的形成机理与过程控制机制，并结合中国企业网络组织嵌入行为的实践进行研究。研究表明，关系传递组合中中间方和合作方的差异化动机对关系嵌入的价值取向和嵌入方式两个维度有不同的影响；基于关系传递的网络组织呈现出关系嵌入—初步网络结构—结构嵌入的整体演化路径，关系资产差异性会影响目标式结构嵌入和偶发式结构嵌入具体路径的形成；内外部治理机制的有效整合，可以提升企业网络组织结构嵌入的稳定性。

本书突破以往从静态的角度探讨网络组织结构嵌入的状态属性及其影响效应的研究，以过程为导向，以"动机—行为—治理"为分析脉络，深入挖掘结构嵌入经由关系传递路径的形成过程及其控制机制。提炼结构嵌入形成中的科学规律，剖析企业网络组织关系嵌入、结构嵌入的三方动机、路径选择、演进机理与控制机制，探寻企业网络组织结构嵌入的演进规律与实践效应。在研究思路上，本书针对企业网络组织的嵌入问题从理论上提出了一些新的观点，在方法上将理论演绎、演化博弈分析、扎根理论、逻辑回归（logistics）方法等质性方法和实证方法相结合，从关系传递的源头剖析，不断演进、逐层挖掘、充实论证，使本书的研究既具有一定的理论深度，又具有一定的实践参考价值。因而，本书对于丰富企业网络理论的内涵具有较强的理论价值，同时针对中国企业网络组织发展不稳定的现实状况，对推进中国企业网络组织关系嵌入与结构嵌入，明确网络嵌入过程的战略定位和控制方案选择，增强网络应变能力和竞争能力，提高网络整体运行效率与稳定发展在实践上具有指导意义。

本书分为八章。第一章，明确研究企业网络组织嵌入问题的背景、目标，概述了本书的主要研究内容与方法，介绍了研究的特色、思路与创新之处，阐述了研究的总体过程。第二章，对学者们在网络组织、关系传递、网络嵌入以及嵌入的控制机制等核心问题上所做的研究进行了简要述评，同时，概述了网络嵌入研究的主要理论基础。第三章，对运用文献解析法与开放性问卷调研法所形成的理论性与实践性两类样本分别进行关系传递组合的三方动机分析，通过开放式编码和因子分析方法解析两类样本的三方动机，并比较两类样本在动机上的异同，进而运用模糊评价方法对三方动机链进行耦合度测评。第四章，先从价值取向和嵌入方式两方面对企业网络组织关系嵌入的维度进行解析，然后，基于逻辑回归（logistics）方法，挖掘了创业投资型、技术开发型、市场开拓型三种类型企业网络组织中关系传递与关系嵌入的关联，并进行对比分析。第五章，构建了关系传递情境下企业网络组织由关系嵌入到结构嵌入的理论模型，并利用某市高新区内的制造企业样本解析网络组织演化的动因和内在机理。第六章，基于扎根理论方法，以S科技发展有限公司形成的创业投资型企业网络为分析对象，对所获取的样本进行三级编码，勾勒、提炼出企业网络组织的嵌入风险，然后，基于演化博弈方法构建企业网络组织合作状态演化的博弈模型，并求出系统的演化稳定策略，构建促进企业网络组织合作稳定性的控制机制。第七章，以T机械工程有限公司为研究对象，采用探索性单案例研究方法，解析了关系传递的驱动因素，以及企业网络组织关系嵌入、结构嵌入的演化路径与趋势，同时，又对相关分析结论展开了基于多案例的普适性研究和验证。第八章，主要结合理论和实践的分析得出相关结论，并对未来的研究提出展望。

本书由课题组负责人彭正银教授筹划主体框架并最终定稿，韩敬稳、包凤耐、秦娟娟、郑方、车响午、齐鲁俊等合作完成。S公司总经理对本书的调研活动进行协调、安排，以S公司所形成的创业型企业网络为研究基地，本书的系列调研获得了丰富的第一手资料。彭正银完成第一章第一节的写作，并主持完成第三章、第四章、第五章、第六章的实证研究部分。韩敬稳完成第六章第二节、第八章第二节的写作。韩敬稳、王丽楠完成第六章第一节的写作。包凤耐承担本书书稿的组织工作，并完成第一章第二节、第八章第一节的写作。包凤耐、赵娟完成第四章的写作。车响午完成第五章的写作。秦娟娟完成第三章第四节的写作。秦娟娟、崔兆丽完成第三章第一节、第二节、第三节的写作。郑方完成第七章的写作。齐鲁俊完成第二章第一节、第三节、第五节的写作。史静怡完成第二章第二节的写作。卢赛完成第二章第四节的写作。韩敬稳、包凤耐、黄晓芬、史静怡、卢赛、邱冬冬等参加了书稿的整理、校对工作。黄晓芬、闫慧丽、王永青等参与了本书研究主题的研讨。

作者感谢国家自然科学基金委员会对本书出版的资助。同时，感谢众多被调研企业和企业负责人对本书调研活动所给予的大力支持；

感谢天津财经大学科研处对本研究团队的一贯支持与帮助；感谢天津财经大学商学院张建宇、高楠、汪爽、程江、苏磊、孙雪娇、夏良杰、陈旭辉、张初兵等老师参与本书的每周例会研讨，为本书的顺利进行提供了宝贵的意见和建议；感谢课题组众多同学参与本书的调研、文献与数据整理工作。本书的出版还得益于经济科学出版社王柳松编辑的努力与支持，以及关心作者研究工作的朋友们、老师们、同学们、家人们的支持和帮助，在此一并感谢！

希望本书的出版，能对企业网络组织研究的推进与实践的运作尽到绵薄之力！作者仍将继续努力，在企业网络组织及其相关研究领域探真求实！由于作者的水平有限，本书难免有不妥之处，存在着欠缺与不足，恳请各位同仁批评指正，并在此致谢！

彭正银

2017 年 4 月

CONTENTS 目 录

第一章 导 论 / 1

第一节 研究背景 …………………………………………………… 1
第二节 研究内容与方法 …………………………………………… 3

第二章 企业网络组织嵌入与控制机制研究述评 / 8

第一节 网络组织研究 ……………………………………………… 8
第二节 关系传递研究 ……………………………………………… 11
第三节 网络嵌入研究 ……………………………………………… 19
第四节 嵌入的治理机制研究 ……………………………………… 24
第五节 网络嵌入研究的理论基础 ………………………………… 26

第三章 基于关系属性的传递组合的动机分析 / 35

第一节 关系传递的动机分析 ……………………………………… 35
第二节 基于文献解析的三方动机分析 …………………………… 38
第三节 基于实践调研的三方动机分析 …………………………… 45
第四节 三方动机链耦合度模糊评价 ……………………………… 65

第四章 关系传递与关系嵌入的关联分析 / 74

第一节 企业网络组织关系传递的差异化动机 …………………… 76
第二节 企业网络组织关系嵌入的维度 …………………………… 83
第三节 关系传递与关系嵌入关联的研究设计 …………………… 91

第四节　关系传递与关系嵌入关联的实证分析 ………………… 105

第五章　结构嵌入的演进机理 / 124

　　　第一节　关系嵌入视角下网络演化的动因和模式 ……………… 124
　　　第二节　理论假设 ………………………………………………… 137
　　　第三节　研究设计与模型检验 …………………………………… 142

第六章　企业网络组织的嵌入风险与治理机制 / 172

　　　第一节　企业网络组织的嵌入风险——基于 S 公司的案例 …… 173
　　　第二节　嵌入视角下企业网络组织的稳定性与治理机制研究 …… 206

第七章　基于关系传递的结构嵌入演化案例研究 / 217

　　　第一节　研究设计与案例介绍 …………………………………… 218
　　　第二节　案例分析与理论构建 …………………………………… 232
　　　第三节　案例问题的扩展性分析 ………………………………… 240
　　　第四节　基于多案例研究的普适性分析 ………………………… 242

第八章　结论与研究展望 / 251

　　　第一节　本书的主要结论 ………………………………………… 251
　　　第二节　未来研究的展望 ………………………………………… 257

参考文献 / 261

第一章

导　论

　　由于资源的稀缺性和异质性，企业往往需要嵌入于网络组织中以获取发展所需的重要资源。通过这种嵌入行为，企业网络组织的边界与规模得以构建和扩展，企业也能得到丰富的异质性资源，进而助力企业发展壮大。现实中，企业的这一嵌入行为往往需要通过"中间人"的关系传递才能实现。通过关系传递，使外缘企业与网络组织中的企业建立关联，形成关系嵌入，并通过关系的依次传递或渐次传递与网络组织中的多家企业建立关联，形成结构嵌入。然而，关系传递与关系嵌入有什么关联性、企业如何能经由关系传递实现网络嵌入、嵌入过程该如何控制等关键问题尚未得到理论或实践领域的有效回答，这也影响了企业网络嵌入行为的效率。因此，从组织行为的视角，探讨基于关系传递的企业关系嵌入、结构嵌入的演进机理与嵌入过程的控制机制，显得非常具备迫切性与现实性。

第一节　研究背景

一、研究问题的提出

　　关系具有传递性或转移性（胡雯，武常岐，2004）。关系传递意味着，作为"中间人"的第三方能够将与一方的关系传递给另一方，引发后两者之间建立关联。关系传递作为一类社会现象，曾引起社会网络学者的关注。伍兹（Uzzi，1997）就曾提及作为"中间人"的第三方通过关系传递使另两方建立关联，并从社会网络的视角对由此形成的关系嵌入进行了探讨。而从经济行为的角度来看，经由关系传递形成网络嵌入的现象显得相当普遍：中小型创业企业往往会通过"中间人"的介绍，而与投资银行、信托公司建立联系；技术创新型企业往往会通过第三方与其他企业开展技术合作以弥补自身某项技术的不足；注重新产品开发与推广的企业，常借助第三方的销售关系进入新市场。这几类经济活动都有一个共同的特征：企业借助"中间人"的第三方关系传递而与网络组织中的一家企业建立经济联结，形成双边关系而嵌入网络组织以获取发展所需要的资源。如资金、技术或产品（Xin，Pearce，1996），从而减少市场交易中可能存在的无效率的风险，提高企业的运作效率，促进企业的成长。

这种基于关系传递而嵌入的过程，将经济主体的市场行为嵌入于一个由市场交易与利益、信任与利他情感的多元关系中，使得进入者能够借助经济活动而形成关系嵌入，并有可能借此存在的企业双边关系发展成为结构嵌入（Uzzi，1999）。而基于关系传递的结构嵌入既具有动态性的特征，又会对网络组织资源配置的结构与方式产生影响。基于此，本书重点关注的是，企业网络中主体间通过第三方进行间接联结，形成以系统为特征的结构嵌入问题。

近年来，从社会学、经济学的视角探讨结构嵌入问题的研究不断涌现，相关研究揭示出结构嵌入的特征、影响因素等，并尝试挖掘结构嵌入因素对网络治理机制的影响（Jones et al.，1997）。然而，这些研究主要是从静态的角度探讨结构嵌入的状态属性及其影响效应，少有从动态的视角探讨结构嵌入的形成过程，缺乏对嵌入过程性与阶段性特征的把握。本书从表征现实情境的关系传递切入，基于过程导向深入挖掘结构嵌入经由关系传递路径的形成过程及其控制机制，提炼结构嵌入形成中的科学规律，有助于深化对嵌入问题的探索，丰富企业网络理论的内涵。

在中国经济转型与结构调整的情境下，企业非常注重关系价值的作用（姜翰，金占明，2008）。一方面，企业重视已有的企业间所形成的关系，如企业集团、战略联盟、产业集群等，以维护其既有的资源、市场与利益；另一方面，又非常关注潜在的利益关系，通过第三方的关系传递与相关的企业开展技术合作，组成技术开发联盟。开拓新业务、新市场，构建网络化的经营体系，以提升企业的绩效（Yli-Renko，Autio & Sapienza，2001）。但在实际运作过程中，由于中国市场环境较高的不稳定性与嵌入过程的复杂性，企业双边关系的时限取向通常较短（姜翰，金占明，2008），多数企业集团、战略联盟与产业集群等网络化组织在成立之初关系较为融洽，但在嵌入过程中多存在关系松散甚至裂解的问题，造成企业网络组织整体运行效率的低下与发展的不稳定。因而，中国企业网络化的发展，迫切需要把握结构嵌入的机理及控制机制以减少运作风险。通过对基于关系传递情境下企业网络组织结构嵌入与控制机制的研究与应用，将为中国企业网络组织的运作过程提供可供选择的控制方案，明确其战略定位，增强其应变能力和竞争能力，这对提高中国企业网络组织的整体运行效率在实践上具有指导意义。

二、研究目标

本书基于关系传递的动态情境，重点解析企业网络组织结构嵌入的演进机理与过程控制机制，能有效地把握企业网络组织结构嵌入的规律性特征；而结合本土化企业网络所得出的特征理论，对中国企业网络组织的良性发展与高效运作具有现实的指导意义。

第二节 研究内容与方法

一、主要研究内容

本书以关系的传递作为过程导向之源，剖析关系传递情境下企业网络组织结构嵌入的形成机理与过程控制机制，并结合中国企业网络嵌入行为的实践来进行研究。本书的研究架构，如图1.1所示。

（一）基于关系属性的传递组合的动机分析

有一家企业借助第三方——"中间人"，通过关系的传递与网络组织中的一家企业建立关联，这三方构成了一个传递组合。由于三方关系的不对称以及关系强度的差异（李继宏，2003），会使得关系传递的过程趋于复杂化；而三方存在的信任的不对等、关系资产的异质性，会使三方对因传递所获得的价值预期存在差异，导致三方在动机上存在不同。这三方既要实现自己的动机,同时,还要受到另外两方动机的影响,构成互动的动机链。三方需要经历一个相互磨合、共同调整、相互适应的过程,在动机链上达到耦合的状态。而耦合的程度如何,需要建立评价体系进行评估。

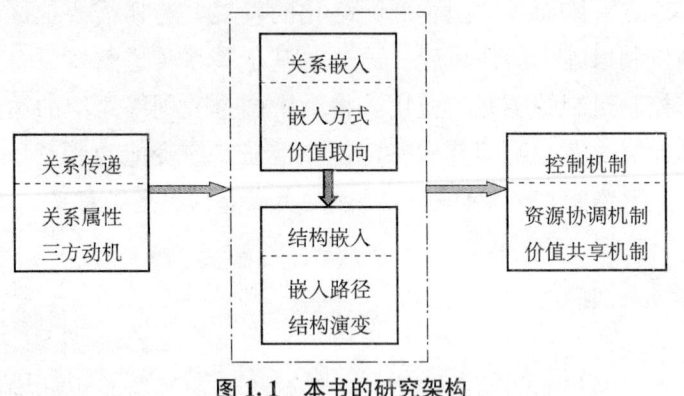

图 1.1　本书的研究架构

(二) 关系传递与关系嵌入的关联分析

当两个企业通过关系传递发生关联时,会形成关系嵌入。传递过程中的三方动机不仅作为驱动因素,借助关系的传递而影响关系嵌入的方式,而且作为诱导因素,通过对嵌入双方动机的互动而对双方的价值取向产生影响。不同类型组合在动机上的差异化以及网络组织中企业在位置上的差异,会使得关系嵌入发生趋向性的变化。

(三) 结构嵌入的演进机理

作为新进入的企业一旦与网络组织中的一家企业形成关系嵌入,它就有机会通过该企业进行递进式的关系传递,与网络组织中其他结点的企业产生关联,形成新的嵌入关系。作为新进入者,所形成的嵌入关系将会对企业网络组织结构产生影响,主要表现在:在嵌入的路径上,由于结点的位置与关系资产的差异性以及价值取向的不同,其对结点的选择是依次式进行还是跳跃式筛选;新进入企业的不断嵌入,其所产生的引力与冲突会引发企业网络中其他结点的嵌入关系的变化,导致网络组织结构型的变革 (Halinen, Salmi & Havila, 1999),逐渐形成结构嵌入。递进式的关系传递使企业间的关系更趋复杂化,路径趋于多重化,价值取向多元化,这需要深层次地探讨结构嵌入的演进机理。

（四）基于嵌入过程的控制机制分析

基于关系传递的嵌入过程，是一个动态的过程。在此过程的演进中，不仅企业网络组织关系结构会发生变动，而且会引发两条"结构链"的变化：一是新进入者会因"资源的过度占用"或互惠性投资的不足改变企业间的资源依赖与协调方式，引发网络中企业间资源结构链的整合。二是嵌入过程中各企业价值取向的多元化会改变企业间价值的分配方式，引发网络中企业间价值结构链的重构。

二、研究方法与技术路线

（一）主要研究方法

1. 网络层次分析法

本书利用网络层次分析法，考虑指标之间的相互影响与制约关系，建立加权超矩阵并利用超级决策软件（super decision）进行相对排序向量的求解，得到各因素权重矩阵。同时，为剔除评价结果的人为不确定因素，在实际决策过程中，各因素评价结果的模糊信息可以通过区间数形式进行表达，利用区间相离度和方案属性偏差最大化方法客观地得到评价结果的向量矩阵。然后，结合各因素权重矩阵，得到关系传递动机链耦合度的评价结果。

2. 扎根理论方法

本书运用扎根理论方法，通过对天津某公司所形成的创业型企业网络进行调研，分析结构嵌入的演进机理。其主要的过程是：一是采用分组抽样方法对每种类型的传递组合随机抽取2组，共6组样本（不少于18家企业）的各级管理人员（每家企业不少于6人）进行有关协同行为方面的非结构式的面谈，通过三个轮次、逐轮深入的调查方式，获取层层精练的样本资料与经验数据。二是对资料与数据进行三级编码（开放性编码、主轴编码和选择性编码），根据资料与理论之间的相关关系，逐级地进行对比、整合与归纳，提炼出有关概念的类属、属性及其逻辑关系。三是通过三级编码勾勒出初始理论，确定该理论的内涵和外延，将初始理论返回到原始资料进行验证，不断地优化、建构和形成相关理论，从而探析中国企业网络组织结构嵌入的演进机理。

3. 行为博弈方法

行为博弈方法以实验为基础，应用心理学规律提出弱化理性假设和扩展理论的方法，将行为要素——社会性偏好、有限重复推理和学习纳入经典博弈论模型中，用以解释与经典博弈结论不同的实验结果。因此，行为博弈是引入认知能力因素分析群体互动行为的有效方法，可以使博弈论对个人或团体在各种策略条件下的行动作出与实际更为一致的解释和预测。由于在结构嵌入过程中存在着认知差异与策略互动，因此，需要运用行为博弈方法探索企业网络组织结构嵌入过程中的控制机制。

（二）技术路线

本书的基本思路是，以半开放式问卷调查与分组抽样为基础，以关系嵌入的关联分析与结构嵌入的演进机理为两条主线，运用网络层次分析方法、扎根理论与行为博弈三种方法来推进研究，具体可分为观察问题与文献整合，实施半开放式调查，设计三级编码，进行过程分析，形成科学结论等五个阶段，具体的技术路线，如图1.2所示。

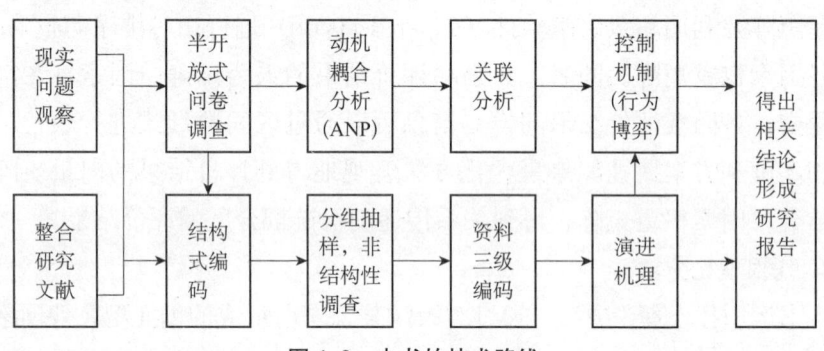

图1.2 本书的技术路线

三、主要研究特色与创新

（一）主要研究特色

1. 前沿性

已有的文献对企业网络组织的嵌入分析大多集中于关系嵌入与嵌入绩效上，对结构嵌入的状态属性及其影响效应主要是从静态的角度进行探讨。本书的研究以关系传递为切入点，从动态的视角探讨结构嵌入的形成过程，利用扎根理论方法深入挖掘结构嵌入的演进机理，运用行为博弈方法探析嵌入过程的控制机制，在理论与方法上处于前沿的研究水平。

2. 科学性

本书拟应用网络层次分析方法，构建不同传递类型组合三方动机达到耦合状态的评价体系，增强对传递过程的科学分析。

3. 本土化

本书的研究从关系传递的动机分析，到应用扎根理论对结构嵌入进行探析，都是以 S 公司所形成的创业型企业网络为分析对象来展开，突出本土化的企业情境，其所分析得出的动机属性与嵌入特征理论对中国企业网络组织进行有效的结构嵌入具有现实的指导意义。

（二）主要创新点

本书以理论创新为主旨，以本土化的应用研究为基础，注重学术研究的前沿性，其创新之处主要有三方面。

1. 对传递组合动机链的耦合度分析

已有的文献对企业间合作动机的探讨，基本上都是以两个企业为分析对象来进行的。本书基于关系传递的情境，对关系传递组合三方所构成的互动的动机链进行分析，并运用网络层次分析方法来构建有效的评价体系，以测度动机链的耦合状态，有助于拓展组织的行为动机理论。

2. 对结构嵌入演进机理的探析

已有的文献对结构嵌入的探讨，基本上都是从静态的角度进行理论演绎或实证分析。本书基于过程导向，运用扎根理论方法形成相关的概念与理论来探寻结构嵌入的本质特征与内在机理，遵循从现实问题观察、归纳、提炼理论的方式，这既有别于从理论到理论的研究思路，又不同于以结果为导向的实证分析方法，其所提炼的理论能有效地把握结构嵌入的演进规律。

3. 对嵌入过程控制机制的分析

已有的文献对嵌入过程控制机制的探讨，主要是利用因果关系变量通过定量模型来测算，本书将嵌入过程的控制机制定位于资源整合与价值重构上，加入认知能力与策略互动等因素，运用行为博弈方法探寻控制机制，扩展嵌入研究的空间。

第二章

企业网络组织嵌入与控制机制研究述评

帕克和罗（Park，Luo，2001）、格兰诺维特（Granovetter，2004）都曾提出，企业间网络可以传递商业关系。企业网络中企业之间的关系可在各方之间进行传递，形成企业组织间的关系嵌入。企业组织决策者和管理人员通过进行广泛的社交活动，建立各种关系和非正式协议来应对不确定性，增强企业的社会合法性，构建有利于企业绩效的信任和信息交流渠道，降低交易风险。

第一节 网络组织研究

一、网络组织的内涵

不同学者对网络组织的概念有不同的认识。芮明杰（2002）指出，网络组织是指，在特定工作任务上实行专门化的几个组织，以一个组织为中心结合在一起而形成网络的组织形式。李维安（2000）指出，网络组织是由活性结点的网络联结所形成的组织系统，网络组织中各结点以实现整体利益最大化为目标，将经济联系作为纽带，在信息交互基础上构成的跨实体组织。拉森（Larson，1993）提出，用市场、网络组织和企业三分法替代传统的两分法，并认为网络组织是市场这只"看不见的手"与科层这只"看得见的手"之间的"握手"。贝克尔（Baker，1992）从社会学的角度阐述了网络组织的概念，认为网络组织作为一个社会网络，消除了正式群体和部门的限制因素，从而形成了不同类型的人际关系。

通过以上学者对网络组织的认识我们可以看出，企业网络组织是在现代网络信息或制造技术的基础上，由多个相互关联的企业共同组成，它们通过相互分工与协作进行资源配置和交易。因此，我们不难看出，企业网络组织的定义包含以下三个方面：一是由有一定规模的企业或组织成员组成；二是组织之间存在某一特定的共同目标；三是通过契约进行合作，进行资源配置和交易。

二、网络组织的特征

在上述学者对企业网络组织含义的不同界定中，我们可以发现网络组织利用结点之间资源的差异性和互补性，依靠分工与协作，经过契约整合在一起，逐渐形成了趋向稳定的网络组织，本书认为网络组织有以下主要特征：

1. 企业网络组织结点及其联结方式的多样性

网络组织以资源互补为基础进行成员选择，其边界具有可渗透性和模糊性。网络组织以某一特定目标为中心，对组织成员的知识、技术、资产专用性等方面进行协作，超越组织成员边界、时空的界限，从全球范围内诸多组织中精选出合作伙伴进行网络组织运作，实现信息资源优势互补。网络结点及其联结方式的多样性，决定了组织成员的广泛性和合作性。正是成员的广泛性带来了网络组织中资源拥有不均衡、信息不对称、信息共享程度不当、沟通不充分、协调不周密等问题。此外，网络组织的各个结点在整个网络中形成一个价值链，在价值链中，企业间相互选择的前提是每个企业都能有所贡献。网络最终目标的实现，只有在这些企业的合作下才能做到，才能实现网络的整体效益大于各独立部分总和的效应。但在其合作过程中，也不排除协同负效应和溢出效应等问题的产生。

2. 企业网络组织的复杂性和不确定性

网络组织具有复杂性，不仅网络组织结构复杂，边界具有模糊性，而且，在网络组织协作过程中富有动态变化性。坎贝尔（Campbell，1988）从潜在路径具有多重性、效果具有多样性、路径和效果之间存在冲突和不确定性三个方面来定义任务复杂性。在组成网络组织的个体中，在认知能力、决策水平上不尽相同，使得网络组织结点间的联结方式呈现多样化，进而产生的效果也具有不确定性。环境中存在各种变化和不可预期性,网络组织的复杂性及其不确定性、交易双方拥有的信息不一致也使不确定性增加,因此,市场的先占者会由于拥有较多信息而获益。网络组织中的企业成员具有有限理性,并非古典经济学中的理性经济人,信息不对称和信息共享程度不当导致在委托—代理博弈中,企业成员的行为不可观测,必然出现道德风险和逆向选择。所有者(委托人)与经营者(代理人)之间的信息不对称是导致所有者逆向选择,及经营者偷懒等道德风险问题的原因,这就是网络组织内部的委托—代理风险。网络组织中机会主义行为产生的根源之一,就是信息不对称。这就使得交易的当事人在执行契约之前,从利己行为出发作出说谎、歪曲信息或隐藏信息等行为来获取交易对象的信任,从而使得自己在交易契约中占据有利和有益的地位。彭正银(2003)指出,交易者陷入逆向选择之中,最终会导致"市场失灵"。交易双方一旦签订契约后,对交易对象的行为无法观察和监督,从而网络组织成员为了获得自身最大利益可能采取损害其他交易成员利益的行为,或采取转嫁风险或逃避风险等机会主义行为。

3. 企业网络组织结构嵌入过程中结点的属性特征

达克因等(Dacin et al.,1999)划分了4种网络嵌入关系:结构性的、认知性的、行政性的及文化性的,并认为结构嵌入是理解网络嵌入的关键,并影响其他3种嵌入关系。一般而言,网络结构中核心结点企业居于最有优势的地位,具备最强的控制能力和协调能力。但其他合作伙伴为自身利益,也可能作出偏离核心企业和整个网络利益的行为,从结点具有传递属性来看,关键结点对整个网络组织具有较大的影响。网络结构的一个典型特征,是拥有网络连线越多的结点,其数量越少,而且一旦失去这些数量较少的关键结点,整个网络就将解体。蔡宁(2006)认为,网络结点破坏会导致网络的通讯中断。企业结点过度限制在本地集团网络中,会产生"过度根植性效应",网络中流经的新信息减少,因而会变得僵化,最终会导致失败(Burt,1992)。在供应链网络中,一个企业的破产会增大其他成员的破产概率,导致网络中发生破产传递甚至破产"雪崩"现象(孙艳红,2010)。企业网络组织的成员合作具有不稳定性,成员间以某种契约方式结合,由于人的有限理性和交易的不确定性使契约不完全,从而使成员间合作面临机会主义风险和"搭便车"行为,进而影响网络组织的稳定性。网络组织中的信息将以成员为载体迅速传递,在外界环境的客观因素和组织内成员的主观因素双重作用下,使得成员间传递的信息出现扭曲或失真的风险。网络结点的属性，对网络组织的规模也产生影响。阮平南和田秋（2010）从战略网络的视角提出较多具有不同企业文化的结点组成的网络更容易产生冲突，较难获得彼此的信任，在信息传播的速度和真实性上也劣于较少结点间的传递，因而，网络中有过多的结点企业，也存在一些负面影响。

第二节 关系传递研究

一、关系传递的内涵与分类

关系是社会网络研究的核心概念之一，在社会网络研究中，研究者对关系的诠释一直存在争议。1973年，格兰诺维特（Granovetter）在《弱关系的力量》一文中，初步提出了关系的一些理论界定及关系在劳动力市场中的可能作用，但并没有对其进行明确的界定。国内外学者从多个角度对关系的概念进行了界定，有学者将关系定义为联系，但是各学者所定义的联系的主体并不完全相同，主要分为组织之间的联系、个人联系和社会联系三类。C.奥利弗（C. Oliver, 1990）认为，关系是指一个组织与其环境中的多个组织之间建立的相对长久的交易、交流和联系，他强调的关系是组织之间的联系。而组织间的关系主要包括那些拥有外部组织的公司、顾客、供应商、投资者、政府机构以及类似的组织（Dyer, Singh, 1998; Larson, 1992）。有学者将关系定义为个人联系，如罗亚东（1997）认为，关系就是建立起能获得利益的个人联系。Y. H. 王等（Y. H. Wong et al., 2000）认为，关系是隐含着利益交换意义的友谊。瓦尔德（Walder, 1986）将关系定义为从强烈的个人忠诚到正式的行贿的工具化和个人化的联系。

而徐和樊（Tsui, Farh, 1997）认为，关系是包括工具性的和富于情感的道德元素交织的特殊的联系。也有学者将关系定义为社会联系，如C. A. 哈克利等（C. A. Hackley et al., 2001）认为，关系是连接参与者促进社会相互作用和交换的一种特殊社会联系。刘清华（2003）认为，企业间关系就是一组持续性合约关系和社会联系的集合。而杨（Yang, 1994）认为，关系既有个人联系的意思，也有社会联系的意思。杨（Yang）在其全面研究中强调,关系是指物、力量或人之间的"一种联系",它通常指人与人之间的联系,不仅被应用于夫妻、亲属和朋友的连接,还有"社会连接"的意思,是基于隐含共同利益的二元关系。边燕杰(1999)、古德曼和莱斯特(Goodman, Lester, 2001)则综合了各位学者的观点,认为关系作为学术术语在关系市场学中应被理解为两个客体和多个客体、人和组织之间的一种联系。陈俊杰(2001)则认为,关系是质的联系而构成的带有"文化合理性"相互关联的状态。另一些学者则从其他角度给出了关系的概念。M.霍尔姆隆德等(M. Holmlund et al., 1997)认为,关系为至少两个参与者之间的持续相互作用和交易的相互依赖过程。李继宏(2003)则认为,关系是历时性的、不对称的和主体间性的,关系的强度必须和向度结合在一起。关系应该被定义为"在具体的事件过程中关系主体间的信息和资源的流通渠道"。还有一些研究,则将关系与资源联系起来。刘林平(2001)把关系看作是一种资源配置手段,是人们获取利益的一种手段。苏宸霆等(Su Chenting et al., 2002)认为,关系是指资源的联合,所有参与者在其中通过共享稀缺资源来提高企业绩效。邹佳青(2003)把关系定义为对资源拥有者和需求者进行资源调配的社会性的平衡力量,它的本质特征之一就是动态性。

由于市场机制的不健全,以关系为基础的商业战略在转型期的中国经济中起到了重要的作用(Peng, 2001)。在商业领域,企业之间的联系可以帮助企业获取互补性资源,有助于企业开发自身的竞争优势从而促进企业发展(Glaister, Buckley, 1996)。因此,关系的工具属性特征逐渐得到战略管理学者的重视(如,Mike W. Peng, Justin Tan, Yadong Luo et al.)。

关系具有传递性或转移性(Park, Luo, 2001;胡雯,武常岐,2004;宝贡敏,刘枭,2008)。伍兹(Uzzi, 1996)发现,嵌入性关系主要是由第三方中介网络及以前的个人关系形成,他认为通过第三方中介的这种间接关系的形式将一个人行为的期望从一个联系转移到另一个联系。伍兹(Uzzi, 1997)曾在研究中提出,第三方通过关系的传递使以前没有任何合作经验,也没有任何联系双方之间建立起联系。关系传递能够为企业带来"新的专门技能的获取,即新的做事方式"(Zander, Kogut, 1995)。

在实际经济活动中,双方之间的关系并不是只有一种,而是存在多种不同的关系类型。王国顺和谢高峰(2008)根据参与者之间相互联系的内容,将关系分为信任关系和协作关系。杨士尧(1986)认为,正确地认识和了解企业之间的各种关系是对企业间关系进行最优控制和管理的前提,杨士尧将关系分为四种类型:互赖关系、竞争关系、吞食关系和破坏关系。黄中伟和王宇露(2008)将关系划分为业务关系和技术关系。业务关系是企业与外部供应商和顾客之间的关系,反映了企业理解变化的业务环境的能力以及企业如何适应这种环境的能力,它与企业的业务行为息息相关;技术关系是企业间产品开发与产品处理的过程,关系到企业能否从其他企业中获取新的技术。本绍(Bensaou,1999)根据企业用于维持发展合作伙伴关系的"专用资产"的投入程度,将企业间的关系分为买方积极型关系、供方积极型关系、市场交换型关系和战略型关系4种类型。叶飞和徐学军(2009)将企业间的合作关系分为互补性合作关系和相似性合作关系两种。克里斯名夫(Christopher,1998)从"权力分配的角度"将伙伴关系划分为对等关系和阶层关系。道格拉斯·M. 兰伯特等(Douglas M. Lambert et al., 2006)根据企业间合作时间的长短、特定的使用条件、持续时间、范围、强度以及关系的密切程度等,将商业关系分为臂长关系、合作伙伴关系、合资关系及纵向整合关系四种。关系分类的主要观点汇总,如表2.1所示。

表 2.1　　　　　　　　　关系的分类

分类标准	关系的分类	研究者
根据参与者之间相互联系的内容	信任关系,协作关系	王国顺,谢高峰(2008)
根据关系双方之间的业务	互赖关系,竞争关系,吞食关系,破坏关系	杨士尧(1986)
根据通过关系获取的内容	业务关系,技术关系	黄中伟,王宇露(2008)
企业用于维持发展合作伙伴关系的"专用资产"的投入程度	买方积极型关系,供方积极型关系,市场交换型关系,战略型关系	本绍(Bensaou,1999)
根据关系双方的异质性	互补性合作关系和相似性合作关系	叶飞,徐学军(2009)
企业间合作时间的长短、特定的使用条件、持续时间、范围、强度以及关系的密切程度	臂长关系、合作伙伴关系、合资关系及纵向整合关系	道格拉斯·M. 兰伯特等(Douglas M. Lambert et al., 2006)

资料来源:作者整理。

在实际经济活动中,企业与提供原材料等的上游供应商,下游的销售渠道与顾客,提供互补产品的制造商,以及具有相关技能或技术的其他企业以及提供专业化培训、教育、信息、研究与技术支持的政府机构或非政府机构之间建立联系。根据与之建立关系的对象,本章将关系分为市场关系、技术关系、政治关系、融资关系、竞争关系、咨询关系（与法律机构的关系）。

二、直接关系传递

由于分析视角不同，各学者对关系网络的定义各不相同，爱默生（Emerson，1981），安德森等（Anderson et al.，1994），布兰肯伯格·霍尔姆等（Blankenburg Holm et al.，1996）认为，企业关系网络是一组两个或两个以上相互联系的商业关系。每个企业都处于关系网络中，企业与各种有业务往来的企业之间的关系就构成了企业的关系网络。周小虎（2006）认为，网络并不一定是为了进行交易而建立的，在网络中企业除了可以得到经济利益外，还可以获取其他方面的资源以及获取网络内部其他成员企业的支持等。企业或者个人参与网络都是基于一定的目的的，关系网络中存在能吸引企业参与的资源等，无论是以个体形式还是以组织形式参与网络，他们都能够为关系网络中的其他成员带来资源，同样也能从其他成员那里获得自己所需要的资源。关系网络中的参与者之间可能是以契约的形式来维持，也可能只是以信任、情感等形式来维持。彭和罗（Peng，Luo，2000）和石军伟等（2007）通过实地调研发现，在实际经济活动中，企业家关系网络对企业的发展同样具有很大的作用，企业家关系网络能够为企业带来业务，也能够帮助企业与其他组织建立关系，因此，他们在研究过程中就用此代表企业关系网络。

企业间关系网络对企业是很重要的，古拉蒂（Gulati，1999）在研究中阐述了企业关系网络的重要性，他认为关系网络本身就是一种资源，这种资源是不能被模仿的，并且关系网络能够为企业创造资源，在关系网络中，企业能够获得在网络之外难以获取的信息和技术等。在经济活动中，企业嵌入关系网络中的现象越来越多，因此，对组织间关系进行研究是很有必要的。关系网络本身是一种不能被模仿和替代的资源，对企业有重要的战略意义。从关系网络中获取的资源是独特的，是不能从其他地方获得的，因此，要想获取这些资源，就只能发展组织间关系。企业从关系网络中获得的资源并不是一样的，这些资源具有异质性，这些资源很难被关系网络以及关系以外的企业或组织模仿，对企业具有战略性意义（罗珉，2007）。

任何企业都不可能独立于关系之外，在市场环境下，任何企业的发展都离不开与其他个人或组织的联系。企业能够从其所在的关系网络中获取发展所需要的资源,运用这些资源能够使企业获得比不加入关系网络多的竞争优势,这些资源的获取有助于企业发展目标的实现。王国顺和谢高峰(2008)提出,企业能够利用从网络中获取的资源,企业利用这些资源能够创造出一定的价值,为企业提供一定的竞争优势,它们将这部分产生于关系网络的资源称为关系网络资本。也有部分学者将其定义为资源和能力,通过对关系网络资本的积累,能够有助于企业从中获取自己所需要的信息和资源等,从而促进企业发展目标的实现。如果关系网络不能够为企业的发展目标提供帮助,反而阻碍其实现,那么,关系网络资本就会表现为负债(Hansen,2001)。并不是所有的关系网络都是企业的资本。周小虎(2006)及王国顺和谢高峰(2008)提出,那些不能被企业控制的关系网络不能称为企业的资本,如果企业只是被动地接受它所在关系网络提供的资源等,那么,这些资源是不稳定的,是随时可能消失的,因此,这部分关系网络不是企业的资本。只有企业控制的关系网络,才可能是企业的资本。企业的资本必须有利于企业目标的实现,如果企业所控制的关系网络会阻碍企业目标的实现,那也不能是企业的资本。

企业关系网络资本有利于企业目标的实现,能够为企业创造价值,并且,所创造出的价值不是由某个网络参与者所垄断,而是由他们之间的关系来决定价值的最终分配。企业关系网络资本是一种特殊的资本,周小虎(2006)将其看作是企业资本的一种新形式。这一资本和那些有形资本不同,它是无形的,并且它不会因为企业的多次使用而减少,相反,若是长期不使用关系,这些资本就会衰竭。若是多次使用关系,那么,就会增强企业之间的联系,使得它们之间的关系更加密切,那么,关系资本就会更多。企业关系网络资本并不仅限于企业层面的关系,企业领导、员工、一个部门或工作组所拥有的关系也能够为企业带来关系网络资本,它来自个人和组织两个层面的社会网络。企业的关系网络资本是一种特殊的资本,是很难被复制和模仿的。对于企业而言,这是一种非常关键的资源,能够为企业提供外部的信息,为企业提供访问外部资源的机会,为企业发展提供竞争优势。企业应该利用这一关键资源,使企业获得更多的发展机会。

三、间接关系传递

如果两个企业之间以前没有合作,只有通过其他企业才能产生关联时,这两个企业之间的关系就称为间接关系，经由第三方介绍进行关系传递才取得联系的企业间关系就是间接关系。学者对间接联系的描述始于格兰诺维特（Granovetter，1973），他认为，间接关系的存在使企业之间有了连接的渠道，使企业能够获得更多的资源。格兰诺维特的研究引领了学术界对间接关系的研究。伯特（Burt，1987）认为，两个人之间虽然没有直接的联系，但是通过各方的直接联系能够连接起来，他把这两人之间的关系称为间接关系。伍兹（Uzzi，1997）也在研究中提出，企业之间是存在间接联系的，西姆塞克等（Simsek et al.，2003）也认为，企业之间除了双边关系以外，还存在其他类型的关系。高伟和聂锐（2010）提出，共同的第三方能够增强企业双方之间的信任，有助于防范机会主义。

间接关系的建立，能够帮助企业减少获取信息的时间，降低获取信息的成本，信息是一种特殊的资源，信息获取能力的增强同样也增强了企业获取资源的能力。斯科特·谢恩和丹尼尔·凯布尔（Scott Shane，Daniel Cable，2002）的研究表明，间接关系能够增强企业获取资源的能力和优势。伯特（Burt，1997）认为，关系网络的存在能够协助企业获得更多关于以前没有合作也没有任何联系的企业的信息。并且，关系网络能够帮助企业处理信息，使企业能够抓住最新的发展机遇，尽早为可能遇到的危机采取防御措施。信息的搜集是需要时间和成本的，可靠信息的获取成本是昂贵的，因此，科尔曼（Coleman，1988）将信息称作一种稀缺的商品。企业本身所拥有的间接关系，形成了企业获取信息的一个重要渠道，这一渠道减少了信息搜集的时间和成本，从而降低了获取信息的成本。

费尔南德斯和温伯格（Fernandez，Weinberg，1997）认为，在间接关系中扮演"中间人"角色的介绍人能够为企业提供可靠的信息，也能够帮助企业判断所获得的关于潜在合作方企业能力等方面信息的质量，从而提高企业关系质量。古拉蒂（Gulati，1999）发现，企业根据从以前合作伙伴那里得到的信息来确定合作伙伴，然后建立伙伴关系。当两家企业拥有一个或者更多的相同合作伙伴时，并且这些合作伙伴向它们介绍彼此的信息，并担保它们的可靠性，那么，两家企业就可能更加了解彼此，这也是它们获取对方信息的一个可靠的来源。萨尔曼和塞维斯（Salman，Saives，2005）、阿胡加（Ahuja，2000）认为，企业的间接联系是企业与其他没有联系的企业之间进行信息交流的渠道，是企业获取信息的来源之一；间接关系能够监督外部环境，是获取互补性知识和新机遇的重要工具。间接联系是企业的一种无形资产，能够促进企业创新绩效的提升。因此，企业应充分重视和利用间接联系（Salman，Saives，2005）。

四、三方关系传递

企业资源理论认为，由于企业所掌握的资源不同，企业彼此之间会存在差异，从而给企业带来租金（项保华，叶庆祥，2005），也就是说，资源的异质性导致了企业的异质性（应维云等，2005）。巴内（Barney，1991）认为，各个企业的能力和资源是有差异的，并且企业的资源能力在长时间内是保持不变的。企业资源能力的稳定及企业间的差异使企业对关系的需求各不相同（胡雯，武常岐，2004），因此，在关系传递过程中，各个企业的需求是不同的，三方的动机也是各不相同的。

网络资源不像一家企业内部的物质资源，而类似于社会资本（Coleman，1988），它们存在于企业间的关系结构中，而不是企业自身。比如，信息优势，它们获得有关现有或潜在合作伙伴的能力及可信赖度的信息，从而通过这样的网络提升企业的联盟构建能力（Gulati，1999）。由于对合作伙伴或者潜在合作伙伴的技能、目标、可靠性以及合作能力等方面的信息不了解，存在不确定性，企业在寻找合作伙伴时面临一定的风险（Powell，Koput & Smith-Doerr，1996）。要想减少这些信息方面的不确定性，需要使用企业与其以前的合作经验或者来自第三方的信息。前一种是企业与合作伙伴以前有过合作，可以通过以前合作的经验来判断合作伙伴是否可靠，是否有能力和自己合作。后一种是企业与对方此前没有任何合作经验，但是存在其他的企业与潜在的合作伙伴合作过，这些企业即是第三方，企业可以通过第三方来获得关于潜在合作伙伴的可靠性以及能力等方面的信息（Berninghaus，Guth & Kliemt，2003；White，Smith，Moody & Powell，2004）。组织间关系能够增强企业的创新能力，并且，帮助企业积累资源和筛选其他企业的相关信息（Ahuja，2000）。

企业主要与顾客、供应商、分销商、竞争者以及其他组织之间建立关系（Dyer，Singh，1998；Larson，1992）。企业与不同的组织建立联系的动机和目的也是不相同的。与顾客建立关系能够获得顾客对产品或服务反馈的信息，使企业能够更清楚地了解顾客的意见和建议，从而可以根据顾客的需求提升产品特性和服务质量，以获得更好的顾客评价，使企业的业绩得到提升。在效率就是效益的情况下，更快速地获得原材料和服务能够使企业更快地生产产品和提供服务，从而提高企业的竞争优势。与投资者的联系可以为企业的项目争取项目投资。此外，与竞争者建立的关系能够使双方联合起来对抗来自其他企业的竞争。与政府机构之间的关系，能够为企业提供政策支持和保护。辛和皮尔斯（Xin，Pearce，1996）发现，民营企业通过第三方同政府部门建立关系来保护企业的运营，抵御外部威胁，获得政府部门所掌控的资源。卡纳和帕利普（Khanna，Palepu，1997）认为，由于制度的缺失，企业会同政府部门建立联系来获得政策的保护和减少因制度缺失带来的经济损失。彭和罗（Peng，Luo，2000）提出，企业与政府机构之间好的关系能提高企业的绩效。通过众多学者的研究可以发现，企业与其他组织的联系能够使企业获得更好的发展，获得更好的绩效（Lee et al.，2001）。根据国内外已有研究，企业与技术联盟中的企业建立关系的主要动机可以归纳为两个方面，技术共享和成本共享。在已有的研究中，很多研究学者认为技术创新是企业进行联盟的一个动机（Hagedoorn，1996）。

麦克沃利和查希尔（McEvily，Zaheer，1999）发现，企业与周围企业的联系是多样性的，与其他企业或组织的联系是使企业了解新的想法、信息并且得到获取能力的机会。布列克和厄恩斯特（Bleeke，Ernst，1991）认为，企业通过共同努力可以完成由各自公司无法独立达成的目标，伙伴关系建立的最主要动机是为了获取竞争优势。企业之间的关系能够降低市场的不确定性，从而降低交易的成本（Williamson，1993；Hennart，1988）。杰弗里·H. 戴尔（Jeffrey H. Dyer，2003）等认为，企业的关系能够扩大企业具有的优势或者劣势。企业所需的资源可能不在企业内部，为了获得这部分资源，增强企业的竞争优势，企业就需要与企业外部拥有这部分资源的组织建立联系。

第三方在关系传递中所处的"中间人"的角色，能够借助于关系传递的过程来获取关系传递双方的信息。同时，能够接触到双方的技术，可以通过关系传递来获取新的技术，也可以在这个过程中将自己拥有的技术传播和推广出去。有学者对关系传递过程中的第三方所具有的动机进行了研究，刘凤朝和马荣康（2011）发现，组织通过与不同外部区域内的组织合作，促进知识向其他区域扩散。有些情况下，第三方进行关系传递的动机仅仅是为了帮助其他企业双方建立关系，达成合作。通过促进其他两方关系的建立，可以帮助第三方巩固与其余两方的关系，从而给自己带来潜在的合作机会。

第三节 网络嵌入研究

一、网络嵌入的内涵

嵌入性是经济社会学中的核心概念之一。嵌入性（embeddedness）又称根植性，波兰尼（Polanyi，1944）认为，人类经济嵌入于经济与非经济的制度之中，其更多地涉及了宏观制度、抽象的社会制度、经济制度之间的关系。1985年，格兰诺维特（Granovetter）拓展了波兰尼的嵌入性思想，最早提出的结构嵌入性和关系嵌入性框架的经典分析框架，更多地适用于对个体行动和集体行动的分析。嵌入性理论认为，经济行动嵌入在以社会网络为基础的社会结构中，并用经济活动中的信任和欺骗、市场和等级两对概念对经济行动的嵌入性问题进行分析。佐金和迪马乔（Zukin，Dimaggio，1990）在迪马乔（Dimaggio，1990）和格兰诺维特（Granovetter，1985）嵌入定义的基础上进行了拓展，将嵌入分为结构嵌入、认知嵌入、文化嵌入和政治嵌入4种类型。结构嵌入关注行动者之间的联系及其构成的社会网络模式对行动者行为和结果的影响。从定义来看，佐金和迪马乔（Zukin，Dimaggio，1990）提出的"结构嵌入"，实际上等同于格兰诺维特（Granovetter，1985）的网络嵌入概念，从内涵上讲，包括格兰诺维特（1985）提及的"结构嵌入"和"关系嵌入"的相应内容。关系嵌入是指，网络参与者以双边交易的质量为基础，基于互惠预期而发生二元交易关系问题，重视彼此间需要与目标程度以及行动过程中的行为（如信用、信任和信息共享方面）；强调直接联结作为交换优质信息的机制所发挥的作用（Granovetter，1992；Uzzi，1997；Gulati，1998，1999）。

结构嵌入性与经济学中的网络组织更为相关，关注结点企业在整个网络结构中所处位置的信息问题（Gulati，1998）。主要强调网络结点间相互联系的多维总体性结构问题。网络组织的关系性嵌入描述了资源获取方与传送方两者之间的直接关系，其主要包括两者之间联系的频率和持久度（李玲，2009）。联系的频率主要是指，网络结点间是频繁地联系还是偶然地联系；联系的持久度是用于衡量结点企业间合作的稳定程度。网络的结构性嵌入主要描述网络整体特性，其主要包括网络密度、网络规模、中心性三个方面。网络密度描述了网络中结点间的可达成性，可分为高密度网络和低密度网络两类。网络规模是指，结点联系的广泛性程度，即与结点企业有联系的合作伙伴数量。中心性是指，网络中结点企业与第三方联系的状况，也可看成网络中结点间联系的平均强度（Man L.C., 1979）。网络嵌入性出自社会网络研究，现在正向商业活动、组织间关系等领域发展和延伸。从社会学角度看，企业嵌入于已有的社会环境中并受其影响。

嵌入网络是指，组织之间的联系。大多研究者从传统的行为研究入手，总结了嵌入网络对企业的影响，主要有信息获取、降低交易成本和企业合作（Powell，1990；Uzzi，1997；Dacin，1999）。通过嵌入社会网络，企业之间可以解决问题并得到快速反馈（Larson，1992）。例如，厂商只会把关键信息告诉关系密切的伙伴，使其提前做好准备（Uzzi，1997）。但过度的关系嵌入和结构嵌入，是网络组织产生负效应的直接诱因（孙国强，石海瑞，2011）。企业网络组织间嵌入性较弱，那么，会缺少相应的信息、知识和资源，成员间信任程度较低，导致交易成本上升，机会主义行为增加，没有实现网络组织间的互惠。因此，网络组织嵌入性较弱，对企业尤其是初创企业的生存和发展带来风险。倘若企业网络组织嵌入性较强，组织成员间具有较高的相互依赖程度，它们之间的相互协调和互动关系凸显整体性（易法敏，2009）。信息技术的迅猛发展，消费者需求的多变以及竞争环境的日益激烈等不稳定的外界环境，要求合作伙伴根据现实环境迅速作出科学决策和反应。较高的企业网络组织嵌入性，使得成员间彼此联结，信息共享程度高，成员间信息、技术彼此传递，共享网络组织内部资源等行为，容易造成成员间信息冗余，滋生创新惰性，产生"偷懒""搭便车"等机会主义风险，网络组织风险来源主要有逆向选择和道德风险（Arrow K., 1971）。在行业内的企业彼此之间都有联结的"封闭网络"中，成员间的关系复杂和行为的不确定程度高，网络组织内不合规范的信息会扩散至整个网络，由此网络组织中不可避免地产生机会主义行为。

因此，企业网络是介于企业和市场之间的一种组织制度安排。企业行为嵌入于企业网络。我们可以发现，无论是企业内部还是企业外部都存在网络化特征，网络内结点间相互依存的关系既有显性的又有隐性的。企业的经济行为和其他社会行为一样不是孤立存在的，而是深深地嵌入于社会网络之中。经济行为的社会嵌入性，通过关系网络，结点企业的利益相关者获得自身所需要的信息和资源，与此同时，也不可避免地产生企业网络组织嵌入风险。

二、网络嵌入的形成过程

对网络嵌入形成过程的研究：

一是主要依从关系嵌入与结构嵌入的属性探讨嵌入形成的路径。首先，关系嵌入是指，单个主体的经济行为与另一主体的经济行为的互动（Granovetter，1985，1992；Uzzi，1996，1997）。它所展现的是，以双边关系（dyadic ties）为导向的、动态的、连续的过程（Gulati，Sytch，2007）。大量文献围绕关系嵌入的双边关系互动路径展开研究，如哈特（Hite，2003）发现，新兴的公司网络的基本单元即二元关系，而网络嵌入的形成是经由二元交易关系的互动而实现的。因此，关系嵌入关注的是以直接联结为纽带的二元交易关系问题，是交易双方相互理解、信任和承诺的达成程度及过程（Granovetter，1992；Uzzi，1997；Gulati，1998，1999）。伍兹（Uzzi，1997）通过对美国纽约制衣工厂的研究，认为关系嵌入是交易双方以相互信任为基础通过信息共享，以达到共同解决问题目的的过程。其次，结构嵌入是群体间通过第三方进行间接的联结，并形成以系统为特点的关联结构（Granovetter，1992）。它所关注的是，促使组织关系从双方走向三方的过程。古拉蒂（Gulati，1999）认为，结构嵌入是使行为的信息与声誉的直接交流转向间接的作用渠道，可理解为众多行动者纵横交错关系的集合（Joanson，Mattsson，1987）。

二是主要基于工具性理论概念进行深化分析。这些工具性理论概念主要体现在三个方面：强、弱关系概念，社会资本概念和结构洞概念。

强关系是群体、组织内部的纽带，是在性别、教育程度、职业身份、收入水平等社会经济特征相似的个体间形成的（Granovetter，1973）。大多数学者支持企业之间的联结关系越强，获取的资源越丰富（Mowery，Oxley，1996；Uzzi，1996；Lane，Lubatkin，1998；Hansen，1999）。尤其在面对环境变化和不确定性冲击时，强关系更有利于组织嵌入既定的网络中（Krackhardt，1992），进而规避风险。由于群体内部相似性较高的个体所了解的事物、事件经常是相同的，所以通过强关系获得的信息往往重复性很高。而弱关系是在社会经济特征不同的个体之间发生的（Granovetter，1973），分布范围较广，因而比强关系更能充当跨越社会界限去获得信息和其他资源的桥梁（Granovetter，1973，1974，1995）。弱关系可以使企业嵌入距离较远的跨组织网络，更有助于达到异质化的、更广阔的跨组织网络（Hansen，1999）。

社会资本包括"群体和组织中人们为达成共同目的而一起合作的能力"（Fukuyama，1995）和"能帮助双方为了达到共同利益而合作的社会组织的特征，例如，网络、规范以及社会信任"（Putnam，1995）。社会资本的研究，主要有两层面思路：一种是个体层面的研究，重视的是个体如何利用关系嵌入获取和使用嵌入在社会网络中的资源（林南，Lin，2006）；个体在组织内或组织间创造并移动网络联结，以获取其他成员资源的过程即为其嵌入网络的过程（Knoke，1999）；另一种是群体层面的研究，重视群体如何发展和维持社会资本。波特斯（Portes，1995）将文化和规范引入社会资本研究，认为价值观的内化能促使网络中群体的需要与目标得到广泛认同，有利于促进资源转移和社会关系网络的建立。

结构洞指的是，网络中关系稠密地带之间的网络位置，它为活动于其中的企业提供了获取新信息和资源的机会（Burt，1992）。结构洞理论强调个体社会关系网络结构性特征及其对资源配置结果、网络成员的竞争优势的影响。拥有更多结构洞的松散型网络能带给网络成员可获取的异质信息越多（Insead，2006），在社会资源获取上的竞争优势越明显（Burt，1992，1993）。在高度忠诚的组织中，起到桥梁作用的结构洞占据者拥有更大的职业机会（Xiao，Tsui，2007），更有助于其嵌入其他网络中。然而，结构洞能否为企业带来竞争优势和嵌入优势，也要受到体制、环境、文化等因素的限制（Podolny，Baron，1997）。

三、中国环境下的网络嵌入

国内的学者大多根据两条主线进行研究：对国外的关系嵌入理论的延展和在中国环境下对关系嵌入进行实践验证。在理论方面的贡献有：深入研究组织的形式，延伸资源的概念，厘清在中国，关系网络与社会资本的区别等。在实践上，国内研究者对企业战略的选择、关系网络的利用和对企业创新的影响因素等方面进行了探讨。

（一）企业网络间关系嵌入研究的理论延展

针对企业网络与威廉姆森（Williamson，1995）提出的混合组织的区别，杨瑞龙（2001）进行了深入探讨。他指出，两种网络都具有双方与三方的结构优势和激励优势，具有结构上的相似性。但混合组织的激励优势不如市场组织，合作优势也不如企业强烈，是参照企业内部合作进行的；而企业网络组织靠共同利益进行激励，基于信任机制按照共同的长期目标进行合作，可以比混合组织拥有更大的契约不完备性，更大程度地降低事后协调的成本。

郭劲光和高静美（2003）在巴内（Barney，1991）的企业资源包括物质资源、人力资源和组织资源的基础上，提出了网络资源的概念。他们认为，企业的认知资源和其他外部资源，也能潜在地或实际上对企业绩效产生影响，应将其纳入企业资源，形成更广阔的资源范畴。这些资源是企业管理者之间、企业与企业之间长期互动形成的，是企业内外关系相互嵌入的结果。

而对中国的关系网络的讨论是以家庭本位为基础，关系是在血缘、地缘、同门、同学和同事间等建立的；运用社会资本的社团是基于个人抱负、志向和兴趣等自愿原则之上的，而关系则是以家庭等这种非自愿组织呈现的，有光耀门楣和壮大家族利益等责任，关系人自身无法选择；社会资本的思维逻辑起点是公益性的，使投资于群体中的个人受益，不参与到群体中的人将无法受益，体现了公平正义，而关系的思维逻辑起点是自利性的，为个体获得捷径提供帮助。

（二）在中国环境下关系嵌入的实践验证

在企业战略选择方面，姜翰等（2008）通过运用关系强度作为中介变量，分析了资源的利用和开发，以及环境的塑造和适当的战略模式的选择差异对联合求解和联合规划两种关系治理行为模式产生的直接影响。郑晓博等（2011）根据社会网络的捕获信息、促进合作、替代缺失和获取资源四种功能，论证了战略选择框架下，防御者应使用社会网络的促进合作功能与获取资源功能，探索者应选择社会网络的捕获信息与替代缺失功能。

在关系网络的利用方面，张玉利等（2008）的研究表明，企业创立者的社会资本，包括创业者的社交范围、交往对象的多样化及与社会地位高的个体之间建立紧密关系，创业者较容易发现创业机会；创业者先前的工作经验和创业经验调节上述影响；具有丰富经验的创业者更易从高密度网络中发现创业机会。胡雯和武常岐（2004）分析中国民营企业关系网络的三个层次对企业关系网络开发利用能力的影响：个人因素层次，企业管理者的领导风格和个人性格的积极特征，都会使企业利用关系的能力增强；组织层次、财务资源的重要性影响关系的开发利用；环境层次，市场的波动性加强了关系网络的开发利用。关系网络利用程度的增加，在一定程度上促进了企业的绩效。

在对企业创新的影响方面，通过蔡宁和潘松挺（2008）、盛亚和李玮（2012）的对比研究得出，强的双边关系有利于探索式创新和利用式创新；弱的双边关系有利于利用式创新；弱的三方连接有利于探索式创新。王国红（2011）等的研究表明，关系嵌入可能导致创新网络的阻碍信息交流风险和关键关系节点断裂导致的网络脆弱性风险。李纲（2010）论证了合作创新组织间的依赖组和。这种依赖结构会加强组织间关系嵌入，会促进双方的知识共享，有利于合作创新；依赖不对等这种依赖结构阻碍组织间知识共享，也会弱化依赖组和对关系嵌入的正向作用。

第四节　嵌入的治理机制研究

大量文献围绕关系治理展开研究，指出关系治理是企业在关系网络中对于特定关系的建立、管理及控制的行为（Heide，Miner，1992）。首先，企业可以通过关系行为自主构建其关系网络，进而嵌入其他网络中。关系治理的作用在于，通过关系的长期时限取向以及企业与该关系伙伴间的信任程度两方面因素（Jiang，2007）间接影响网络嵌入。其次，在网络嵌入的具体治理机制方面，琼斯等（Jones et al.，1997）认为，结构嵌入包含四个主要因素：限制性进入、宏观文化、集体制裁、声誉，并据此划分4种治理机制，共同影响协调、维护和分享的网络治理目标。麦克沃伊和马库斯（Mcevily，Marcus，2005）用信任、信息共享与共同解决问题三个维度表征网络联结强度，研究表明，此三者均能有效地促进企业提升能力。最后，在强弱关系对治理的影响研究方面，拉森（Larson，1992）指出，强关系是一种信任、互惠和长期的观点，能抑制行动者的短视行为，起到维系组织间合作、实现共同获利的目的。与此相反，哈堪森和斯涅何塔（Hakansson，Snehota，1998）研究指出，企业在网络中嵌入程度过强时，网络嵌入可能会对企业起负面作用。格兰诺维特（1973，1985）也认为，强弱联结之间，弱联结更有助于企业获取竞争优势。折中的观点是企业的嵌入强度与企业绩效呈现倒"U"形分布（Uzzi，1997）。嵌入不足会导致企业间交易效率下降，而"过度嵌入"又会造成资源挤占，使得企业失去柔性。因此，应通过有效的控制机制，使网络中关系强度呈现最优的状态，避免嵌入不足或过度嵌入。

在网络嵌入对竞争绩效影响的研究方面，已有研究认为该影响主要有三个方面：

①资源获取。网络关系本身就可以看作是一种不可模仿的资源，古拉蒂（Gulati，1999）把网络带来的能使企业获得竞争优势的异质性资源定义为网络资源，并认为不同的嵌入网络关系会对企业的绩效产生不同的影响。鲍威尔（Powell，1998）等对生物高科技产业的实证分析发现，网络的中心性能够促进共同理解和合作，加强信息交换频率，从而获取更多的资源、知识，产生更好的绩效。关系嵌入强度在区分为强关系和弱关系后，它们对竞争绩效产生的影响是不同的。强关系通过频繁紧密的联系获取他人已有的信息资源，弱关系通过提供异质性信息和知识等资源（Granovetter，1973），促进绩效的提高。在适用领域方面，高度联结的强关系网络更适用于现存开发性知识的扩散，弱关系网络更适用于新的探索性知识（Dyer，Nobeoka，2000）。

②竞争优势。嵌入通过影响企业竞争能力影响绩效。通过嵌入在企业网络中，企业通过与核心竞争伙伴的互动来发现、评估和学习如何完善竞争能力（Mcevilv，Marcus，2005），在此过程中，强、弱关系和结构嵌入可以帮助企业获取竞争优势（Rowley，Behren & Krackhardt，2000）。结构洞中联结两者的第三方是网络中信息与资源流动的必经之地（Burt，1992），处在网络中结构洞位置的企业可以获得信息与资源的优势，从而获得竞争优势。戴

尔和辛哈（Dyer，Singh，1998）认为，嵌入在网络中合作的企业可以通过专有性资产、知识共享、互补资源和有效治理产生关系性资产，从而帮助其获取竞争优势。

③技术创新。企业的技术创新可以分为渐进性创新和突破性创新，前者是对现有技术的简单调整（Nelson，Winter，1982）；后者是技术推动的创新，是需要全新的科技知识和资源并淘汰现有技术和产品的破坏型创新。强关系更有利于渐进性创新，因为高密度的联系使得网络成员更容易获取潜在有价值的资源，有利于隐性知识和复杂技能的转移（Larson，1992），企业可以充分利用技术扩散效应和溢出效应，提高技术创新能力。弱关系由于互动频率低，便于主体之间搜寻异质性信息，吸收新的观念和视角，增加具有新价值的资源（Granovetter，1973；Petersen et al.，2000），有利于企业知识创造活动独立性的形成而进行突破性创新（Hansen，1999）。

第五节　网络嵌入研究的理论基础

一、资源基础理论

资源基础理论（resource-based theory）最早是由维尔纳弗尔特（Wernerfelt，1984）提出来的，这种理论是将企业内部所拥有的资源作为最基本的分析单位。资源基础理论认为，企业是异质性资源的集合体，企业的竞争优势主要来源于企业内部的资源和企业自身所具有的能力，特别是企业拥有的异质性资源。资源基础理论着眼于分析企业所拥有的各项异质性资源，企业通过对其自身所拥有的独特资源和能力加以分析和运用，构建和提升企业自身的竞争优势，并获得企业绩效。资源基础理论的构建有两个前提假设：①企业内部所拥有的资源具有异质性的特征。②企业内部资源具有不完全流动性。潘罗斯（Penrose，1959）认为，企业内部的资源之所以具有不完全流动性主要是因为企业所拥有资源中的一部分资源要优于另一部分资源，从而导致了市场的"失灵"或者市场的不完全。在这种情况下生产性要素就有了不同的生产效率，生产效率的不同使得企业资源的异质性能够得以持续。资源基础理论通常着重于解释企业之间持续绩效的差异，企业之间资源的异质性在用来解释企业间战略差异和战略行动方面有很突出的作用（Kraatz，Zajac，1999）。从资源基础观的角度来看，企业之间建立联系进而加入联盟、嵌入网络的行为是基于获取其他企业的物质资源和能力的目的。

　　为了应对激烈和复杂的竞争环境，企业之间的分工越来越明显，企业专业化能力也越来越强，所拥有的技术、资源等也都主要集中于某一个领域。在这种情况下，企业自身所拥有的资源就不能满足企业所有的需求，就必须依靠其他企业或组织来获得企业经营所需的技术、资源等。企业之所以会与其他企业或组织建立关系、嵌入网络主要在于企业之间的资源具有互补性。企业通过与其他企业建立关系进而嵌入企业网络组织能够更好地整合和利用网络资源，从而获得企业所需要的信息、技术及其他竞争优势。企业通过建立联系可以获取合作伙伴的稀缺资源来弥补自身资源的不足，以达到扩大企业运筹外部资源边界的效果。各个企业所拥有的资源各不相同，企业之间建立联系能够相互补充各自所缺资源，企业之间也能够相互支持。这样企业不仅能够获得自身经营所需要的各种资源，也能加强每个企业的竞争优势。这种从其他企业或组织获取所需资源的方式被称为资源外取，美国经济学家奎宁（Quinne，2003）指出，在现在企业运营中资源外取是智慧型企业运作的关键。因此，企业之间建立关系的动机可以用资源基础理论来解释。

二、交易成本理论

　　交易成本理论（transaction cost theory）是1937年英国经济学家科斯在其重要论文《论企业的性质》一文中提出来的，其核心的观点是市场交易是有成本的。科斯认为，交易成本是获得准确市场信息、进行谈判以及制定经常性契约所需要的费用。从科斯的定义可以看出，交易成本包括搜寻市场信息的成本、企业与其他企业或组织进行谈判所需要的成本、与其他企业或组织签订合同的成本、监督对方履约情况的成本以及处理可能发生的违约行为所需要的成本。

　　威廉姆森（Williamson，1975）指出，之所以会产生交易成本，主要是因为人性和交易环境两方面的因素相互作用导致了市场的失灵使得交易变得困难，进而产生了交易成本。威廉姆森（Williamson）指出，交易成本的产生主要是因为行为人是有限理性的、交易过程中存在投机主义、交易环境具有不确定性与复杂性、交易过程的专属性或异质性导致交易双方之间的信息不对称、因不信任而导致交易更看重形式,从而导致交易的困难增加了交易的成本。从上述描述可以看出,这些交易成本产生的来源可以归纳为交易商品或资源的异质性、交易的不确定性和交易的频率三个方面,这三个方面影响了交易成本的高低(Williamson,1985)。

处于瞬息万变的信息时代,企业不可能对市场上所有的信息都了如指掌,每个企业对信息的掌握程度是不一样的,对于彼此的了解也是有差异的。在竞争和合作过程中,掌握了更多信息的企业就掌握了先机和主动权,就能在这个过程中处于优势地位,从而获得更多的利益。当信息资源被某家企业或组织独自占有时,这些企业就控制了这些信息的流通,向谁传递信息的决策权完全掌握在这些企业手中,它们就获得了这些信息带来的利益的控制权。企业交易过程中的信息是不对称的,这就不可避免地产生了机会主义,交易过程的风险也会变得更大,这样一来就会增加企业的交易成本。为了达成交易就需要搜寻相关的信息,由于机会主义的存在带来了很多资源的浪费,增加了交易成本。为了降低企业的交易成本,掌握更多的信息并且获取可靠信息的途径是非常重要的。

企业之间建立关系之后,会对彼此的资源和交易特点有所了解,能够降低交易过程中的信息不对称问题,也能够减少交易双方因为有限理性而产生的交易费用,也就会降低交易成本。

三、竞争优势理论

竞争优势理论主要用于解释企业之间存在的持续的绩效差异,竞争优势(competitive advantage)最早是由张伯伦(1939)提出来的。波特(Porter,1980,1985)正式提出竞争优势的概念:企业在具有竞争对手的有竞争性而不是垄断性质的市场上,在与竞争对手竞争的过程中所表现出的超过对方的能力,这种能力能够使企业在市场上占据主导地位,并且能够使企业获得超额利润或者获得的利润要超过行业的平均利润率,企业所具有的这种能力就是竞争优势。波特认为,一个企业的行业竞争力取决于五个方面:企业供应商的议价能力、企业产品购买者的议价能力、行业新进入者的威胁、替代品的威胁和现有行业竞争者的竞争。安索夫和麦克唐纳尔(Ansoff,McDonnell，1990）认为，企业竞争优势就是企业在产品成本或市场范围中所具有的能为企业带来比其他竞争者更优越竞争地位的特质。巴内（Barney，1991）认为，当企业采取了竞争对手没有采取的价值创造战略时企业就有了竞争优势，如果企业所采取的价值创造战略不能被竞争者复制，就成为了企业的持续竞争优势。

目前，国内外学者对于竞争优势概念的界定主要有两种不同的观点：部分学者认为，竞争优势在本质上就是一种战略优势，是企业在较长一段发展时间内，在企业经营成败等根本性方面拥有优势地位和实力；另一部分学者则认为，企业的竞争优势是其出众的获利能力，这部分学者认为企业的竞争优势是企业在与同行业企业的竞争过程中，相对于竞争对手而言，因企业自身所独有的技术、产品和服务所表现出来的一种优势。

虽然不同的学者对于竞争优势概念的界定并不相同，但是他们并不是处于矛盾的对立面，只是站在不同的角度对竞争优势做出各自的解释。具有竞争优势的企业能够向消费者提供比竞争对手更高的价值，使消费者能够花费同样的成本甚至更低的成本获得更高的价值。

目前，学者对竞争优势的研究分为竞争优势内生论和竞争优势外生论。

竞争优势内生论主要有：①以资源为基础的竞争优势理论，认为企业的竞争优势来源于企业内部所拥有的资源。巴内（Barney，1991）研究了企业资源能够创造持续竞争优势的过程；②以核心能力为基础的优势理论，每个企业的核心能力都是不相同的，企业的核心能力能够决定企业的异质性，而企业能力的差异，是产生竞争优势的深层次因素；③基于基础的竞争优势理论，将决定企业竞争优势的根本性因素定义为企业的具体化的知识，这为培育企业的竞争优势提供了一个可操作性的概念。竞争优势内生论都是以企业内部因素说明企业赢得超额利润的原因，而且都有相对静态的特征。

竞争优势外生论是从动态的角度来研究企业竞争优势的来源。它认为企业竞争优势来源于在企业外部运行的、由过程和位置所决定的高绩效的惯例，其演进的方向受路径依赖（包括递增的收益）和技术机会的影响。从嵌入网络的主体来讲，集群网络重要的主体包括客户、供应商、同行、政府部门和行业协会等。竞争优势的网络组织观点，强调企业与其网络成员，特别是企业与上下游企业之间的关系是竞争优势的来源。企业所在的网络使其从环境中获得关键的资源，如信息、渠道、资本、服务以及其他可以保持或提升竞争优势的资源。

本章依托竞争优势的网络组织观点来进行研究，嵌入网络组织先要与其中的企业建立关系，通过关系的传递来形成关系嵌入和结构嵌入。现在企业的专业化程度越来越高，每个企业都位居价值链的各个环节，通过相互之间的关系进行连接，从而使得每个企业都具有自己的异质性资源，拥有独特的竞争优势。

四、委托—代理理论

20世纪60年代末70年代初，当时的经济学家们不满于企业"黑箱"，开始深入研究关于企业内部信息不对称和激励问题，最终形成了委托—代理（principal-agent）这一现代企业理论。委托代理关系的产生，是由社会经济发展的客观需要和条件所决定的，是随着企业所有权和控制权的逐步分离而产生的。按照詹森和威廉（Jensen，William，1976）的描述，委托代理关系是两个信息不对称主体之间的契约，两个行为主体一个是委托方，另一个是代理方，委托方根据代理方所提供的服务质量来决定支付给代理方的报酬。委托-代理关系是一种居于信息优势的市场交易者与处于信息劣势的市场交易者之间的相互关系。委托—代理理论是现代企业管理的理论基础，其起源于30年代，是契约理论最重要的理论发展之一，它是研究在利益冲突和信息不对称的环境下，委托人如何设计最优契约激励和约束代理人。

我们将掌握信息较多的一方，称之为代理人，而掌握信息较少的一方，称之为委托人，正是两者之间的信息不对称问题，形成了委托代理关系。罗宾斯泰英（Rubbinstein，1979）建立了动态博弈模型，强调了委托人和代理人只要有足够的耐心就能保持他们的长期契约关系，以此解决代理问题。肯尼思和阿罗（Keneth，Arrow，1953）将委托—代理问题分为道德风险和逆向选择。法玛（Fama，1980）明确提出了声誉问题，经理只有通过改进自己在经理市场上的声誉，从而提高未来的收入。克瑞普斯（Kreps，1982）将模型扩展到多重博弈，参与人因为长期利益而需要建立并维护自己的声誉，使长期合作得以实现。

在现代经济行为中，委托—代理关系被视为一种契约，在委托代理理论的模型中，契约关系包括信息对称和信息不对称两种。在实际经济行为中，委托—代理过程中双方之间的信息是不对称的，委托人和代理人在代理过程中都是寻求自身的利益最大化，这样就产生了道德风险和逆向选择。通过建立关系，企业之间能够增加信息的沟通，保证信息渠道的有效性，使代理人的行动和委托人的期望相近，从而规避道德风险和逆向选择。从以上分析中得出，降低交易费用、寻求资产的互补性是企业采取关系传递行为的需求性动机，而竞争优势及增加收益水平成为关系传递行为产生的利益驱动。

五、社会网络理论

社会网络理论认为，社会网络是由多个结点和各结点之间的连线组成的集合体，即指社会行动者以及行动者之间关系的集合。而企业等实体组织中，社会网络更是发挥着必不可少的作用，当在解决问题或是寻求合作伙伴时可依循所拥有的社会网络资源实现目标。王平（2006）将社会网络理论的特点概括为关系和结构，并指出两者是相互作用的，改变一方对另一方会产生影响。从形成机制视角，关系网络类型可以分为基于市场机制自发形成的关系网络和通过行政手段形成的关系网络（曹威麟，谭敏，2011）。本书以社会网络作为基础，从网络联结密度、网络位置等方面作为理论支撑进行研究。

网络成员处在特定的关系网络中，网络密度是指网络中主体相互联结的程度。在企业网络组织嵌入性较弱时，网络密度越小，在网络组织中越不易形成信任并遵守共同的规范，造成信息传递不畅，共享程度低，知识在网络中不能高效流动，产生网络组织效率低下的风险。网络组织成员间相互联结程度越高，网络密度越大（Gnyawali，Madhavan & Ravindranath，2001），在一个紧密的系统中，更易形成信任、共享的规范和共同的行为。但当过度嵌入时，信息共享程度高，结点间信息、知识等资源进行快速传递，可能给网络组织带来信息或技术溢出的风险。此外，组织个体和整体的竞争性提高，使得网络外的成员也进入该网络中来，共享网络内部资源，争夺竞争市场，产生竞争力下降甚至是"恶性竞争"的风险。

社会网络理论认为，企业在网络中的位置决定其具有怎样的权利。从中心性来看，企业的网络中心性是指，企业在网络中的位置说明了企业依靠所联结的重要关系在网络中获取战略地位的程度（Gnyawali，Madhavan & Ravindranath，2001）。处于网络中心位置的主体具有优势，由于联系及传递的信息不同，因此具有信息优势。中心性高的结点是网络中联系和交流的汇集点，能够更迅速、更全面地获得知识、信息的机会和途径。中心性越高，其拥有的联结越多，就会有更多的机会获取网络中其他组织的技术、管理技能等相关资源，从而有利于增加网络组织的创新性。从结构洞理论来看，处于结构洞位置的网络成员具有获取网络资源的位置优势，结构洞指出了一种网络位置优势，当一个企业所联结的另外两个企业相互没有直接联结时，该企业就处在结构洞位置（Burt，1992），获得位置利益。在网络中，存在着信息冗余，而结构洞的存在使得企业有机会获得两种以上的异质信息，一旦跨越结构洞，企业就将潜在的信息优势转化为实际的利益。然而，一旦当处在结构洞的企业进行战略调整或是退出网络，将会对网络中的小企业或是中心性较低的企业带来很大冲击，存在不适合该网络组织甚至是退出网络组织的风险，从而影响网络成员的发展和网络整体的稳定性。

六、社会资本理论

林南（1999）提出社会资本的定义，即行动者嵌入于社会网络结构中，通过有目的的行动，获得或控制网络中的资源。其中包含的要素为嵌入性、行动者获取资源的能力和行为导向。针对这三个要素，社会资本的来源分为机会、动机和能力三个方面。

第一，机会方面。行动者社会网络关系为社会资本的交易创造了机会。专注于内部网络的研究者（Brehm，Rahn，1997）指出，网络通常是指非正式的、"面对面"的互动或组织成员加入的公民团体或社会俱乐部。相比之下，网络理论家认为，了解社会资本要求细致分析网络关系的具体质量和配置。对关系网络的结构配置主要贡献者有两位，分别是科尔曼和波特。科尔曼（Coleman，1988）认为，网络结构的封闭程度本身会产生有效的规范和对他人信任关系的维护，从而加强了社会资本。在更开放的结构中，违反规范的行为更易被忽视和不受惩罚。因此，开放结构中人们之间的信任度降低，会削弱社会资本。与科尔曼关注的封闭网络相比，伯特（Burt，1992）认为，基本没有冗余关系的稀疏网络往往提供了更大的社会资本效益。如果占据网络中关键位置的中间人拥有获得和控制网络关键资源的机会，那么中间人将得到更多的社会资本。

第二，动机方面。行动者的动机将影响网络结构（Burt，1992；Uzzi，1999），在标准的理性行为者模型中假定所有的行动者都根据他们的自我偏好具有相同的动机。但波茨（Portes，1998）提供了一套区别社会资本关系动机的方法。第一类为基于环境的动机，它们深深植根于内部规范中，产生于人类少年或成年期的活动中。第二类动机为工具动机，它们也基于规范，而规范给予行为的合理计算以更大的范围（Blau，1964）。对于组织中社会资本的研究，学者们假定个人和集体行为都由工具性动机驱动，行动者被视为培育和利用社会资本来推动他们的事业，在激烈的竞争环境中生存，并降低交易成本（Pennings et al.，1998）。

第三，能力方面。林德斯和林（Leenders，Lin，1999）认为，除了动机和机会，能力是社会资本的另一个来源，合作者的能力有助于确定总体目标并制定总体目标。那哈皮特和戈沙尔（Nahapiet，Ghoshal，1998）基于普特南的网络规范和信任要素，提出社会资本的能力还包括共享的信念。社会资本可以为行动者网络提供的资源规模取决于行动者在网络中的能力。

企业的社会资本促使企业间嵌入性的合作关系的形成，进行企业间知识的获取和传递，打破资源和信息的相互交流以及知识产权保护，从而提升企业的竞争力。从嵌入性的合作伙伴那里获得的知识主要包括两种类型：信息和专用性技术（Kogut，Zander，1992）。企业希望从嵌入性的合作伙伴那里学习关键信息和专有技术，必须明白相关信息的来源或合作伙伴所掌握的专有技术的所有者（Dyer，Singh，1998）。信息是指容易整理的知识，在传输过程中不会破坏其完整性，按照句子规则译码便可得知。它包括事实、公理和符号。专用性技术包含缄默的、黏性的、复杂的和困难的知识（Szulanski，1996）。冯·希佩尔（Von Hippel，1988）定义专用性技术为积累的实践技能或经验，能够借助其流畅地和有效地完成某些事情。

阿胡加（Ahuja，2000）表明，企业间的嵌入关系形成的社会资本，可以帮助企业学习和获得专用性技术。信息或者专用性技术的转移取决于嵌入性合作伙伴之间的交易环境和传递机制。专用性技术，通常编撰起来比信息更具有黏性、缄默性和困难性，在企业内部和企业之间更难以转移（Szulanski，1996）。冯·希佩尔（Von Hippel，1988）和马斯登（Marsden，1990）都认为，相关组织个体成员之间嵌入式的亲密关系，在组织界面之间对于转移或学习黏性的和缄默的知识起到有效的作用。成功地学习依赖于成员企业之间的亲密程度，它通过企业间重复交易过程和直接的亲密接触来获得（Badaracco，1991）。当嵌入性的合作伙伴之间的透明度和公开性高时，企业更容易从中学习（Doz，Hamel，1998）。这种公开性或透明度的主要障碍是嵌入性的合作伙伴之间出于机会主义行为的相互猜疑，通常会导致他们彼此之间不愿意分享信息和专用性技术。研究表明，合作伙伴间的相互信任可以减少对此类机会主义行为的担心（Zaheer et al.，1998）。这是因为决策者不会觉得他们必须保护自己免于遭受他人的机会主义行为（Inkpen，1994）。没有这种基于信任的社会资本的存在，信息和专用性技术交换的精确性、全面性和及时性都较低。

# 第三章

基于关系属性的传递组合的动机分析[①]

第一节 关系传递的动机分析

随着经济的迅猛发展,企业所面临的竞争也越来越激烈,单靠一个企业的单打独斗已经不能应对市场的竞争,在中国经济转型与结构调整的情境下,企业非常重视关系价值的作用(姜翰,金占明,2008)。一方面,企业非常重视已有的企业间所形成的关系,如企业集团、战略联盟、企业集群等,以维护其既有的资源、市场和利益;另一方面,又非常关注潜在的利益关系,通过第三方的关系传递与相关的企业开展技术合作,形成技术联盟,开拓新业务、新市场,构建网络化的经营体系,以提升企业绩效(Yli-Renko et al., 2001)。

一、关系传递的互动性

约翰森和马特森(Johanson,Mattsson,1987)认为,企业之间的关系是互为导向的,也就是说,当一家企业想要与另一家企业互动时,希望另一家企业也同样如此,只有当双方都有同样的意图想要建立关系的时候才能真正将关系传递过去。关系的属性是互动,互动的结果是达到协同。关系是经

[①] 本章第一节至第三节的内容主要来源于崔兆丽的硕士学位论文《基于关系传递的三方动机的比较研究》,在此基础上由秦娟娟改写。

济活动的基石,孙国强将关系的导向分为任务导向、利润导向和互动导向三种。①

关系传递过程传递的不仅是信息、知识,也是传递双方之间的关系,包括社会关系和企业关系。将已有双方的关系传递给另一方,使其余两方产生互动,建立关系。本章所研究的关系传递是企业借助"中间人"的第三方通过关系的传递与网络组织中的一家企业建立关联。发生关联的两家企业会形成关系嵌入,从而有机会通过该企业进行连续的关系传递,就能够与网络组织中其他企业产生关联,进而嵌入一方所在的网络中,成为新的嵌入者。

二、传递方式和结果

关系传递的方式,会因为双方之间存在关系的不同而有所不同。当关系不同,传递方式也不相同的时候就会导致传递结果的不同。企业家的财富是有限的,需要获取外部投资来追求机会,使融资成为创业过程中的核心(Evans,Leighton 1989;Casson,1982)。声誉被定义为有关个人过去表现的信息(Podolny,1994)。因为企业家的声誉提供关于他实施创业能力的信息,投资者更可能资助有积极声誉的企业家。银行或投资机构尊重的第三方担保某个企业具有能够成为一家成功企业的能力,就会促进银行或投资机构的投资行为,使得创业企业获得资金的支持。

当企业与拥有新技术的企业之前没有进行过合作也没有任何联系,企业要想获取对方的技术资源,就需要依靠第三方,两个企业之间存在另一个企业或组织与他们双方都有过合作或接触,这样双方企业就可以从第三方得到关于对方的相关信息(Uzzi B.,Spiro J.,2005)。刘仲康和郑明身(2005)将企业技术开发的途径归纳为以下4种:(1)企业独立研究,在原有科学技术的基础上发明新的技术;(2)从国外引进新的技术,然后根据国内和企业的实际情况进行改进;(3)对现有的技术进行深入的开发和研究,在延伸现有技术的基础上形成新的技术;(4)通过对以往经验的总结和对生产实践活动的提高来形成新的技术。和其他企业联合起来进行技术开发,能够降低开发成本,最终的目的是联合双方的资源和优势来获得新的技术。

---

① 孙国强. 关系、互动与协同:网络组织的治理逻辑. 中国工业经济,2003,11(11):14-20.

孙兆刚、徐雨森和刘泽渊（2005）研究了企业之间在市场关系上的知识交流和共享。企业与上游原材料供应商、下游销售渠道和顾客之间都属于市场关系。随着经济的进一步发展，企业的数量与日俱增，而市场的容量是一定的，企业的市场开拓以及原有市场的维护等方面都面临很多困难，单纯依靠一家企业的力量是难以应对激烈的市场分割的。企业之间通过关系传递形成联系，可以借助于其他企业已有的分销渠道、市场信息、市场信誉、品牌优势等资源来达到扩大市场份额的目的。

企业与企业之间的关系，已经不再是单纯的竞争或者是合作两个极端的状态，合作竞争已经成为企业间一种普遍存在的关系类型。在信息时代，企业要想获得持续的发展，在市场上拥有持久的竞争优势，就需要处理好与其他企业的竞争和合作关系，以避免在竞争中落得两败俱伤的下场。王波（2000）指出，合作竞争已经成为企业之间一种不可抗拒的竞争-合作关系的状态。企业之间的竞合关系能够为企业带来竞争优势，使企业拥有更强的市场竞争力；降低企业经营风险，降低经营成本；有利于企业的专业化发展；并且能够帮助企业扩大市场占有率。卢福才和胡平波（2007）认为，在市场中竞争和合作都不是纯粹的竞争关系，在网络中，供应链中的企业和企业集团之间属于纯粹的合作关系，产业集群中的企业之间属于竞合关系。企业之间通过关系传递建立联系，最终的目的是要通过结构嵌入进入网络中。通过与对方的信息共享，与对方建立联系，最终结成联盟。通过与其他企业之间建立关系能够帮助企业从外部获取知识和信息，然后迅速了解市场的变化和最能够为企业创造价值的经营方法和技术，从而使企业之间建立最适宜的联盟关系（徐爱乐，2004）。

咨询关系主要是指，企业和法律机构之间的关系。企业在与其他企业进行谈判、制定契约、履行契约以及在对方违约维护自身权利的时候都会涉及法律问题。哈特（Hart，1998）认为，契约中会存在第三方无法验证的内容，也就是说，虽然签订契约的双方都能够明白契约内部所有条款的意思表达，但是第三方如法院等可能对其中部分内容无法体验和观察，从而导致当纠纷发生时，第三方无法判断究竟是哪一方违约，难以作出判决。为了避免此类不完全契约的出现，和法律机构之间的咨询关系显得非常重要。与法律机构之间的关系传递，最终还是要获得相关的法律信息。

本章将关系传递按照关系、传递方式和传递结果进行了如表3.1的分类。

表 3.1 关系传递分类

A 关系	B 方式	C 结果
A11 融资关系	B11 声誉信息	C11 资金获取
A21 技术关系	B21 技术合作	C21 获取技术
	B22 技术开发	
	B23 技术吸收	
A31 政治关系	B31 信息交流	C31 获取政府资源
A41 市场关系	B41 沟通	C41 获取市场信息
	B42 市场变化风险控制	C42 市场开拓
A51 竞合关系	B51 信息共享	C51 结盟
A61 咨询关系	B61 咨询	C61 获取法律信息

资料来源：作者整理。

第二节 基于文献解析的三方动机分析

一、理论样本的选择

本章搜集了 1984~2012 年的《管理科学季刊》（ASQ）、《美国管理学会学报》（AMJ）、《美国社会学刊》（AJS）、《美国管理学会评论》（AMR）、《社会学年度评论》（ARS）、《战略管理》（SMJ）等国外优秀期刊中有关关系传递动机的 66 篇文章和《管理世界》《南开管理评论》《中国工业经济》等国内优秀期刊中的 15 篇相关文章作为本章的理论研究样本。根据对这些文章的认真阅读，分析得出其中提到的关系传递想要达到的目的，根据其所想要达到的目的来摘录企业进行关系传递的动机，对这些资料进行编码，然后对编码结果进行因子分析。

二、研究方法和程序

先需要对从文献中分析得出的关系传递的三方动机进行初步处理，就是根据前文中关系传递的分类结果对所分析得出的资料进行定性开放式编码，然后，根据编码的结果对数据进行因子分析。

（一）定性开放式编码

定性资料是指，用文字、图表、符号等表示的研究资料，这些资料的来源包括文献书籍、访谈记录等，本章从文献中分析得出的关系传递的三方动机就是定性资料。对定性资料进行分析，先需要对定性资料进行整理，以确定资料是否准确，然后，根据研究的内容和资料的特点确定分类的标准，并对之进行分类。在初次对所收集的定性资料进行分析时，研究者常常采用开放式编码（open coding）。施特劳斯和科宾（Strauss，Corbin，1998）将编码定义为，将资料概念化并整合成理论的过程。开放式编码是指，在数据中识别概念，并发现概念的性质和维度的分析过程（Strauss，Corbin，1998）。定性编码是对定性资料进行分析的方法，这个过程不需要将资料数字化。

开放式编码是将数据初步归类，以确立主题。开放式编码从具体资料中寻找抽象概念，并对其配以标签。开放式编码的具体做法是根据作者要研究的内容确定好想要从资料中分析得出的东西，然后根据已经确定好的分类标准从大量文献和资料中分析得出需要的部分。在开放式编码中，研究者关注的是资料本身，不断为资料中所呈现出的各种主题分配编码标签。本章对所收集的资料和数据先进行定性开放式编码，这种方法有三个基本特征：在定性编码之前没有对所研究问题的具体概念，没有已经文字化的理论结构；对资料进行定性开放式编码，无须将资料和数据数字化；概念是从资料中识别出来的，并在此过程中发现概念的性质和维度。

本章先采用双盲方式（double—blind）对所搜集到的文献进行逐段分析，从中找出对关系传递所要达到的目的的描述，找出其范围及性质，根据企业间关系的分类、不同关系的传递方式以及关系传递的结果将关系传递进行编码。在这个过程中，只对有明确意思表达的动机进行编码，并且要避免重复性编码。然后，在总体理论框架指引下，将分析得出的动机分别归到资源基础理论、交易成本理论、竞争优势理论、委托—代理理论和其他 5 种类别中。根据关系传递的方式和关系传递的结果对所分析得出的动机进行命名，然后归到不同的理论中。对从文献中分析得出的关系传递的三方动机，只出现过一次直接删除，不对此项进行编码。然后，根据编码原则对命名的动机进行编码。最终结果如表 3.2 所示。

表 3.2　　　　　　　　　理论样本关系传递三方动机编码

	资源基础理论	交易成本理论	竞争优势理论	委托—代理理论	其他
B11 声誉信息		1. 降低融资成本（4） 2. 缩短融资时间（2）			帮助被介绍方获得新的合作机会（3）
C11 资金获取	获取企业发展资金（8）	1. 获取中介费用（3） 2. 介绍双方合作以获得利润提成（2）	抵御来自市场外部和经营的风险（3）		提高自身声誉和社会地位（2）
B21 技术合作	1. 获取紧缺技术（6） 2. 参与到被介绍双方本次合作中，获得业务（2） 3. 利用对方分销渠道（2）	1. 降低交易成本（3） 2. 减少获取资源的时间（2）	1. 拓展市场机会（2） 2. 获得与被介绍双方日后的潜在合作机会（3） 3. 降低市场风险（2）	为了合作方更好地完成与第三方的合作（3）	1. 谋求稳定的发展（2） 2. 为了巩固自身与其他两方的关系（2）
B22 技术开发	1. 获取紧缺技术、人才等关键资源（5） 2. 利用品牌、分销渠道等无形资产（3） 3. 参与被介绍双方的本次合作（2）	1. 降低研发成本（3） 2. 介绍双方达成合作以获得利润提成（2） 3. 保证所获取信息和资源的可靠性和有效性（2）	1. 扩大竞争优势 2. 拓展市场机会（2） 3. 获得与被介绍双方日后的潜在合作机会（2） 4. 降低市场风险（2）	为了合作方更好地完成与第三方的合作（2）	为了巩固自身与其他两方的关系（2）
B23 技术吸收	1. 获取技术、人才（3） 2. 获取新技术（2）	1. 降低研发成本（4） 2. 保证所获取信息和资源的可靠性和有效性（3）	分散市场风险（3）		1. 获取市场效益（2） 2. 为了巩固自身与其他两方的关系（3）
C21 获取技术	1. 获取紧缺技术、人才（5） 2. 获取新技术（3）	1. 降低研发投入成本（4） 2. 介绍双方达成合作以获得利润提成（3）	1. 拓展市场机会，加快产品上市（2） 2. 降低市场风险（2）		为了巩固自身与其他两方的关系（2）
B31 信息交流	获得政策信息（4）	降低搜索信息的时间和成本（3）	1. 降低行业监管力度（2） 2. 抵消制度不确定性带来的负面影响（2）		为了巩固自身与其他两方的关系（3）

续表

	资源基础理论	交易成本理论	竞争优势理论	委托—代理理论	其他
C31 获取政府资源	获得更多的资源配置（3）	获得更高的产品定价（2）	获得政策保护（2）		
B41 沟通	获取技术、客户等资源（10）	1. 确保信息的可靠性和有效性（4） 2. 降低信息传递成本（5）	1. 寻求发展机遇（2） 2. 克服企业发展"瓶颈"（3）		
B42 市场变化风险控制	1. 获取资源，提高市场竞争地位（2） 2. 获取市场信息（4）	节约交易成本（2）	1. 提高企业的应变能力（4） 2. 拓展市场（3）		
C41 获取市场信息	获取紧缺技术、人才等关键资源（6）	1. 提高信息的完整性和正确性传递等（3） 2. 降低获取信息成本（4）	1. 拓展市场机会（3） 2. 分散企业经营风险（2）		促进知识更新转化（3）
C42 市场开拓	利用品牌、分销渠道（6）	1. 降低市场开拓成本（3） 2. 介绍双方达成合作以获得利润提成（2）	1. 优化组合，提高企业利润率（2） 2. 拓展市场机会（2） 3. 将互补产品介绍给经销商，形成产品组合，增加产品销售量（2） 4. 分散企业经营风险（2）		提高企业声誉（2）
B51 信息共享	获取紧缺技术等关键资源（4）	1. 降低交易成本（2） 2. 以较小的代价获取资源（5）	控制市场，降低风险（3）		
C51 结盟	为了建立联盟（6）	降低竞争成本（7）	1. 降低市场风险（5） 2. 扩张市场（3）	稳定业务队伍（3）	

资料来源：作者整理。

（二）因子分析过程及结果

本章所采用的软件是 SPSS 16.0，通过对数据进行主成分分析，提取出主成分，然后根据主成分因子得分函数对各因子计算得分并根据得分进行排名，最终得出理论样本在关系传递三方动机方面的研究重点。

1. 资料信度分析及效度分析

在对编码数据进行下一步分析之前需要先检验数据的信度和效度，以保证能够对这些数据进行因子分析，KMO 值和巴特利（Bartlett）球形度检验能够对此作出判定。KMO 检验是为了看数据是否适合进行因子分析，其取值范围是 0~1。其中，0.9~1 表示极好，0.8~0.9 表示可奖励的，0.7~0.8 表示还好，0.6~0.7 表示中等，0.5~0.6 表示糟糕，0~0.5 表示不可接受。因此，如果 KMO 值 > 0.5，数据适宜进行因子分析；如果 KMO 值 < 0.5，数据不适宜进行因子分析。Bartlett 检验是为了检验数据是否来自于服从多元正态分布的总体。在进行因子分析之前，考察 KMO 值和 Bartlett 球形检验卡方值，结果见表 3.3。

表 3.3　　　　　　　　　　KMO 与 Bartlett 球形检验结果

取样足够度的 Kaiser-Meyer-Olkin Measure	度量	0.704
Bartlett 的球形度检验	近似卡方	16.098
	df	10
	Sig.	0.031

由表 3.3 可知，KMO>0.5，Sig. 值为 0.031<0.05，则数据适合作因子分析。

2. 因子分析

表 3.4 是因子分析后因子提取和旋转的结果，初始特征值一栏显示只有前两个特征值大于 1，因此，就只选取前两个为主成分。"提取平方和载入"一栏显示第一主成分的方差贡献率为 45.141%，前两个主成分的方差占所有方差的 69.014%，这两个主成分反映了大部分原变量的信息。旋转平方与载入一栏显示的是旋转以后的因子提取结果，与旋转之前差别不大。

表 3.4 变量总体解释

成分	初始特征值 合计	方差占比（%）	累积占比（%）	提取平方和载入 合计	方差占比（%）	累积占比（%）	旋转平方和载入 合计	方差占比（%）	累积占比（%）
1	2.257	45.141	45.141	2.257	45.141	45.141	2.220	44.399	44.399
2	1.194	23.873	69.014	1.194	23.873	69.014	1.231	24.615	69.014
3	0.806	16.118	85.132						
4	0.502	10.039	95.170						
5	0.241	4.830	100.00						

从表 3.4 可以看出，共提取了两个主成分，对变量总的解释度达到了 69.014%。每个主成分的组成如表 3.5 所示。

表 3.5 主成分的得分因子矩阵

	成分 1	成分 2
资源基础理论	0.363	0.115
交易成本理论	0.105	0.557
竞争优势理论	0.420	−0.198
委托—代理理论	0.345	0.010
其他	−0.137	0.679

在图 3.1 中，5 大类别的坐标是两个主成分的载荷，每个点的横坐标是表 3.5 中第 2 列的数值，纵坐标是表 3.5 中第 3 列的数值。从图 3.1 中可以清晰地看出是如何解释原来的变量的。

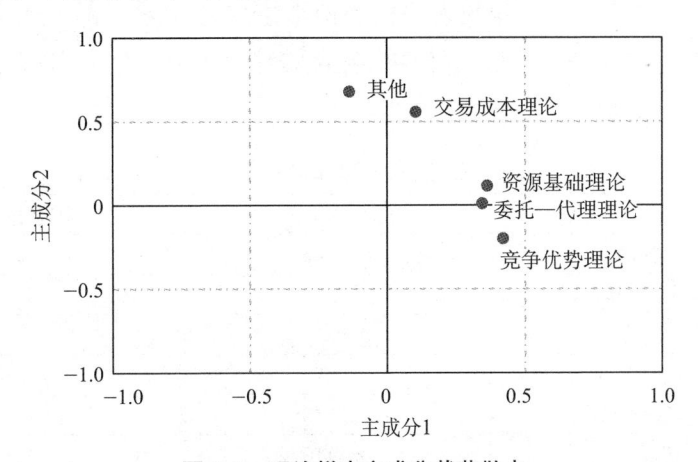

图 3.1 理论样本主成分载荷散点

由表 3.5 可得两个主成分的因子得分函数：

$Y_1 = 0.363X_1 + 0.105X_2 + 0.420X_3 + 0.345X_4 - 0.137X_5$

$Y_2 = 0.115X_1 + 0.557X_2 - 0.198X_3 + 0.010X_4 + 0.679X_5$

将 16 个关系传递类别的编码结果分别代入上面的函数，可以得出表 3.6 的结果。

表 3.6　　　　　　　　　动机主成分因子得分

	主成分 1	主成分 2
B11 声誉信息	0.0438	1.0758
C11 资金获取	0.8782	0.8938
B21 技术合作	1.5104	1.0590
B22 技术开发	1.6222	0.9686
B23 技术吸收与转化	0.622	1.455
C21 获取技术	1.0042	1.0770
B31 信息交流	0.6048	0.6752
C31 获取政府资源	0.426	0.2126
B41 沟通	1.329	1.0346
B42 市场变化风险控制	1.062	0.0836
C41 获取市场信息	0.9168	1.1272
C42 市场开拓	1.1542	0.6498
B51 信息共享	0.645	0.5302
C51 结盟	1.458	0.6070

以表 3.4 中旋转平方和载入一栏中两个主成分的累积百分比为权数，对 16 个因子进行加权平均，可以计算出各自的综合得分，然后对综合得分进行排名，如表 3.7 所示。

表 3.7　　　　　　　　　综合得分值及排名位次

	综合得分值	排名位次
B11 声誉信息	0.2843	13
C11 资金获取	0.6100	9
B21 技术合作	0.9313	2
B22 技术开发	0.9587	1
B23 技术吸收与转化	0.6343	8
C21 获取技术	0.7110	5
B31 信息交流	0.4347	11

续表

	综合得分值	排名位次
C31 获取政府资源	0.2415	14
B41 沟通	0.8448	3
B42 市场变化风险控制	0.4921	10
C41 获取市场信息	0.6845	6
C42 市场开拓	0.6724	7
B51 信息共享	0.4169	12
C51 结盟	0.7968	4

3. 因子分析结论

从表 3.7 可以看出,理论样本中排在前五位的关系传递三方动机为:B22 技术开发、B21 技术合作、B41 沟通、C51 结盟、C21 获取技术。排在后五位的动机为:B42 市场变化风险控制、B31 信息交流、B51 信息共享、B11 声誉信息和 C31 获取政府资源。国内外学者主要是关注企业在市场关系、技术关系和竞争关系方面进行关系传递的动机,较少关注企业在融资关系、政府关系和咨询关系方面进行关系传递的动机。

第三节　基于实践调研的三方动机分析

本节的数据采用问卷调查的方法来收集,问卷共分为企业基本信息和关系传递三方动机两部分内容,动机部分的设计采用了李克特(LIKERT)7 级量表评选方式。对于所有的测量进行打分,题目的分值越高,表示所反映的变量特征越明显。

在正式发放问卷之前,进行了试调研,我们亲自带问卷到企业中去,与被访谈者针对问卷涉及的问题进行了访谈。根据试调研反馈的信息对问卷进行调整,对难以理解的问题变换描述方式以便于理解,增加了问卷中缺少但实际经济活动中存在的动机,经过反复修改和调研形成了最终问卷。

本章按合作的性质将传递组合划分为 3 种不同类型:创业投资型、技术开发型、市场开拓型。对这 3 种类型的企业进行关系传递三方动机方面的半封闭问卷调查,形成关系传递的实践性样本,本节通过 3 种途径进行调研。第一种是向天津某公司所形成的创业投资网络发放调研问卷,共发放问卷 55 份,回收 52 份,其中,有效的问卷 45 份,有效率为 82%。第二种是通过其他老师的帮助向中小型企业发放问卷，共发放问卷75份，收回68份，其中，对本章有效的问卷共55份，问卷有效率为73.3%。第三种是通过某银行天津分行银行客户经理向中小企业发放调研问卷，共发放问卷170份，回收149份，对本章有效的问卷为80份，问卷有效率为48%。问卷的发放形式有两种，一种是纸质版的问卷，将问卷打印好之后交予被调查者，采取无记名的方式填写，最后统一回收，进行统计。另一种是通过邮箱发放电子版的问卷，被调查者填写完成后通过邮件的形式再传给作者。

一、调研样本描述

（一）调研样本基本信息描述

本节调研的企业涉及的行业主要有金融证券、房地产开发、通讯/电子/计算机、生物/医疗/制药、化工/石油/新能源/电力、机械/制造、环保、公关/互联网、物流/交通运输/港口，这些行业可简单地分为创业投资型、技术开发型和市场开拓型三种类型。本章将金融证券和房地产开发的企业归为创业投资型，通讯/电子/计算机、生物/医疗/制药、化工/石油/新能源/电力、机械/制造、环保归为技术开发型和市场开拓型，将公关/互联网、物流/交通运输/港口、酒店餐饮、法律/咨询归为市场开拓型。各行业的分布情况，如表3.8所示。

表3.8　　　　　　　　　企业所属行业描述

行业	创业投资型 企业数目	创业投资型 占比（%）	技术开发型 企业数目	技术开发型 占比（%）	市场开拓型 企业数目	市场开拓型 占比（%）
金融证券	31	51.67	—	—	—	—
房地产开发	29	48.33	—	—	—	—
通信/电子/计算机	—	—	8	13.33	4	6.67
生物/医疗/制药	—	—	7	11.67	3	5
化工/石油/新能源/电力	—	—	11	18.33	6	10
机械/制造	—	—	27	45	15	25
环保	—	—	3	5	3	5
教育/培训	—	—	4	6.67	2	3.33
公关/互联网	—	—	—	—	4	6.67
物流/交通运输/港口	—	—	—	—	8	13.33
餐饮/服务	—	—	—	—	3	5

续表

行业	创业投资型 企业数目	创业投资型 占比（%）	技术开发型 企业数目	技术开发型 占比（%）	市场开拓型 企业数目	市场开拓型 占比（%）
法律/咨询	—	—	—	—	4	6.67
建筑/审计	—	—	—	—	8	13.33
总计	60	100	60	100	60	100

注："—"表示该行业没有对应类型的企业。

资料来源：根据调研数据计算整理而得。

从表 3.8 中可以看出，调研样本中金融证券类企业共 31 家，占创业投资类企业的 51.67%，房地产开发类企业共 29 家，占创业投资类企业的 48.33%。

在所调研的技术开发型企业中，以机械/制造企业最多，总数为 27 家，占技术开发型企业的 45%；之后为化工/石油/新能源/电力企业，企业数量为 11 家，所占比例为 18.33%；通信/电子/计算机和生物/医疗/制药企业的数目分别为 8 家和 7 家，所占比例分别为 13.33%和 11.67%；环保和教育/培训的企业数目分别为 3 家和 4 家，所占比例分别为 5%和 6.67%。

在市场开拓型企业中，仍是机械/制造企业最多，数量为 15 家，所占比例为 25%；之后为物流/交通运输/港口和建筑/审计，数量各为 8 家，所占比例均为 13.33%；化工/石油/新能源/电力企业数量为 6 家，所占比例为 10%；公关/互联网和法律/咨询企业、通信/电子/计算机企业各为 4 家，所占比例均为 6.67%；生物/医疗/制药、环保和餐饮/服务均为 3 家，所占比例均为 5%；教育/培训最少，为 2 家，所占比例为 3.33%。

调研企业的性质主要为国有企业、集体企业、有限责任公司、股份有限公司、民营企业、中外合资企业和外商投资企业几种性质。根据问卷结果可以得出调研企业性质的比例，见表 3.9。

表 3.9　　　　　　　　　　　企业性质描述

企业性质	创业投资型 企业数目	创业投资型 占比（%）	技术开发型 企业数目	技术开发型 占比（%）	市场开拓型 企业数目	市场开拓型 占比（%）
国有企业	16	26.67	9	15	16	26.67
集体企业	0	0	2	3.33	2	3.33
有限责任公司	15	25	11	18.33	15	25
股份有限公司	15	25	7	11.67	5	8.33
民营企业	12	20	13	21.67	13	21.67
中外合资企业	2	3.33	2	3.33	1	1.67
外商投资企业	0	0	16	26.67	8	13.33
合计	60	100	60	100	60	100

资料来源：根据调研数据计算整理而得。

在创业投资型企业中，国有企业共 16 家，所占比例为 26.67%；有限责任公司为 15 家，所占比例为 25%；股份有限公司共 15 家，所占比例为 25%；民营企业共 12 家，所占比例为 20%；中外合资企业共 2 家，所占比例为 3.33%。

在技术开发型企业中，外商投资企业的数量最多，为 16 家，所占比例为 26.67%；之后，为民营企业，数目为 13 家，所占比例为 21.67%；有限责任公司 11 家，所占比例为 18.33%；国有企业为 9 家，所占比例为 15%；股份有限公司为 7 家，所占比例为 11.67%；数量最少的为集体企业和中外合资企业，数量都是 2 家，所占比例都是 3.33%。

在市场开拓型企业中，国有企业最多，为 16 家，所占比例为 26.67%；之后，为有限责任公司 15 家，所占比例为 25%；民营企业为 13 家，所占比例为 21.67%；外商投资企业 8 家，所占比例为 13.33%；然后，依次是股份有限公司、集体企业、中外合资企业，分别为 5 家、2 家、1 家，所占比例分别为 8.33%、3.33%、1.67%。

本次调研的企业所处的发展时期各不相同，分属于初创期、发展期和成熟期三个阶段，企业数目和所占比例，如表 3.10 所示。

表 3.10 企业所处发展阶段描述

发展阶段	创业投资型 企业数目	占比（%）	技术开发型 企业数目	占比（%）	市场开拓型 企业数目	占比（%）
初创期	2	3.33	5	8.33	7	11.67
发展期	30	50	34	56.67	33	55
成熟期	28	46.67	21	35	20	33.33
合计	60	100	60	100	60	100

资料来源：根据相关调研数据计算整理而得。

在所调研的创业投资型企业中，处于初创期的企业有 2 家，所占比例为 3.33%；处于发展期的企业共 30 家，所占比例为 50%；处于成熟期的企业共 28 家，所占比例为 46.67%。

在所调研的技术开发型企业中，处于发展期的企业最多，数量为 34 家，所占比例为 56.67%；之后，为成熟期企业，数量为 21 家，所占比例为 35%；数量最少的为初创期的企业，数量为 5 家，所占比例为 8.33%。

在所调研的市场开拓型企业中，处于发展期的企业最多，数量为 33 家，所占比例为 55%；之后，为成熟期企业，数量为 20 家，所占比例为 33.33%；数量最少的是处于初创期的企业，所占比例为 11.67%。

(二) 样本信度和效度检验

由于数据来自于不同的调研样本，在进一步分析之前，先需要对数据进行信度和效度的检验，见表 3.11～表 3.13。

表 3.11　　　　　　　　　　　数据处理汇总

案例	N	占比（%）
有效	180	100.0
已排除	0	0
总计	180	100.0

资料来源：根据相关调研数据计算整理而得。

从表 3.11 中可以看出，用不同方式收集的 180 份问卷的数据都是有效的，在数据处理中没有被剔除均被保留。

Alpha 系数是衡量信度的一种指标，越大表示信度越高。一般而言，信度系数如果在 0.9 以上，则说明信度非常好；如果在 0.8 以上，则说明可以接受；在 0.7 以上，则说明该量表需要重大修订但不失价值；在 0.7 以下，则说明应该放弃。由分析可知，本章所用量表的 Alpha 系数是 0.884＞0.8，则说明信度比较好，见表 3.12。

表 3.12　　　　　　　　　　　可靠性统计量

Cronbach's Alpha	基于标准化项目的 Cronbach's Alpha	项数
0.884	0.885	37

表 3.13　　　　　　　　KMO 检验和 Bartlett 检验结果

取样足够度的 Kaiser-Meyer-Olkin	度量	0.563
Bartlett 的球形度检	近似卡方	1.831E3
	df	666
	Sig.	0.000

通过表 3.13 可以读出 KMO 值为 0.563＞0.5 且 Sig. 值为 0.000，说明数据适合做进一步分析。

二、研究方法和程序

（一）创业投资型企业

1. 定性开放式编码

先对创业投资型企业的调研数据进行开放式编码，见表 3.14。

表 3.14　　　　　　　　　创业投资型企业三方动机开放式编码

	资源基础理论	交易成本理论	竞争优势理论	委托—代理理论	其他
B11 声誉信息	获得资金支持（53）	减少融资成本（50）			提高在业界的声誉（48）
C11 资金获取	获得资金支持（53）	获取中介费用（27）			获得社会地位（32）
B21 技术合作	1. 获得所需知识和技术（40）2. 获得新技术（20）	降低研发成本（24）		培训员工（37）	进行科研合作，解决公司遇到的经营难题（18）
B22 技术开发	1. 获得所需知识和技术（40）2. 获得新技术（20）	介绍双方合作以获得利润提成（25）		为了承包商或代理商更顺利地开展工作，完成第三方的业务（29）	
B23 技术吸收	1. 获得所需知识和技术（40）2. 获得新技术（20）3. 取得传播新技术的途径（17）	介绍双方合作以获得利润提成（25）		为了承包商或代理商更顺利地开展工作，完成第三方的业务（29）	
C21 获取技术	获取所需技术（40）	降低研发成本（24）		为了承包商或代理商更顺利地开展工作，完成第三方的业务（29）	巩固与双方的关系（36）
B31 信息交流	1. 获得政策信息（60）2. 获得非公开信息（43）	降低搜寻信息的成本（40）	寻求保护（54）		
C31 获取政府资源	获得政策支持（56）	降低搜寻信息的成本（50）			
B41 沟通	获得相关产品或服务的销售信息（28）	降低采购成本（35）	获得与被介绍方日后的潜在合作机会（45）		
B42 市场变化风险控制	获得优质的服务、快捷送货（29）	降低采购成本（35）	提高市场占有率，开拓市场，分散经营风险（28）		

续表

	资源基础理论	交易成本理论	竞争优势理论	委托—代理理论	其他
C41 获取市场信息	获得相关产品或服务的销售信息 (28)	降低采购成本 (35)	参与被介绍双方的本次合作,获得业务 (47)		帮助被介绍方获得新的合作机会 (41)
C42 市场开拓	1. 获取紧俏的零部件、原材料及产品供应 (8) 2. 获得高质量的原料 (30)	降低采购成本 (35)	1. 提高市场占有率,开拓市场,分散经营风险 (28) 2. 创建新的分销渠道,扩充市场 (26)	形成产品组合,增加第三方销售额 (19)	巩固与双方的关系 (36)
B51 信息共享	获得销售渠道信息 (30)	减少信息搜寻的时间和成本 (30)			
C51 结盟	共享技术,获取自己所需要的技术 (32)	分担创新中的成本与风险 (34)	1. 结盟一致对外 (30) 2. 为了降低竞争强度 (20)		巩固与双方的关系 (36)
B61 咨询	为公司技术和渠道的合法性提供咨询 (48)		降低因法律问题带来的风险 (42)		
C61 获取法律信息	为公司订立合同提供法律建议 (49)	降低获取法律信息的成本 (37)	为公司在诉讼中提供法律帮助 (48)		

资料来源：作者整理。

2. 因子分析过程及结果

由表 3.15 可知，KMO＞0.5，Sig. 的值为 0.029＜0.05，因此适合做因子分析。

表 3.15　　　　　　　　理论样本 KMO 与 Bartlett 球形检验结果

取样足够度的 Kaiser-Meyer-Olkin	度量	0.698
Bartlett 的球形度检验	近似卡方	16.098
	df	10
	Sig.	0.029

从表 3.16 可以看出，共提取了 3 个主成分，对变量总的解释度达到了 79.167%，每个主成分的组成如表 3.17 所示，主成分载荷散点图，如图 3.2 所示。

表 3.16　　　　　　　　　　　变量总体解释

成分	初始值 合计	初始值 方差占比（%）	初始值 累计占比（%）	提取平方和载入 合计	提取平方和载入 方差占比（%）	提取平方和载入 累计占比（%）	旋转平方和载入 合计	旋转平方和载入 方差占比（%）	旋转平方和载入 累计占比（%）
1	1.689	33.781	33.781	1.689	33.781	33.781	1.516	30.320	30.320
2	1.202	24.036	57.817	1.202	24.036	57.817	1.281	25.615	55.935
3	1.067	21.350	79.167	1.067	21.350	79.167	1.162	23.232	79.167
4	0.679	13.584	92.751						
5	0.362	7.249	100.00						

表 3.17　　　　　　　　　　主成分的得分因子矩阵

	成分 1	成分 2	成分 3
资源基础理论	0.193	−0.612	0.284
交易成本理论	0.020	−0.040	0.825
竞争优势理论	−0.564	−0.032	−0.160
委托代理理论	0.521	0.056	−0.221
其他	0.230	0.646	0.219

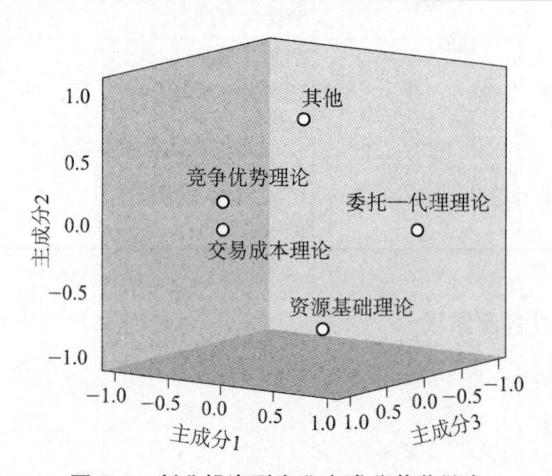

图 3.2　创业投资型企业主成分载荷散点

由表 3.17 可得 3 个主成分的因子得分函数：

$$Y_1 = 0.193X_1 + 0.020X_2 - 0.564X_3 + 0.521X_4 + 0.230X_5$$
$$Y_2 = -0.612X_1 - 0.040X_2 - 0.032X_3 + 0.056X_4 + 0.646X_5$$
$$Y_3 = 0.284X_1 + 0.825X_2 - 0.160X_3 - 0.221X_4 + 0.219X_5$$

将 16 个关系传递类别的编码结果分别代入上面的函数，可以得出表 3.18 的结果。

表 3.18　　　　　　　　　　　　动机主成分因子得分

	主成分 1	主成分 2	主成分 3
B11 声誉信息	4.4538	−0.6856	13.3628
C11 资金获取	3.6258	−2.5688	8.867
B21 技术合作	7.0954	−4.796	6.521
B22 技术开发	5.4378	−7.2192	6.2512
B23 技术吸收	6.094	−9.3	7.2168
C21 获取技术	6.3178	−0.112	6.527
B31 信息交流	−1.9554	−13.2728	10.7224
C31 获取政府资源	2.3616	−7.2544	11.4308
B41 沟通	−3.8552	−3.9952	5.9254
B42 市场变化风险控制	−1.899	−4.0088	6.5262
C41 获取市场信息	−2.1948	1.2892	7.6572
C42 市场开拓	−0.8486	−0.4128	6.9424
B51 信息共享	1.278	−3.912	6.654
C51 结盟	−2.6128	0.1424	7.4044
B61 咨询	−2.8848	−6.144	1.3824
C61 获取法律信息	−3.4136	−6.4784	7.2954

以表 3.16 中旋转平方和载入一栏中 3 个主成分的累积百分比为权数，对 16 个因子进行加权平均，可以计算各自的综合得分，然后对综合得分进行排名，如表 3.19 所示。

表 3.19　　　　　　　　　　　综合得分值及排名位次

	综合得分值	排名位次
B11 声誉信息	4.2792	1
C11 资金获取	2.5013	3
B21 技术合作	2.4378	4
B22 技术开发	1.2518	7
B23 技术吸收	1.1421	9
C21 获取技术	3.4032	2
B31 信息交流	−1.5017	15
C31 获取政府资源	1.5134	5
B41 沟通	−0.8157	13
B42 市场变化风险控制	−0.0865	12
C41 获取市场信息	1.4437	6
C42 市场开拓	1.2498	8
B51 信息共享	0.9313	11
C51 结盟	0.9645	10
B61 咨询	−2.1273	16
C61 获取法律信息	−0.9996	14

3. 因子分析结论

从表 3.19 中可以看出,在实际经济活动中创业投资型企业所关注的三方动机,排在前 5 位的动机为：B11 声誉信息、C21 获取技术、C11 资金获取、B21 技术合作和 C31 获取政府资源。排在后 5 位的动机为：B42 市场变化风险控制、B41 沟通、C61 获取法律信息、B31 信息交流和 B61 咨询。所关注的重点为企业间在融资关系、技术关系和政府关系方面的动机上,而在竞争关系、市场关系和咨询关系方面的动机关注得较少。

(二) 技术开发型企业

1. 定性开放式编码

根据问卷数据,技术开发型企业三方动机的开放式编码,如表 3.20 所示。

表 3.20　　　　　　技术开发型企业三方动机开放式编码

	资源基础理论	交易成本理论	竞争优势理论	委托—代理理论	其他
B11 声誉信息	获得资金支持 (37)	减少融资成本 (23)			提高在业界的声誉 (36)
C11 资金获取	获得资金支持 (37)	获取中介费用 (18)			获得社会地位 (27)
B21 技术合作	1. 获得所需知识和技术 (46) 2. 获得新技术 (21)	降低研发成本 (45)		培训员工 (43)	进行科研合作,解决公司遇到的经营难题 (38)
B22 技术开发	1. 获得所需知识和技术 (46) 2. 获得新技术 (21)	介绍双方合作以获得利润提成 (26)		为了承包商或代理商更顺利地开展工作,完成第三方的业务 (35)	
B23 技术吸收	1. 获得所需知识和技术 (46) 2. 获得新技术 (21) 3. 取得传播新技术的途径 (29)	介绍双方合作以获得利润提成 (26)		为了承包商或代理商更顺利地开展工作,完成第三方的业务 (35)	
C21 获取技术	获取所需技术 (50)	降低研发成本 (37)		为了承包商或代理商更顺利地开展工作,完成第三方的业务 (35)	巩固与双方的关系 (41)

续表

	资源基础理论	交易成本理论	竞争优势理论	委托—代理理论	其他
B31 信息交流	1. 获得政策信息（34）2. 获得非公开信息（24）	降低搜寻信息的成本（35）	寻求保护（29）		
C31 获取政府资源	获得政策支持（34）	降低搜寻信息的成本（35）			
B41 沟通	获得相关产品或服务的销售信息（47）	降低采购成本（31）	获得与被介绍方日后的潜在合作机会（42）		
B42 市场变化风险控制	获得优质的服务、快捷送货（44）	降低采购成本（32）	提高市场占有率，开拓市场，分散经营风险（35）		
C41 获取市场信息	获得相关产品或服务的销售信息（37）	降低采购成本（32）	参与被介绍双方本次合作，获得业务（45）		帮助被介绍方获得新的合作机会（45）
C42 市场开拓	1. 获取紧俏的零部件、原材料及产品供应（32）2. 获得高质量的原料（39）	降低采购成本（32）	1. 提高市场占有率，开拓市场，分散经营风险（35）2. 创建新的分销渠道，扩充市场（37）	形成产品组合，增加第三方销售额（42）	巩固与双方的关系（41）
B51 信息共享	获得销售渠道信息（34）	减少信息搜寻的时间和成本（32）			
C51 结盟	共享技术，获取自己所需要的技术（28）	分担创新中的成本与风险（31）	1. 结盟一致对外（35）2. 为了降低竞争强度（33）		巩固与双方的关系（41）
B61 咨询	为公司技术和渠道的合法性提供咨询（33）		降低因法律问题带来的风险（30）		
C61 获取法律信息	为公司订立合同提供法律建议（38）	降低获取法律信息的成本（39）	为公司在诉讼中提供法律帮助（29）		

资料来源：作者整理。

2. 因子分析过程及结果

由表 3.21 可知，KMO＞0.5，Sig. 为 0.032＜0.05，因此适合做因子分析。

表 3.21　　　　　　　　　KMO 与 Bartlett 球形检验结果

取样足够度的 Kaiser-Meyer-Olkin Measure	度量	0.625
Bartlett 的球形度检验	近似卡方	18.417
	df	10
	Sig.	0.032

从表 3.22 可以看出，共提取了 2 个主成分，对变量总的解释度达到了 65.827%。每个主成分的组成，如表 3.23 所示，主成分载荷散点图，如图 3.3 所示。

表 3.22　　　　　　　　　　　变量总体解释

成分	提取平方和载入			旋转平方和载入			初始值		
	合计	方差占比（%）	累积占比（%）	合计	方差占比（%）	累积占比（%）	合计	方差占比（%）	累积占比（%）
1	1.986	39.715	39.715	1.986	39.715	39.715	1.979	39.586	39.586
2	1.306	26.113	65.827	1.306	26.113	65.827	1.312	26.242	65.827
3	0.841	16.818	82.645						
4	0.730	14.605	97.250						
5	0.137	2.750	100.00						

表 3.23　　　　　　　　　主成分的得分因子矩阵

	成分	
	1	2
资源基础理论	0.452	−0.146
交易成本理论	0.220	0.255
竞争优势理论	−0.144	0.560
委托—代理理论	0.473	0.018
其他	0.093	0.603

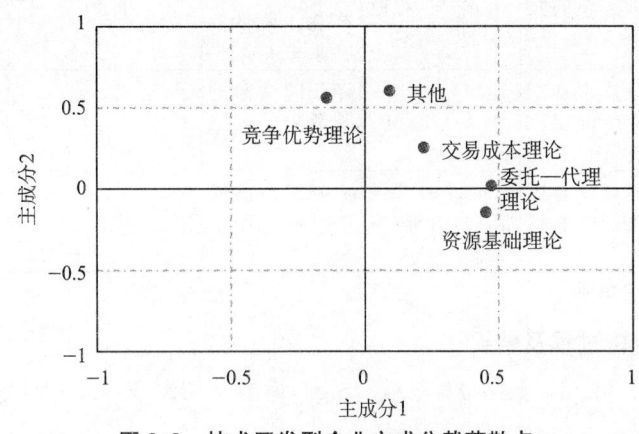

图 3.3　技术开发型企业主成分载荷散点

由表 3.23 可得两个主成分的因子得分函数：

$$Y_1 = 0.452X_1 + 0.220X_2 - 0.144X_3 + 0.473X_4 + 0.093X_5$$

$$Y_2 = -0.146X_1 + 0.225X_2 + 0.560X_3 + 0.018X_4 + 0.603X_5$$

将 16 个关系传递类别的编码结果分别代入上面的函数，可以得出表 3.24 的结果。

表 3.24　　　　　　　　动机主成分因子得分

	主成分 1	主成分 2
B11 声誉信息	5.0264	4.4342
C11 资金获取	4.6390	3.0938
B21 技术合作	12.8114	5.0762
B22 技术开发	10.5118	−0.5044
B23 技术吸收	13.1334	−1.3512
C21 获取技术	10.2216	5.4976
B31 信息交流	5.9480	3.3394
C31 获取政府资源	4.6136	0.7922
B41 沟通	4.4472	4.9636
B42 市场变化风险控制	4.3776	4.2672
C41 获取市场信息	5.1978	10.7266
C42 市场开拓	10.4446	12.6676
B51 信息共享	4.4376	0.5882
C51 结盟	2.6994	13.324
B61 咨询	2.1192	2.3964
C61 获取法律信息	4.3160	4.1274

以表 3.22 中旋转平方和载入一栏中 2 个主成分的累积百分比为权数，对 16 个因子进行加权平均，可以计算出各自的综合得分，然后对综合得分进行排名，如表 3.25 所示。

表 3.25　　　　　　　　综合得分值及排名位次

	综合得分值	排名位次
B11 声誉信息	3.1534	9
C11 资金获取	2.6483	13
B21 技术合作	6.4036	2
B22 技术开发	4.0288	7
B23 技术吸收	4.8444	5
C21 获取技术	5.4890	3
B31 信息交流	3.2309	8

续表

	综合得分值	排名位次
C31 获取政府资源	2.0342	14
B41 沟通	3.0630	10
B42 市场变化风险控制	2.8527	11
C41 获取市场信息	4.8725	4
C42 市场开拓	7.4588	1
B51 信息共享	1.9110	15
C51 结盟	4.5651	6
B61 咨询	1.4678	16
C61 获取法律信息	2.7916	12

3. 结论

从表 3.25 中可以看出，在实际经济活动中技术开发型企业所关注的三方动机，排在前 5 位为：C42 市场开拓、B21 技术合作、C21 获取技术、C41 获取市场信息和 B23 技术吸收和转化。排在后五位的动机为：C61 获取法律信息、C11 资金获取、C31 获取政府资源、B51 信息共享和 B61 咨询。技术开发型企业主要是关注企业在市场关系和技术关系方面进行关系传递的动机，较少关注企业在融资关系、竞争关系、政治关系和咨询关系方面进行关系传递的动机。

（三）市场开拓型企业

1. 定性开放式编码

根据问卷数据，市场开拓型企业三方动机的开放式编码，如表 3.26 所示。

表 3.26　市场开拓型企业三方动机开放式编码

	资源基础理论	交易成本理论	委托—代理理论	竞争优势理论	其他
B11 声誉信息	获得资金支持（44）	减少融资成本（35）			提高在业界的声誉（44）
C11 资金获取	获得资金支持（44）	获取中介费用（21）			获得社会地位（36）
B21 技术合作	1. 获得所需知识和技术（45） 2. 获得新技术（26）	降低研发成本（43）		培训员工（46）	进行科研合作，解决公司遇到的经营难题（36）

续表

	资源基础理论	交易成本理论	委托—代理理论	竞争优势理论	其他
B22 技术开发	1. 获得所需知识和技术（45）2. 获得新技术（26）	介绍双方合作以获得利润提成（28）		为了承包商或代理商更顺利地开展工作，完成第三方的业务（34）	
B23 技术吸收	1. 获得所需知识和技术（45）2. 获得新技术（26）3. 取得传播新技术的途径（32）	介绍双方合作以获得利润提成（28）		为了承包商或代理商更顺利地开展工作，完成第三方的业务（34）	
C21 获取技术	获取所需技术（46）	降低研发成本（43）		为了承包商或代理商更顺利地开展工作，完成第三方的业务（34）	巩固与双方的关系（44）
B31 信息交流	1. 获得政策信息（43）2. 获得非公开信息（21）	降低搜寻信息的成本（32）	寻求保护（36）		
C31 获取政府资源	获得政策支持（42）	降低搜寻信息的成本（32）			
B41 沟通	获得相关产品或服务的销售信息（43）	降低采购成本（32）	获得与被介绍方日后的潜在合作机会（43）		
B42 市场变化风险控制	获得优质的服务、快捷送货（46）	降低采购成本（32）	提高市场占有率，开拓市场，分散经营风险（37）		
C41 获取市场信息	获得相关产品或服务的销售信息（43）	降低采购成本（32）	参与被介绍双方本次合作，获得业务（46）		帮助被介绍方获得新的合作机会（45）
C42 市场开拓	1. 获取紧俏的零部件、原材料及产品供应（31）2. 获得高质量的原料（41）	降低采购成本（32）	1. 提高市场占有率，开拓市场，分散经营风险（37）2. 创建新的分销渠道，扩充市场（38）	形成产品组合，增加第三方销售额（47）	巩固与双方的关系（44）

续表

	资源基础理论	交易成本理论	委托—代理理论	竞争优势理论	其他
B51 信息共享	获得销售渠道信息（32）	减少信息搜寻的时间和成本（42）			
C51 结盟	共享技术，获取自己所需要的技术（22）	分担创新中的成本与风险（33）	1. 结盟一致对外（34） 2. 为了降低竞争强度（32）		巩固与双方的关系（44）
B61 咨询	为公司技术和渠道的合法性提供咨询（31）		降低因法律问题带来的风险（28）		
C61 获取法律信息	为公司订立合同提供法律建议（41）	降低获取法律信息的成本（43）	为公司在诉讼中提供法律帮助（31）		

资料来源：作者整理。

2. 因子分析过程及结果

由表 3.27 可知，KMO＞0.5，Sig. 为 0.019＜0.05，因此适合做因子分析。

表 3.27　　　　　　　　KMO 与 Bartlett 球形检验

取样足够度的 Kaiser-Meyer-Olkin Measure	度量	0.673
Bartlett 的球形度检验	近似卡方	11.527
	df	10
	Sig.	0.019

从表 3.28 可以看出，共提取了两个主成分，对变量总的解释度达到了 63.593%。每个主成分的组成，如表 3.29 所示，主成分载荷散点图，如图 3.4 所示。

表 3.28　　　　　　　　变量总体解释

成分	初始特征值			提取平方和载入			旋转平方和载入		
	合计	方差占比（%）	累积占比（%）	合计	方差占比（%）	累积占比（%）	合计	方差占比（%）	累积占比（%）
1	1.868	37.361	37.361	1.868	37.361	37.361	1.812	36.237	36.237
2	1.312	26.232	63.593	1.312	26.232	63.593	1.368	27.356	63.593
3	0.972	19.445	83.038						
4	0.666	13.318	96.356						
5	0.182	3.644	100.00						

表 3.29　　　　　　　　　主成分的得分因子矩阵

	成分	
	1	2
资源基础理论	0.506	−0.073
交易成本理论	0.096	0.373
竞争优势理论	−0.300	0.344
委托—代理理论	0.438	0.240
其他	−0.107	0.648

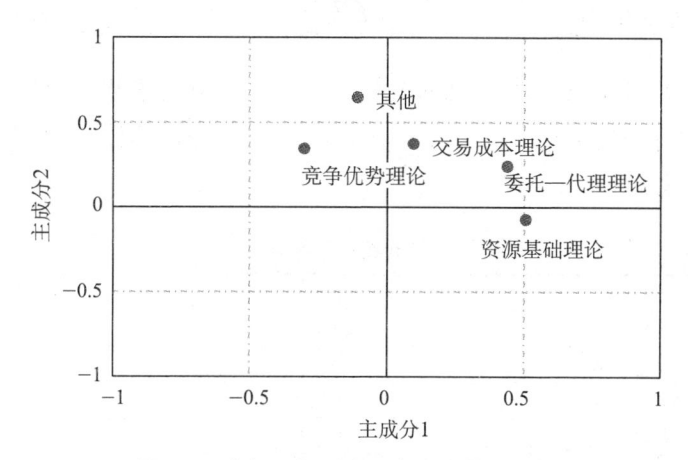

图 3.4　市场开拓型企业主成分载荷散点

由表 3.29 可以得出 2 个主成分的因子得分函数：

$$Y_1 = 0.506X_1 + 0.096X_2 - 0.300X_3 + 0.438X_4 - 0.107X_5$$

$$Y_2 = -0.073X_1 + 0.373X_2 + 0.344X_3 + 0.240X_4 + 0.648X_5$$

将 16 个关系传递类别的编码结果分别代入上面的函数，可以得出表 3.30 的结果。

表 3.30　　　　　　　　　动机主成分因子得分

	主成分 1	主成分 2
B11 声誉信息	4.1832	7.6710
C11 资金获取	4.0856	5.5898
B21 技术合作	11.2700	9.0448
B22 技术开发	10.7012	2.6842
B23 技术吸收	13.9396	2.2170
C21 获取技术	7.5176	9.8706
B31 信息交流	4.9312	3.9296

续表

	主成分 1	主成分 2
C31 获取政府资源	4.8648	1.7740
B41 沟通	2.3860	4.7178
B42 市场变化风险控制	3.0496	4.2612
C41 获取市场信息	1.2430	10.7562
C42 市场开拓	6.5764	14.4544
B51 信息共享	4.0448	2.6660
C51 结盟	−2.0416	12.3838
B61 咨询	1.4572	1.4738
C61 获取法律信息	3.1148	4.7420

以表 3.28 中旋转平方和载入一栏中 2 个主成分的累积百分比为权数，对 16 个因子进行加权平均，可以计算各自的综合得分，然后，对综合得分进行排名，如表 3.31 所示。

表 3.31　　　　　　　　综合得分及排名

	综合得分	综合排名
B11 声誉信息	3.6143	6
C11 资金获取	3.0096	8
B21 技术合作	6.5582	1
B22 技术开发	4.6121	5
B23 技术吸收	5.6578	3
C21 获取技术	5.4244	4
B31 信息交流	2.8619	9
C31 获取政府资源	2.2482	13
B41 沟通	2.1552	15
B42 市场变化风险控制	2.2708	12
C41 获取市场信息	3.3929	7
C42 市场开拓	6.3372	2
B51 信息共享	2.1950	14
C51 结盟	2.6479	10
B61 咨询	0.9312	16
C61 获取法律信息	2.4259	11

3. 结论

从表 3.31 中可以看出，在实际经济活动中市场开拓型企业所关注的三方动机，排在前 5 位为：B21 技术合作、C42 市场开拓、B23 技术吸收和转化、C21 获取技术、B22 技术开发。排在后 5 位的动机为：B42 市场变化风险控制、C31 获取政府资源、B51 信息共享、B41 沟通和 B61 咨询。市场开拓型企业主要是关注企业之间在市场关系、技术关系方面进行关系传递的动机，较少关注在融资关系、竞争关系、政治关系和咨询关系方面进行传递的动机。

三、两类样本的比较

根据理论样本和实践样本中关系传递的三方动机的数据，可以计算出两类样本关系传递动机的频次分布，如表 3.32 所示。

表 3.32　　　　　　　　　　频次分布

			资源基础理论	交易成本理论	竞争优势理论	委托—代理理论	其他	小计
理论样本			86	77	67	8	26	264
			32.5	29.2	25.4	3.1	9.8	100
实践样本	创业投资型	数量(家)	783	506	368	143	247	2047
		占比(%)	38.3	24.7	17.9	7.0	12.1	100
	技术开发型	数量(家)	788	473	350	190	269	2070
		占比(%)	38.0	22.9	16.9	9.2	13.0	100
	市场开拓型	数量(家)	815	508	362	195	283	2163
		占比(%)	37.7	23.5	16.7	9.0	13.1	100
	小计	数量(家)	2386	1487	1080	528	799	6280
		占比(%)	38.0	23.7	17.2	8.4	12.7	100
合计		数量(家)	2472	1564	1147	536	825	6544
		占比(%)	37.8	23.9	17.5	8.2	12.6	100

资料来源：作者整理。

根据表 3.32 中两类样本的频次分布，可以计算出两类样本关系传递动机的卡方相似性，结果如表 3.33 所示。

表 3.33　　　　　　　　　　卡方相似性

	关系传递三方动机				
	资源基础理论	交易成本理论	竞争优势理论	委托—代理理论	其他
理论样本	5.96	7.21	−21.3	0.87	0.00
实践样本	−0.38	−1.12	5.16	−0.27	0.00

理论样本中资源基础和交易成本两种理论的结果大于 0，并且数值比较大，这表示理论样本中动机与上述两个理论的相关性较大，说明这类样本主要是用上述两种理论对传递动机进行解释。国内外学者认为，企业进行关系

传递是基于资源的原因，每个企业都拥有自己的资源，但是每个企业所拥有的资源不完全相同，是存在差异性的。两个没有联系的企业是不可能获得对方的资源的，为了获取企业所需资源，首要条件同时也是必要条件是和这些企业建立起联系。和其他企业建立关系，降低了交易成本，为企业的经营发展节约了成本。而在实践样本中，企业之间建立关系，进行关系的传递更强调基于竞争优势理论的动机，竞争优势理论是企业之间进行关系传递的首要原因。实际经营中的企业认为，每个企业都有自己的经营优势，在各自的经营领域都有自己的专业化优势，企业之间通过关系的传递建立关系，能够充分地挖掘每个企业所具有的竞争优势，从而能够通过关系的建立提升各自的竞争优势。

根据表 3.7、表 3.19、表 3.25 和表 3.31 的结果得出，两类样本在关系传递方式和结果方面存在认知差异。理论样本对于企业之间关系传递的三方动机的研究方面，关注的重点是企业在市场方面、技术方面和竞合方面的关系传递动机，而不偏重于企业在政府关系、咨询关系和融资关系方面进行关系传递的动机。研究认为，在技术关系方面，企业之间通过技术开发、技术合作进行关系的传递，能够获取企业所需的技术，降低获取技术所需要的时间和成本，提高自身的技术水平。在市场关系方面，企业之间通过沟通进行关系的传递。通过沟通的方式，降低了企业获取信息的成本，也提高了信息的完整性和准确性，获得了拓展市场的机会，从而分散企业经营的风险。

在实践样本中，创业投资型企业对于企业间关系传递的三方动机的关注，重点是在融资关系、技术关系和政府关系方面的动机上，而不偏重于竞争关系、市场关系和咨询关系方面的动机。研究认为，在融资方面，企业通过声誉信息将关系传递出去，来获得银行或投资机构的资金支持。在技术关系方面，企业通过技术合作来获取自身发展所需要的新技术。在政府关系方面，通过与政府的信息交流，获得政府的政策支持以及一些政策信息，降低搜寻信息的成本，为企业的发展寻求政府的保护。技术开发型企业和市场开拓型企业对于企业间关系传递的三方动机的关注，重点在市场关系、技术关系方面的动机上，不偏重在融资关系、竞争关系、政治关系和咨询关系方面的动机。企业通过对市场变化风险的控制来开拓市场，分散市场经营的风险，通过技术合作、技术吸收和技术转化来获取企业所需要的技术。

第四节 三方动机链耦合度模糊评价

关系具有传递性或转移性（胡雯，武常岐，2004）。关系传递意味着，作为"中间人"的第三方能够将与一方的关系传递给另一方，引发后两者之间建立关联。关系传递作为一类社会现象，曾引起社会网络学者的关注。伍兹（Uzzi，1997）就曾提及作为"中间人"的第三方通过关系传递使另两方建立关联，并从社会网络的视角对由此所形成的关系嵌入进行了探讨。

当企业借助"中间人"的第三方通过关系的传递与网络组织中的一家企业建立关联，这三方构成了一个传递组合。但由于三方关系的不对称及关系强度的差异，会使得关系传递的过程趋于复杂化；而三方存在的信任的不对等、关系资产的异质性，会使三方对因传递所获得的价值预期存在差异，导致三方在动机上存在不同。这三方既要实现自己的动机，同时还要受到另外两方动机的影响，构成互动的动机链。三方需要经历一个相互磨合、共同调整、相互适应的过程，在动机链上达到耦合的状态。而耦合的程度如何，需要建立评价体系进行评估。

结构嵌入是群体间通过第三方进行间接联结，并形成以系统为特点的关联结构，主要关注的是如何促使组织关系从双边走向三方的过程。结构嵌入形成过程中企业的动机耦合也从两方耦合走向三方耦合，只有当三方动机耦合度较好时，才能使得"中间人"的第三方能够将一方（参与者 A）的关系传递给另一方（参与者 B），并使得后两者能够建立关系，形成结构嵌入。若"中间人"和参与者 B 之间的动机耦合度较高，但参与者 A 与参与者 B 之间动机耦合度较低时，那么，参与者 A 与参与者 B 之间不能建立关系，因此结构嵌入就不能形成。同样，仅参与者 A 与参与者 B 之间动机耦合度较高，但是，中间人与参与者 B 之间动机耦合度较低时，就没有关系传递的过程，结构嵌入也不能形成。因此，在分析结构嵌入形成过程时，必须要考虑的是三方动机的耦合程度，而不仅仅是两方动机。

针对上述问题，本章在分析企业网络结构嵌入中三方动机的基础上，构建三方动机链耦合度的评价指标体系，并采用网络分析法和模糊综合评价法来评价三方动机链的耦合程度，进而分析从关系传递到结构嵌入能否形成。

嵌入的概念最早由波兰尼（Polnayi，1957）提出。在此基础上，格兰诺维特（Granovetter，1985）扩展了嵌入的范畴提出"弱嵌入性"的概念，并对此进行了系统性的阐述，将"嵌入"定义为，经济的行为和结果被行为人的双边（社会）关系和整体的（社会）关系网络所影响，嵌入可分为两类：即关系嵌入（relational embeddedness）与结构嵌入（structural embeddedness）（Granovetter，1992）。

学者们对网络嵌入形成过程的研究中，很少有文献探讨结构嵌入形成过程中的三方动机及三方动机链的耦合度，主要集中在：

（1）主要依从关系嵌入与结构嵌入的属性探讨嵌入形成的路径。首先，关系嵌入是指，单个主体的经济行为与另一主体的互动（Granovetter，1985，1992；Uzzi，1996，1997）。它所展现的是，以双边关系（dyadic ties）为导向的、动态的、连续的过程（Gulati, Sytch, 2007）。大量文献围绕关系嵌入的双边关系互动路径展开研究，如哈特（Hite，2003）发现，新兴的公司网络的基本单元即二元关系，而网络嵌入的形成是经由二元交易关系的互动而实现的。因此，关系嵌入关注的是，以直接联结为纽带的二元交易关系问题，是交易双方相互理解、信任和承诺的达成程度及过程。伍兹（Uzzi，1997）通过对美国纽约制衣工厂的研究，认为关系嵌入是交易双方以相互信任为基础通过信息共享，以达到共同解决问题目的的过程。其次，结构嵌入是群体间通过第三方进行间接的联结，并形成以系统为特点的关联结构（Granovetter，1992）。它所关注的是，促使组织关系从双边走向三方的过程。古拉蒂（Gulati，1999）认为，结构嵌入是使行为的信息与声誉的直接交流转向间接的作用渠道，可理解为众多行动者纵横交错关系的集合。

（2）基于工具性理论对结构嵌入进行深化分析，如强关系理论、弱关系理论（Mowery，Oxley，1996；Uzzi，1996；Lane，Lubatkin，1998；Hansen，1999）、社会资本理论（Fukuyama，1995；Putnam，1995）、结构洞理论（Insead，2006；Xiao，Tsui，2007）等。

此外，对企业网络中行为动机的研究，主要集中在对两个企业间动机行为的研究，关注于动机主要有哪些及其对绩效的影响，但很少有研究三方动机及三方动机的耦合状态，相关文献主要有：

（1）技术创新网络中动机的研究。

苏中锋（2007）指出，企业技术创新合作的两个基本动机为有形资源获取和知识、能力的学习。李玲（2010）对技术创新网络中企业合作动机及合作行为进行分析，将网络内的企业的合作动机分为效率导向、竞争导向、学习导向与信息导向,并在理论上分析了不同合作动机对合作行为的具体影响。党兴华等(2010)对技术创新网络中企业间依赖于合作动机对企业合作行为的影响进行了实证研究,结果表明,企业间联合依赖与不对称依赖直接影响企业合作行为的选择,同时也通过合作动机影响合作行为。

(2) 创业网络中动机的研究。

金列(2011)通过对扩张期企业融资动机对其发展战略取向的影响进行实证研究,发现创业企业财富积累动机和自我决策动机是影响融资选择的两大主要动机。在创业网络中,企业孵化器与风险投资合作能够为初创企业同时提供管理与资金两项最关键的资源,曾鑫和赵黎明(2011)将两者的合作看作社会网络的嵌入过程,并基于对天津国家级孵化器和济宁国家级孵化器的深入访谈,对嵌入动机、嵌入过程、合作绩效进行了理论分析。创业行为的产生受创业者的动机驱动,窦大海和罗瑾琏(2011)根据需求层次理论,构建了受经济需要激励和社会需要激励的二维动机模型,同时,将创业动机研究的系统边界扩大到包括创业企业发展生命周期和创业者生命周期,构建了三维复杂模型,系统分析了创业动机的子系统构成及其相互关系。

(3) 战略联盟的形成动机、供应链中的企业绿色行为动机等的研究。

综上可知,有关企业网络中结构嵌入形成过程及企业网络中行为动机的研究都很少考虑三方动机的耦合程度,而结构嵌入中的三方在动机上存在着不同,且需要经历一个相互磨合的过程,在动机链上才能达到耦合的状态,形成结构嵌入。因此,本章在相关文献研究的基础上,构建了结构嵌入中三方动机的耦合度评价指标体系,并且,综合运用 ANP 和模糊评价法对三方动机的耦合度进行评估。

一、动机链耦合度指标体系的构建

结构嵌入是群体间通过第三方进行间接联结,并形成以系统为特点的关联结构,主要关注的是如何促使组织关系从双边走向三方的过程,如图 3.5 所示。在图 3.5 中,企业 A 与中介 C 之间存在着关系,企业 BC 之间存在关系,但是企业 A 与企业 B 之间不存在关系,结构嵌入关注的是中介 C 将与企业 A 的关系传递给企业 B,并最终使企业 B 与企业 A 之间建立关系的过程,即结构嵌入的过程。

在企业网络中,中介 C 将与企业 A 的关系传给企业 B 的动机主要是为了获得更多的资源或降低交易风险等，同样，企业 B 与企业 A 之间结构嵌入的形成也是为了获得更多的资源或降低相关的风险，因此，本章从信息动机、技术动机、学习动机及专用性资产 4 个角度衡量 AB（或 BC）之间的关系传递（或嵌入）动机。

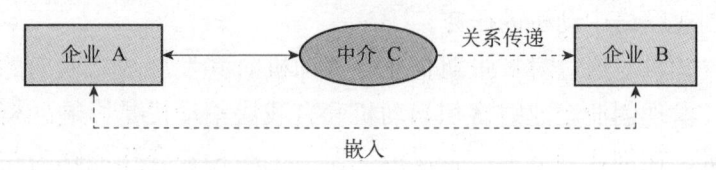

图 3.5　结构嵌入三方动机链结构

BC 之间的关系传递实现之后，离不开企业 B 与企业 A 的嵌入，当 AB 之间嵌入形成之后，企业 B 才形成了结构嵌入。因此，在结构嵌入形成过程中，三方动机链主要由 BC 之间的关系传递动机及 AB 之间的嵌入动机组成，只有 BC 之间的动机耦合度较好，且 AB 之间的动机耦合度较好时，才能够形成结构嵌入。在文中，我们分别分析了 AB 及 BC 之间的动机耦合度之后，综合评价三方动机链的耦合度，见表 3.34。

表 3.34　AB（或 BC）之间嵌入动机耦合度评价指标

目标层	二级指标	三级指标
AB（或 BC）动机耦合度评价	信息动机耦合 C_1	信息交流（e_{11}）；信息共享（e_{12}）；信息技术设施等共享（e_{13}）
	技术动机耦合 C_2	技术合作（e_{21}）；技术开发（e_{22}）；技术吸收与转化（e_{23}）
	学习动机耦合 C_3	经验式学习（e_{31}）；隐性知识学习（e_{32}）；知识共享（e_{33}）
	专用性资产 C_4	销售渠道共享（e_{41}）；品牌、商标的推广（e_{42}）；建立特定用途的关系（e_{43}）

资料来源：本书整理。

二、动机链耦合度评价模型

托马斯·L. 萨提（Thomas L. Saaty）在 20 世纪 70 年代提出了层次分析法（AHP），并被广泛地应用于决策分析和综合评价活动中。层次分析法确定权重的基本假设是将决策系统分为若干层次，上层元素对下层元素起支配作用，同一层元素之间是相互独立的。但实际上，一般各层内部的元素之间都存在依存关系，同时下层对上层也有反支配（反馈）的作用，基于此，托马斯·L. 萨提在层次分析法的基础上于 1996 年提出了网络分析法（ANP）。

ANP法把系统分为控制层与网络层两个部分：第一部分称为控制元素层。包括问题目标及决策准则，所有的决策准则均被认为是彼此独立的，且只受目标元素的支配。控制元素层中可以没有决策准则，但至少有一个目标。第二部分为网络层。它是由所有受控制层支配的元素组成的，元素之间相互依存、相互支配，元素和层次间内部不独立，递阶层次结构的每个准则支配的不是一个简单的内部独立的元素，而是一个相互依存、反馈的网络结构。控制层和网络层组成了典型的 ANP 层次结构。

（一）构建评价模型

在本章已建立的结构嵌入三方动机链耦合度评价指标体系中，见表3.34。我们发现信息耦合度所包含的三级指标中信息交流与信息共享内部存在高度的相关性。如当信息交流频繁时，那么，双方的信息共享程度较高；技术耦合度所包含的三级指标中也存在高度的相关性，如技术的合作，有利于双方技术开发及相关技术的吸收与转化等。此外，学习动机耦合及专用性资产耦合度的三级指标中，也存在内部高度相关性。

由上述分析可知各指标间的相互依存关系，因此，我们选用 ANP 方法来构建结构嵌入过程中三方动机链耦合度的绩效评价模型，如图3.6所示。

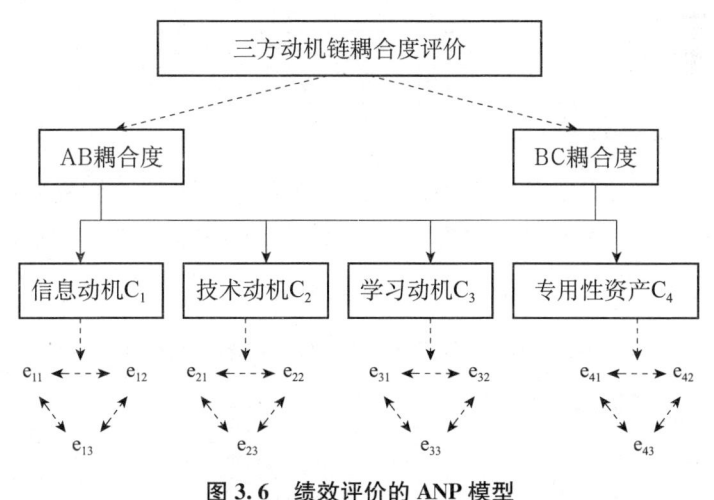

图 3.6　绩效评价的 ANP 模型

资料来源：作者绘制。

（二）动机耦合度指标权重的确定

1. 局部权重的确定

元素组 C_i（i=1—4）内部各元素之间存在依存关系。用矩阵表示，就是分别用 C_i 中的元素 e_{ij} 为准则，C_i 中的其余元素按其对 e_{ij} 的影响力大小进行间接优势度比较，构造判断矩阵，并求得归一化后的特征向量，这些归一化后的特征向量构成了方阵。分别讨论各元素组的内部依存关系，可得到 4 个表示元素组内部依存关系的方阵，从而构成了超矩阵的对角矩阵。本章运用超级决策（super decision）软件，通过输入各元素间的间接优势度，可以直接计算得出超矩阵，见表 3.35。

表 3.35　　　　　AB 企业间动机耦合度评价的 ANP 超矩阵

	e_{11}	e_{12}	e_{13}	e_{21}	e_{22}	e_{23}	e_{31}	e_{32}	e_{33}	e_{41}	e_{42}	e_{43}
e_{11}	0.00000	0.80000	0.75000	0.00000	0.00000	0.00000	0.00000	0.00000	0.00000	0.00000	0.00000	0.00000
e_{12}	0.75000	0.00000	0.25000	0.00000	0.00000	0.00000	0.00000	0.00000	0.00000	0.00000	0.00000	0.00000
e_{13}	0.25000	0.20000	0.00000	0.00000	0.00000	0.00000	0.00000	0.00000	0.00000	0.00000	0.00000	0.00000
e_{21}	0.00000	0.00000	0.00000	0.00000	0.83333	0.75000	0.00000	0.00000	0.00000	0.00000	0.00000	0.00000
e_{22}	0.00000	0.00000	0.00000	0.85714	0.00000	0.25000	0.00000	0.00000	0.00000	0.00000	0.00000	0.00000
e_{23}	0.00000	0.00000	0.00000	0.14286	0.16667	0.00000	0.00000	0.00000	0.00000	0.00000	0.00000	0.00000
e_{31}	0.00000	0.00000	0.00000	0.00000	0.00000	0.00000	0.00000	0.83333	0.87500	0.00000	0.00000	0.00000
e_{32}	0.00000	0.00000	0.00000	0.00000	0.00000	0.00000	0.80000	0.00000	0.12500	0.00000	0.00000	0.00000
e_{33}	0.00000	0.00000	0.00000	0.00000	0.00000	0.00000	0.20000	0.16667	0.00000	0.00000	0.00000	0.00000
e_{41}	0.00000	0.00000	0.00000	0.00000	0.00000	0.00000	0.00000	0.00000	0.00000	0.00000	0.87500	0.85714
e_{42}	0.00000	0.00000	0.00000	0.00000	0.00000	0.00000	0.00000	0.00000	0.00000	0.75000	0.00000	0.14286
e_{43}	0.00000	0.00000	0.00000	0.00000	0.00000	0.00000	0.00000	0.00000	0.00000	0.25000	0.12500	0.00000

考虑到元素组间相对独立的情况，故不必对超矩阵作加权处理。为了准确地反映各元素之间的相互依存关系，本章运用 Super Decision 软件对加权超矩阵进行稳定化处理，计算得出极限超矩阵，见表 3.36。

表 3.36　　　　　AB 企业间动机耦合度评价的 ANP 极限超矩阵

	e_{11}	e_{12}	e_{13}	e_{21}	e_{22}	e_{23}	e_{31}	e_{32}	e_{33}	e_{41}	e_{42}	e_{43}
e_{11}	0.43931	0.43931	0.43931	0.00000	0.00000	0.00000	0.00000	0.00000	0.00000	0.00000	0.00000	0.00000
e_{12}	0.37572	0.37572	0.37572	0.00000	0.00000	0.00000	0.00000	0.00000	0.00000	0.00000	0.00000	0.00000
e_{13}	0.18497	0.18497	0.18497	0.00000	0.00000	0.00000	0.00000	0.00000	0.00000	0.00000	0.00000	0.00000
e_{21}	0.00000	0.00000	0.00000	0.44847	0.44847	0.44847	0.00000	0.00000	0.00000	0.00000	0.00000	0.00000
e_{22}	0.00000	0.00000	0.00000	0.41783	0.41783	0.41783	0.00000	0.00000	0.00000	0.00000	0.00000	0.00000

续表

	e_{11}	e_{12}	e_{13}	e_{21}	e_{22}	e_{23}	e_{31}	e_{32}	e_{33}	e_{41}	e_{42}	e_{43}
e_{23}	0.00000	0.00000	0.00000	0.13370	0.13370	0.13370	0.00000	0.00000	0.00000	0.00000	0.00000	0.00000
e_{31}	0.00000	0.00000	0.00000	0.00000	0.00000	0.00000	0.45809	0.45809	0.45809	0.00000	0.00000	0.00000
e_{32}	0.00000	0.00000	0.00000	0.00000	0.00000	0.00000	0.38597	0.38597	0.38597	0.00000	0.00000	0.00000
e_{33}	0.00000	0.00000	0.00000	0.00000	0.00000	0.00000	0.15595	0.15595	0.15595	0.00000	0.00000	0.00000
e_{41}	0.00000	0.00000	0.00000	0.00000	0.00000	0.00000	0.00000	0.00000	0.00000	0.46512	0.46512	0.46512
e_{42}	0.00000	0.00000	0.00000	0.00000	0.00000	0.00000	0.00000	0.00000	0.00000	0.37209	0.37209	0.37209
e_{43}	0.00000	0.00000	0.00000	0.00000	0.00000	0.00000	0.00000	0.00000	0.00000	0.16279	0.16279	0.16279

由表 3.36 中极限超矩阵的计算结果，可得各三级指标的局部权重为：[0.43931，0.37572，0.18497，0.44847，0.41783，0.13370，0.45809，0.38597，0.15595，0.46512，0.37209，0.16279]。

2. 全局权重

因二级指标之间不存在相互依存、反馈等关系，因此，可以用网络分析法（AHP）对二级指标进行赋权，得到二级指标的权重。考虑到对 AB 企业间动机耦合度而言，4 个二级指标同等重要，因此设二级指标权重为 [0.25，0.25，0.25，0.25]。相应可计算出，对 AB 动机耦合度而言，全局权重为 W = [0.10983 0.09393 0.04624 0.11212 0.10446 0.03343 0.11452 0.09649 0.03899 0.11628 0.09302 0.04070]。

（三）动机耦合度指标的模糊综合评价

由于环境不确定的限制，为剔除评价结果的人为不确定因素，在实际决策过程中，可以采用模糊综合评价法对指标的信息进行量化分析，对其进行综合评价，得到评价结果的向量矩阵。然后，结合各因素权重矩阵，得到最终的集成化绩效评价结果。

本节选用 4 个评价等级，"优""良""中""差"，构成结构嵌入动机链的 AB 动机耦合度指标模糊综合评价的评判集。采用模糊数学中的模糊统计法计算各个指标隶属度：通过调查问卷的方式，对动机链指标体系中的各个指标进行四级评判；然后，以此统计各个指标属于评价等级的频数；最后，计算出各个评价指标的隶属度，可得隶属度矩阵。

假设某企业网络结构嵌入 A，其指标的隶属度见表 3.37。由表 3.37 可得，隶属度矩阵为 R。

表 3.37　　　　　　　AB 动机耦合度指标的隶属度

	优	良	中	差
e_{11}	0.4	0.4	0.2	0
e_{12}	0.6	0.3	0.1	0
e_{13}	0.4	0.3	0.2	0.1
e_{21}	0.2	0.4	0.3	0.1
e_{22}	0.3	0.3	0.4	0
e_{23}	0.6	0.3	0.1	0
e_{31}	0.4	0.3	0.1	0.1
e_{32}	0.5	0.5	0	0
e_{33}	0.3	0.3	0.3	0.1
e_{41}	0.5	0.4	0.1	0
e_{42}	0.6	0.3	0.1	0
e_{43}	0.4	0.3	0.2	0.1

（四）动机耦合度评价结果分析

由三级指标的全局权重及隶属度矩阵 R，综合计算可得 AB 动机耦合度的绩效值为：

$$M = W \times R = [0.10983\ 0.09393\ 0.04624\ 0.11212\ 0.10446\ 0.03343\ 0.11452$$

$$0.09649\ 0.03899\ 0.11628\ 0.09302\ 0.04070] \times \begin{bmatrix} 0.4 & 0.4 & 0.2 & 0 \\ 0.6 & 0.3 & 0.1 & 0 \\ 0.4 & 0.3 & 0.2 & 0.1 \\ 0.2 & 0.4 & 0.3 & 0.1 \\ 0.3 & 0.3 & 0.4 & 0 \\ 0.6 & 0.3 & 0.1 & 0 \\ 0.4 & 0.3 & 0.1 & 0.1 \\ 0.5 & 0.5 & 0 & 0 \\ 0.3 & 0.3 & 0.3 & 0.1 \\ 0.5 & 0.4 & 0.1 & 0 \\ 0.6 & 0.3 & 0.1 & 0 \\ 0.4 & 0.3 & 0.2 & 0.1 \end{bmatrix}$$

$$= [0.42859\ 0.35312\ 0.17159\ 0.03526]$$

按照最大隶属度原则，评价结果为优，因此，该企业网络结构嵌入形成过程中 AB 企业的动机耦合度良好，有条件形成结构嵌入，若动机耦合度不高时，应主动查明存在的问题，或者选择合适的合作伙伴。但若要形成结构嵌入，还需要考虑中介企业 C 的关系传递动机。

类似地，运用 ANP 方法求得中介 C 与企业 B 之间关系传递的动机耦合度指标权重，同时，采用模糊分析法求解各指标的隶属度，可得嵌入过程中 BC 之间的动机耦合度为 [0.4501, 0.3420, 0.1522, 0.0557]。根据最大隶属度原则，BC 之间的动机耦合度良好。

在结构嵌入中，三方动机链是由中介 C 与企业 B 之间的关系传递动机及企业 B 与企业 A 的关系嵌入动机组成，只有当 BC 之间的动机耦合度较好及 BA 之间的动机耦合度较好时，三方组成的动机链耦合度较高，有利于三方结构嵌入的形成。因此，在本节中，设 BC 耦合度及 AB 耦合度对三方动机链而言同等重要，即权重分别为 [0.5, 0.5]。由此，结合相关的指标值，可对三方动机链进行耦合评价，为 [0.4393 0.3476 0.1619 0.0455]。因此，对结构嵌入过程中的三方动机链而言，根据最大隶属度原则，该动机链耦合度较好，有利于形成结构嵌入。

在本章案例中，三方动机链的耦合度较好，有利于形成结构嵌入。但如果通过评价计算，发现三方动机链耦合度较低时，应从评价指标出发，寻找原因，找出动机耦合度不高的指标，而后积极沟通，看是否能够提高，如果没有进一步提高动机耦合度的空间，可以考虑选择新的合作伙伴来提高三方动机的耦合度。研究表明，此评价方法可以有效地评价结构嵌入三方动机链的耦合度，解决了指标间相互影响的问题，进而提高了评价的准确性，具有一定的实用价值和推广意义。

第四章

关系传递与关系嵌入的关联分析[1]

组织或个人依靠关系网参与社会生活和进行商业活动，已被证明是行之有效的。[2] 利用和维护好企业间的关系，使之有效地服务于企业并产生价值增值，是值得研究的议题。当两个企业通过关系传递发生关联时，形成了关系嵌入。企业网络组织间交错相连的关系网，已经成为影响企业绩效的关键因素。格兰诺维特[3]对嵌入性的开创式研究为厘清企业间关系及企业嵌入式行为和结果的联系，提供了解码工具。关系传递的现象，已经在企业间普遍存在，并为企业间关系嵌入的形成架起了桥梁。关系传递过程中的三方动机不仅作为驱动因素，借助关系的传递而影响关系嵌入的方式，而且作为诱导因素，通过对嵌入双方动机的互动而对双方的价值取向产生影响。而且，不同类型组合在动机上的差异化以及网络组织中企业在位置上的差异，会使得关系嵌入发生趋向性的变化。

本章的目的是以企业间关系最基本的关系单元——关系嵌入为研究对象，揭示内外部环境对企业关系嵌入形成过程和产生结果的影响。一方面，面对动荡的交易环境，企业网络组织的战略方向往往是不确定的。企业组织决策者通过模仿其他组织来应对不确定性，以及增强企业的社会合法性，即符合

---

[1] 本章内容主要来源于赵娟的硕士学位论文《基于关系传递的关系嵌入维度选择研究》，在此基础上由包凤耐改写。

[2] K. R. Xin, J. L. Pearce. GuanXi: Connections as Substitutes for Formal Institutional Support. Academy of Management Journal, 1996, 39 (6): 1641-1658.

[3] Granovetter M. Economic Action and Social Structure: The Problem of Embeddedness. American Journal of Sociology, 1985, 91 (3): 481-510.

企业间普遍接受的结构和程序进行交易。[①] 社会学观点表明，在较大社会领域的复杂和动荡的形势下，通过关系传递形成的关系嵌入变得更加重要，因为企业组织不能单独应付企业遇到的问题和不确定性。[②] 因此，研究企业间网络由关系传递形成的关系嵌入的价值取向和嵌入方式，能够解释中国的关系网络治理中出现各种现象的原因，为关系网络的治理提供理论参考，具有理论意义。另一方面，相关研究显示中国企业的管理人员间存在广泛的社交活动，在社交活动中通过关系传递形成关系嵌入，进而形成各种关系和非正式协议，建立有利于企业绩效的信任和交流。[③] 这表明，企业既重视已有的企业间关系，如企业集团、战略联盟、产业集群等，以维护其既有的资源、市场与利益，又非常关注潜在利益关系，通过第三方的关系传递与相关的企业开展技术合作，组成技术开发联盟，开拓新业务、新市场，构建网络化的经营体系，[④] 将关系网络视作战略决策信息的一个可靠来源。因此，本章的研究能为关系网络的治理提供实践指导，具有强大的现实意义。

本章将通过两重维度对嵌入方式、价值取向进行分析，即在嵌入的方式上，两个企业之间是以正式的契约还是仅仅以专用性的人力资本建立关联，抑或是两者的结合；在嵌入的价值取向上，嵌入的双方是倾向于互惠的价值创造还是倾向于单方的价值攫取。[⑤⑥] 在此基础上，本章利用3种不同类型（创业投资型、技术开发型和市场开拓型）的传递组合所得到的样本资料，结合逻辑回归（logistic）分析方法探讨动机耦合与嵌入方式、价值取向的关系，以分析关系传递与关系嵌入的关联性。

[①] Park S. H., Luo Y. Guanxi and Organizational Dynamic: Organizational Networking in Chinese Firms. Strategic Management Journal，2001，22（1）：455－477.

[②] 张钢，任燕. 关系嵌入对创业导向的影响研究——基于组织学习的视角. 科技进步与对策，2011，28（19）：80－84.

[③] 姜翰，金占明. 企业间关系强度对关系价值机制影响的实证研究——基于企业间相互依赖性视角. 管理世界，2008，24（12）：114－125.

[④] Yli-Renko H., Autio E. & Sapienza H. J. Social Capital, Knowledge Acquisition and Knowledge Exploitation in Young Technology-Based Firms. Strategic Management Journal，2001，22（6－7）：587－613.

[⑤] Gulati R. the Architecture of Cooperation: Managing Coordination Costs and Appropriation Concerns in Strategic Alliances. Administrative Science Quarterly，1998，43（4）：781－814.

[⑥] Jiang H. Relational Governance and Alliance Outcomes: An Investigation of Chinese Electronic and Telecommunication Manufacturing. Annual Management Conference in Kyoto University，2007.

第一节 企业网络组织关系传递的差异化动机

关系传递的结构中存在两种位置：经介绍形成合作的"合作方"和介绍业务的"中间方"，他们具有不同的动机。合作方形成关系嵌入主要具有基于信任寻求获得合作企业的专用性和专有性的资源和技术，共享信息和供销渠道等动机。中间方介绍业务的主要目的，包括单纯友情式的帮助，巩固与双方的关系和提高在业界的声誉等。

一、合作方动机

交易成本理论建议使用各种契约机制来防范合作伙伴的机会主义，学者们也从多种视角提出若干替代方式来降低机会主义。例如，戴尔和辛格（Dyer，Singh）提出自我强化契约的替代选择（alternatives of self-enforcing agreements）；[1] 在经济学领域研究中常用私人命令（private ordering）替代；在社会学领域中，又使用信任来降低机会主义行为。"信任"在以下几个方面可以解释由关系传递形成关系嵌入的合作企业动机。首先，它可以尽量避免交易伙伴实施机会主义行为。[2] 古拉蒂（Gulati）在研究中区别了基于知识的信任（knowledge-based trust）和基于威慑的信任（deterrence-based trust）。[3] 基于知识的信任出现在两个企业之间，它们相互作用和互相学习，基于权益基准建立起信任。基于威慑的信任是基于功利性因素，企业相信合作伙伴不采取机会主义行为的原因是由于处罚成本太高。总的来说，学者对嵌入式的合作关系形成了一种共识，即相互信任在合作企业之间创造了一种持久的、有效的关系基础。例如，古拉蒂（Gulati，1995）认为，信任促使企业减少对科层结构管理的上下级关系的依赖。查希尔等（Zaheer et al.）认为，人信任

---

[1] Dyer J. H., Singh H. The Relational View: Cooperative Strategy and Sources of Interorganizational Competitive Advantage. Academy of Management Review, 1998, 23 (4): 660-679.

[2] Bradach J. L., Eccles R. G. Price, Authority and Trust: From Ideal Types to Plural Forms. Annual Review of Sociology, 1989, 15 (1): 97-118.

[3] Gulati R. Does Familiarity Breed Trust? The Implications of Repeated Ties for Contractual Choice in Alliances. Academy of Management Journal, 1995, 38 (1): 85-112.

能降低嵌入式合作关系中的谈判成本并提高绩效。[1] 组织间的信任经常被设想为在两个组织内个体之间信任的凝聚。许多例子表明，合作企业的个体成员之间存在稳定的信任关系。例如，意大利的产业集群、[2] 日本纺织行业的外包关系[3]和日本的汽车业。[4] 经济社会学中的关系交换理论（relational exchange theory），也在讨论企业之间基于信任的个人关系的产生和存在情况。P. S. 林和 A. H. 范德文（P. S. Ring，A. H. Van De Ven）也指出了合作企业之间个人关系的重要性。[5] 这种嵌入式的合作伙伴之间在个体层面的相互信任、尊重和友情被称为社会资本。按照定义，社会资本是指嵌入式合作伙伴之间在个体层面的紧密互动作用，其对于合作伙伴具有重要性。更具体地说，社会资本显著地影响一个企业能否成功地管理嵌入式合作伙伴学习的能力和保护自己的核心专有资产（Hill，1994）。嵌入式的合作伙伴，通常详细指明自己的核心资产或专用性资产，并且制定非正式的行为准则或正式的行为准则来限制导致这些专用性资产被挪用的行为或行动。由此，可以提炼合作方关系嵌入的动机有：

动机 a_1：得到合作方充分的信任，保护本方核心专有资产，防止合作中的内耗，降低交易成本。

详细、准确与及时信息交流的质量，广泛的信息交流的范围，对企业而言都很重要。此前的研究表明，制造商与更少的供应商开展合作，能发展更多的依赖关系，从而可以更好地管理它们与那些关键供应商之间的信息流动。[6] 信息交流范围的扩大是与组织代理有限的关注能力直接相关的，[7] 特别

---

[1] Zaheer A., McEvily B. & Perrone V. Does Trust Matter? Exploring the Effects of Interorganizational and Interpersonal Trust on Performance. Organization Science, 1998, 9 (2): 141-159.

[2] Piore Michael, Sabel Charles. The Second Industrial Divide: Possibility for Prosperity. NY: Basic books, 1984.

[3] Dore Ronald. Goodwill and Spirit of Market Capitalism. British Journal of Sociology, 1983, 34 (4): 459-482.

[4] Dyer J. H., Nobeoka K. Creating and Managing a High Performance Knowledge Sharing Network: the Toyota Case. Strategic Management Journal, 2000, 21 (3): 345-367.

[5] Ring P. S., A. H. Van De Ven. Structuring Cooperative Relationship Between Organizations. Strategic Management Journal, 1992, 13 (7): 483-498.

[6] Robert G. Eccles. The Quasifirm in the Construction Industry. Journal of Economic Behavior and Organization, 1981, 2 (4): 335-357.

[7] Simon H. A. Administrative Behavior-A Study of Decision Making Processes in Administrative Organization [M]. New York: Macmillan Publishing Co., 1971.

是那些负责关键管理决策的管理者,当其基于自身有限能力,集中精力在一小部分高度依赖的关系上时,企业能够在关系中扩大其覆盖信息的范围。[1] 由于组织机构更有可能通过现有关系从事近距离搜索,[2] 他们可以扩大信息交流的范围,进而通过改进信息管理能力获得一定的优势。

在组织决策者锁定了信息交流的范围后,他们便开始关心信息交换的质量。[3] 在相互依赖的关系中,共同行为规范的增强帮助各方更开放地进行沟通和较少地保留重要的信息,这样鼓励了交流独特的细致信息,提供了更准确和详细的信息交流渠道(Uzzi, 1997)。有证据表明,行动者有效的信息共享是建立成功关系的一个最重要的先决条件。[4] 梅休(Mayhew)表明,期望和需求间的关系并不总是现成的,而可能往往只是模糊的以道德或心理契约的形式存在。[5] 在这种情境下,信息交流的质量是可以证明合作伙伴权利和义务的重要期望,这些没有在正式的契约中予以规定。此外,合作双方通过非常详细和准确的信息传递,提升有限理性专家的认知能力和信息处理能力,可能获得竞争优势。[6] 提高信息交流的质量和范围,有助于决策者获得更加完备的信息资源用于分析判断,而非零散的碎片化信息,进而提高优势。这些专家的理性帮助企业预见并制订更多的企业综合解决方案,从而提高搜索满意的替代解决方案的能力。[7] 由此,可以提炼合作方关系嵌入的动机有:

动机 a_2: 获悉合作方只能在合作过程中传递的那些隐蔽信息。

动机 a_3: 力争经过最少的传递过程,获得合作方精确、可靠的信息。

动机 a_4: 为提高员工的技能,获得合作方的隐性劳动技能和当面沟通获得技能的机会。

通过联合行动加强合作是交易关系成功的一个重要因素,尤其是那些相

---

[1] A Larson. Network Dyads in Entrepreneurial Settings: A study of the Governance of Exchange Relationships. Administrative Science Quarterly. 1992, 37 (1): 76 - 104.

[2] Cyer R. M., March J. G. A Behavioral Theory of the Firm. Prentice Hall, 1963.

[3] Ocasio W. Towards An Attention-based View of the Firm. Strategic Management Journal, 1997, 18 (S1): 187 - 206.

[4] Dyer J. H., Singh H. The Relational View: Cooperative Strategy and Sources of Interorganizational Competitive Advantage. Academy of Management Review, 1998, 23 (4): 660 - 679.

[5] Mayhew B. H. Behavioral Observability and Compliance with Religious Proscriptions on Birth Control. Social Forces, 1968, 47 (1): 60 - 70.

[6] Uzzi B. Social Structure and Competition in Interfirm Network: The Paradox of Embeddedness. Administrative Science Quarterly, 1997, 42 (1): 35 - 67.

[7] March J., Simon H. Organizations. New York: Wiley, 1958.

互依赖性很强的关系。[1] 海蒂和迈纳（Heide，Miner）定义广义的联合行动为组织边界相互渗透的程度。[2] 根据这一定义，联合行动的相互渗透包括组织活动的合作与协调工作，如设计、成本控制及质量改进。联合行动也可能涉及制定双边关系和业务问题的解决方案，这可能影响联合依赖的行动者之间的联合行动策略。

伍兹提出，联盟网络会提高组织生存的机会，降低其死亡率。[3] 联合依赖的增加促进商业伙伴结构和观念上的聚集，[4] 他们倾向于协调共同活动和制定具有更大重叠度的战略目标，因为他们在追求共同目标时可面对较少的结构性障碍，这个过程是通过高度依赖互动关系中的低冲突性实现的。[5] 高水平的双边联合依赖性，也促进了关系行为的出现，创造一个有利于追求共同协调活动的环境。[6]

高水平的联合行动在双边合作伙伴解决操作摩擦方面，已显示出更多的灵活性。[7] 同样的，高水平的共同参与和协调往往共享一定的资源，如获得对方的资源或分销渠道（Helper，1988）。依托联合解决问题可能产生有效的具体关系解决方案，从而避免使用正式解决冲突的方法，节省随之而来的财务和信誉成本。此外，制造业中制造商需要调节高水平的采购关系，从而制定和实施技术创新。高水平的联合行动已被证明有助于帮助新产品功能更新，通过提高本企业的声誉，往往在竞争中占领先机。[8] 这种积极的交易功能所产生的联合行动，可能会提高与制造商关系的整体韧性。由此，可提炼合作方关系嵌入的动机有：

动机 a_5：与合作方结成联盟，共担风险，提高本企业的合法性。

---

[1] Lorenz Edward H. Neither Friends Nor Strangers: Informal Networks of Subcontravting in French industy. Oxford: Basil Blackwell, 1988.

[2] Heide J. B., Miner A. S. The Shadow of the Future: Effects of Anticipated Interaction and Frequency of Contact on Buyer-Seller Cooperation. Academy of Management Journal, 1992, 35 (2): 265-291.

[3] Uzzi B. The Sources and Consequences of Embeddedness for the Economic Performance of Organizations: the Network Effect. American Sociological Review, 1996, 61 (4): 674-689.

[4] Tajfel H., Turner J. C. The Social Identity Theory of Intergroup Behavior. Political Psychology, 1986, 13 (3): 276-293.

[5] Johnson C., Ford R. & Kaufman J. M. Emotional Reactions to Conflict: Do Dependence and Legitimacy Matter? Social Forces, 2000, 79 (1): 107-137.

[6] Lusch R. F., Brown J. R. Independency, Contracting and Relational Behavior in Marketing Channel. Journal of Marketing, 1996, 60 (10): 19-38.

[7] Uzzi B. Social Structure and Competition in Interfirm Network: The Paradox of Embeddedness. Administrative Science Quarterly, 1997, 42 (1): 35-67.

[8] Clark K. B., Fujimoto T. Product Development Performance [D]. Harvard Business School, 1991.

动机 a_6：将合作方的技术直接应用于本公司中。

动机 a_7：获得对方的上游货源或下游市场分销渠道。

动机 a_8：保证产品/服务的质量提升，提高本公司的声誉。

二、中间方动机

为了降低对关系讨论的复杂性，格兰诺维特提出关系的对称性假设。[①] 然而，李继宏提出大部分的关系不是对称的。[②] 关系不对称表现在三个方面：首先，对关系各方意义与重要性不一致的关系是不对称的；其次，由于关系各方的权利和身份不同，所拥有的资源和力量强度不同，对关系的期望不一致，导致关系过程的不对称；最后，关系中流动的信息和资源的不一致，导致了关系结果的不对称。从而，促成关系传递的中间方企业有别于被介绍关系企业的动机，需要分别讨论。

企业有将其他企业置于掌控之下的动机，尤其是追求自我经济利益时，这种动机不再是不受控的热情，而是有计划的企业运作活动。[③] 所以，企业为两家相识的企业介绍业务，实质的动机是为自身增加经济效益和获得其中现时和潜在的业务。通过加入新的网络成员，能够增加网络中有价值的资源，有助于中间方发现新机会，[④] 获得网络内外的业务。结构洞理论认为，中间方（broker）因其独特的位置可以拥有更多的社会资本。[⑤] 中间方从社会资本中获取收益来自两个方面，信息收益和控制收益。信息收益来自连接结构洞的企业可以接触到更多非冗余信息，因此具有更多的机会。控制收益来自连接结构洞的企业决定为谁的利益提供哪些有益的信息。为其他企业介绍业务的中间方，可通过其位置获得信息收益和控制收益。由此，可提炼中间方关系嵌入的动机有：

动机 b_1：参与到被介绍双方本次合作中，获得业务。

---

① Granovetter M. Coase Encounters and Formal Models: Taking Gibbons Seriously. Administrative Science Quarterly, 1999, 44 (1): 158-162.

② 李继宏. 强弱之外——关系概念的再思考. 社会学研究, 2003, 18 (3): 42-50.

③ [美] 马克·格兰诺维特著. 镶嵌——社会网与经济行动. 罗家德译. 社会科学文献出版社, 2004.

④ Gulati R. Network Location and Leaning: The Influence of Network Resources and Firm Capabilities on Alliance Formation. Strategic Management Journal, 1999, 20 (1): 397-420.

⑤ Burt R. S. Structure Holes: the Social Structure of Competition. Cambridge: Harvard University Press, 1992.

动机 b_2：获得与被介绍双方日后的潜在合作机会。

动机 b_3：介绍双方合作以获得信息收益和控制收益。

一项新的技术可能被正处于网络边缘位置的企业所使用，中间方企业接触到并认可新技术，就想通过自我关系把新技术传播开来，通过扩散作用，使新技术得到推广和应用。[1] 创新已经成为企业持续发展的不竭动力，[2] 在快速变动的形势下，企业面临创新时需要的知识与资源都呈复杂趋势，大型企业也无法拥有创新所需的全部要素。[3] 研究表明，弱关系有利于获取知识和发现创新的机会，强关系有利于加强交流与合作，实现创新。[4] 因此，中间方企业通过为其他企业介绍关系，与之建立弱关系和巩固强关系，通过积累和筛选相关创新信息，[5] 有助于其创新和获得持续的竞争力。资产专用性的存在，也迫使企业间结成互助的关系，理解和消化新技术。[6] 更便捷地获得资源和技术，也为中间方获得先动优势提供了机会。[7] 由此，可以提炼中间方关系嵌入的动机有：

动机 b_4：获得被促成合作双方的新技术。

动机 b_5：取得传播本公司新技术的途径。

在现时的经济效益之外，企业家在给别的企业介绍关系时可以提升自我优越感和个人满足，[8] 故而有意愿推动关系的传递。关系的密切程度，直接影响网络中的价值链传递和网络中心的形成，[9] 中间方给别的企业介绍关系，

---

[1] Granovetter M. S. The Strength of Weak Tie，American Journal of Sociology，1973，78（6）：1360-1380.

[2] 王家宝，陈继祥. 关系嵌入、学习能力与服务创新绩效——基于多案例的探索性研究. 软科学，2011（1）：19-23.

[3] Marko T. Heikkinen，Tuija Mainela，Johanna Still & Jaama Tahtinen. Roles for managing in mobile service development nets. Industry Marketing Management，2007，36（7）：909-925.

[4] W. Hulsink，T. Elfring & W. Stam. The Locus of Innovation in Small and Medium-Sized Firms：The Importance of Social Capital and Networking in Innovative Entrepreneurship. Social Science Electronic Publishing，2008，21（7）：1-47.

[5] Ahuja G. Collaboration Networks，Structural Holes and Innovation：A Longitudinal study. Administrative Science Quarterly，2000，45：425-455.

[6] McEvily B.，Marcus A. Embedded ties and the acquisition of competitive capabilities. Strategic Management Journal，2005，26（11）：1033-1055.

[7] 张钢，任燕. 关系嵌入对创业导向的影响研究——基于组织学习的视角. 科技进步与对策，2011，28（19）：80-84.

[8] Granovetter M. Economic Action and Social Structure：The problem of Embeddedness. American Journal of Sociology，1985，91（3）：481-510.

[9] 张章颖，陈莉平. 产业融合背景下产业合作网络的嵌入性竞争优势. 科技进步与对策，2009，18：69-72.

可以通过人情的联络和业务的往来巩固与被介绍双方之间的关系。通过传递关系，中间方可以提高其在业界的声誉。[①] 鲍威尔（Powell）认为，社会上的声誉对于企业也具有获利性，使企业可以更好地应对快速的变化。[②] 拉森（Larson）指出，企业的声誉可以降低环境中的不确定性，企业被赋予期望和责任，可以加强先前的合作。[③] 由此，可以提炼中间方关系嵌入的动机有：

动机 b_6：企业家提升自我优越感和个人满足感。

动机 b_7：巩固与合作双方的关系。

动机 b_8：提高本公司在业界的声誉。

根据相关文献提炼的企业网络组织关系传递的动机，如表4.1所示。

表4.1　　　　　　　　企业网络组织关系传递的动机

位置	动机	文献来源
合作方	a_1：得到合作方充分的信任，保护本方核心专有资产，防止合作中的内耗，降低交易成本	古拉蒂（Gualti, 1995）；希尔（Hill, 1995）；戴尔和辛格（Dyer, Singh, 1998）；查希尔（Zaheer, 1998）；彼得·史密斯·林和范德文（Peter Smith Ring, Van De Ven, 1992）
	a_2：获悉合作方只能在合作过程中传递的那些隐蔽信息	艾克尔斯（Eccles, 1981）；西蒙（Simon, 1978）；赛尔特和马奇（Cyert, March, 1963）；拉森（Larson, 1992）
	a_3：力争经过最少的传递过程，获得合作方精确及可靠的信息	奥卡西奥（Ocasio, 1997）；伍兹（Uzzi, 1997）；戴尔（Dyer, 1997）；
	a_4：为提高员工的技能，获得合作方的隐性劳动技能和当面沟通获得技能的机会	麦考利（Macaulay, 1963）；马奇和西蒙（March, Simon, 1958）
	a_5：与合作方结成联盟，共担风险，提高本企业的合法性	洛伦兹（Lorenz, 1988）；海德和约翰（Heide, John, 1990）；伍兹（Uzzi, 1996）；泰弗尔和特纳（Tajfel, Turner, 1986）；约翰森、福特和考夫曼（Johnson, Ford & Kaufman, 2000）；鲁什和布朗（Lusch, Brown, 1996）

[①] ［美］马克·格兰诺维特. 镶嵌——社会网与经济行动：见马克·格兰诺维特论文精选. 社会科学文献出版社，2007.

[②] Powell W. W. Neither Market Nor Hierarchy: Network Forms of Organization. In B. Staw and L. L. Cummings (Eds.), Greenwich, C. T.: JAI Press, 1990.

[③] A. Larson. Network Dyads in Entrepreneurial Settings: A study of the Governance of Exchange Relationships. Administrative Science Quarterly. 1992, 37 (1): 76-104.

续表

位置	动机	文献来源
合作方	a₆：将合作方的技术直接应用于本公司	克拉克（Clark, 1989）；格兰诺维特（Granovetter, 1973）；奥尔森（Olson, 1992）
	a₇：获得对方的上游货源或下游市场分销渠道	黑尔珀（Helper, 1988）；皮奥尔和萨贝尔（Pioreand, Sabel, 1984）；明茨和施瓦茨（Mintz, Schwartz, 1985）
	a₈：保证产品/服务的质量提升，提升本公司的声誉	伍兹（Uzzi, 1996）；威廉姆森（Williamson, 1975）；格兰诺维特（Granovetter, 1985）
中间方	b₁：参与到被介绍双方本次合作中，获得业务	格兰诺维特（Granovetter, 2004）；威廉姆森（Williamson, 1975）
	b₂：获得与被介绍双方日后的潜在合作机会	古拉蒂（Gulati, 1999）；格兰诺维特（Granovetter, 1985）
	b₃：介绍双方合作以获得信息收益和控制收益	佰特（Burt, 1992）；张钢和任燕（2011）
	b₄：获得被促成合作双方的新技术	哈尔辛克，埃尔夫和斯塔姆（Hulsink, Elfring and Stam, 2008）；海基宁、梅恩拉（Heikkinen, Mainela, 2007）；麦克爱威立、马尔库斯（McEvily, Marcus, 2005）
	b₅：取得传播本公司新技术的途径	格兰诺维特（Granovetter, 1973）；阿胡亚（Ahuja, 2000）
	b₆：企业家提升自我优越感和个人满足感	格兰诺维特（Granovetter, 1985）；洛尔（Lohr, 1982）；戴维斯等（Davis et al., 1971）
	b₇：巩固与合作双方的关系	拉森（Larson, 1992）；普费弗、萨兰克西（Pfeffer, Salancik, 1978）
	b₈：提高本公司在业界的声誉	鲍威尔（Powell, 1990）；张章颖和陈莉萍（2009）；格兰诺维特（Granovetter, 2004）

资料来源：作者根据相关文献提炼、整理。

第二节 企业网络组织关系嵌入的维度

拉维（Lavie）讨论了关系嵌入的价值取向维度，[①] 认为关系嵌入可以形

[①] Lavie D. Alliance Portfolios and Firm Performance: A Study of Value Creation and Appropriation in the US Software Industry. Strategic Management Journal, 2007, 28 (12): 1187-1212.

成共同的价值创造和单方的价值攫取两种截然相反的结果：企业可以通过3种方式提升企业拥有或控制的资源，从而提高其价值创造的能力；然而，合作关系中议价能力较强的企业会设法攫取更多的关系租金。波普和曾格（Poppo，Zenger)[1] 探讨了关系嵌入方式的维度，指出关系嵌入方式包括正式契约和关系治理。本节结合交易成本理论和交易风险水平，重点讨论主要使用正式契约、投入专用性人力资本的关系治理或两者结合这3种嵌入方式的选择。

一、价值取向

在关系嵌入中，企业的绩效已与企业间信任、战略和组织相容性、知识交换、自适应治理、解决冲突的机制和致力于关系嵌入的人员相联系。[2] 嵌入关系中的企业获取嵌入绩效的方式，包括互惠的价值创造和单方的价值攫取两种机制。价值创造机制是指，在与合作伙伴的关系中加强本企业产生价值的能力，关系中的企业追求的共同目标和扩大范围的价值链活动有助于提升嵌入关系组合的整体价值。价值创造机制中的关系租金，不能在嵌入关系中独立参与的个体企业产生。[3] 与价值创造机制相对应的是价值攫取机制，它不创造新价值，反而破坏本企业可以攫取的关系租金的相对份额。[4] 价值攫取机制往往引起竞争，嵌入关系中的合作伙伴通过竞争来追求自利目标，试图增加他们获得关系租金的份额。价值创造和价值攫取之间的差距，类似于公共利益和私人利益之间的区别。[5] 价值创造机制是所有嵌入关系内伙伴产生可共享公共利益的共同进程，而价值攫取机制打破了把这些公共利益分配给个人的份额。可用价值创造与价值攫取机制表示嵌入关系中嵌入的价值

---

[1] Poppo L., Zenger T. Do Formal Contracts and Relational Governance Function as Substitutes or Complements? . Strategic Management Journal, 2002, 23 (8): 707 - 725.

[2] Dussauge P., Garrette B. & Mitchell W. Learning from Competing Partners: Outcomes and Durations of Scale and Link Alliances in Europe, North America and Asia. Strategic Management Journal, 2000, 21 (2): 99 - 126.

[3] Dyer J. H., Singh H. The Relational View: Cooperative Strategy and Sources of Interorganizational Competitive Advantage. Academy of Management Review, 1998, 23 (4): 660 - 679.

[4] Gulati R., Wang L. O. Size of the Pie and Share of the Pie: Implications of Network Embeddedness and Business Relatedness for Value Creation and Value Appropriation in Joint Ventures. Research in the Sociology of Organizations, 2003, 20: 209 - 242.

[5] Lavie D. Alliance portfolios and firm performance: A study of value creation and appropriation in the US software industry. Strategic Management Journal, 2007, 28 (12): 1187 - 1212.

取向和对各企业业绩的贡献。

（一）关系嵌入互惠的价值创造

资源基础理论运用公司的内部资源和能力解释对价值创造的贡献，可以把企业内部资源区分为它所拥有的资源和可控制的资源。当企业嵌入网络中，可以通过与合作伙伴之间的关系，获得合作伙伴拥有的潜在的网络资源。[1] 网络资源包括合作伙伴的有形资产和无形资产，如人力资源、财务资产、营销渠道、研发投资和声誉。针对企业所拥有的资源和可控制的资源，企业可以通过三条路径提升这两类资源所产生的价值：[2]

第一，关系嵌入可以提升企业所拥有资源的价值创造能力。嵌入关系可以通过模仿、学习和获取合作伙伴的资源，促进外部知识的内化和新技能的积累，形成企业的动态能力。[3] 嵌入关系中的企业拥有的网络资源越丰富，合作伙伴的资源质量越高，越有可能获得好的业绩。资源丰富的合作伙伴还可以提供无形资产，构建企业核心的价值创造系统。[4]

第二，关系嵌入可以使企业直接控制合作方的资源增加价值产出。因为一些政策或技术的限制，企业开发内部资源或获取外部要素市场资源的成本很高。然而，企业可以灵活地对待嵌入关系中合作伙伴的专用性资产，而不用为合作企业不直接参与价值创造的其他冗余资源支付溢价。从这个意义上说，通过为企业提供互补性资源和广泛的战略机遇，网络资源对企业绩效产生直接贡献。曾一军研究了新创企业通过在社会网络中直接控制合作企业的资源，可以降低环境中的不确定性，帮助企业提高声誉。[5]

第三，关系嵌入可以使两家合作的企业利用彼此资源的有机结合产生协同效应。屈维意、周海伟和姜骞[6]论证了嵌入性合作伙伴间通过实体资源的互

---

[1] Gnyawali D., Madhavan R. Cooperative networks and competitive dynamics: a structural embeddedness perspective. Academy of Management Review. 2001, 26 (3): 43 - 45.

[2] Lavie D. Alliance portfolios and firm performance: A study of value creation and appropriation in the US software industry. Strategic Management Journal，2007 (12): 1187 - 1212.

[3] 唐丽艳, 陈文博, 王国红. 中小企业协同创新网络的构建. 科技进步与对策，2012 (20): 89 - 93.

[4] 王晨, 茅宁. 以无形资产为核心的价值创造系统. 科学学研究，2004 (4): 405 - 410.

[5] 曾一军. 新创企业的社会网络嵌入研究. 科技进步与对策，2007 (12): 91 - 95.

[6] 屈维意, 周海伟, 姜骞. 资源—能力视角下战略联盟的协同效应层次结构研究. 科技进步与对策，2011 (24): 17 - 21.

补,达到规模经济效应和范围经济效应,实现初级协同;通过实体资源和连续性资源的相互融合,构成各自企业核心的竞争力,实现高级协同,形成整体的价值增值。此外,被研究公司可以与不同的合作伙伴的网络资源结合创造价值,从而享受与个别嵌入关系伙伴产生的协同作用,减少维持关系的投资。

(二) 关系嵌入单方的价值攫取

嵌入关系中,合作伙伴可能有助于生成关系租金创造价值,也可能通过攫取过多份额的价值,破坏其他企业的绩效。研究表明,应比较嵌入关系组合中可获得的资源与组合中成员的议价能力,与关键资源丰富的合作伙伴形成嵌入关系的成本可能大于从这一合作战略中获得的收益。[1] 被研究企业在嵌入关系中价值攫取的能力不仅取决于合作伙伴的属性,也取决于与这些合作伙伴建立的关系属性和嵌入关系的整体特点。[2] 一家企业在一个由实力强劲的合作伙伴组成的嵌入关系中,可能无法攫取其嵌入关系产生的价值。

企业的价值攫取能力部分取决于它所在的嵌入关系中其他成员的相对议价能力。[3] 议价能力是指,能顺利地与伙伴调和关系,改变协议条款,并影响谈判结果的能力。[4] 由于嵌入式关系的非正式性质和固有的不完备的协议,谈判能力不仅体现在嵌入关系形成阶段,而且当市场条件变化时或不明确的协议条款需要重新谈判时,谈判能力也起着至关重要的作用,因此,议价能力存在于嵌入关系的整个生命周期中。[5] 攫取的不对称租金,可以解释为合作伙伴试图利用他们相对于嵌入关系中成员公司的议价能力来提取不成比例的关系租金份额。嵌入式关系中具有强有力的相对议价能力的合作伙伴,使其他成员企业分享关系租金与投资的比例降低,以致对伙伴企业的市场表现产生负面影响。

根据议价能力理论,企业的相对议价能力来自嵌入式关系中合作伙伴的

---

[1] Bae J., M. Gargiulo. Partner substitutability, alliance network structure, and the firm profitability in the telecommunications industry. Academy of Management Journal, 2004, 47 (6): 843-859.

[2] 杨燕,高山行. 联盟稳定性、伙伴知识保护与中心企业的知识获取. 科研管理, 2012 (8): 80-89.

[3] 唐跃军. 供应商、经销商议价能力与公司业绩——来自 2005~2007 年中国制造业上市公司的经验数据. 中国工业经济, 2009 (10): 67-76.

[4] A. Yan, B. Gray. Bargaining Power, Management Contral and Performance in United States-China Joint Ventures: A Comparative Case Study. Academy of Management Journal, 1994, 37 (6): 1478-1517.

[5] Lavie D. Alliance portfolios and firm performance: A study of value creation and appropriation in the US software industry. Strategic Management Journal, 2007 (12): 1187-1212.

相对地位关系和转向可替代嵌入关系的可能性和成本。首先，当企业相对嵌入关系组织中的合作者处于较弱的谈判立场时，就增加了自身的风险，该企业会变得越来越依赖于嵌入关系和关系中的成果，并只能服从于核心企业制定的协议或契约。核心企业一般负责嵌入关系的组织与协调，处于强势的谈判立场，在经销商、供应商等合作伙伴之间控制利润的划分情况。因此，合作伙伴能够利用他们的强势地位在谈判中占据有利的地位，减弱被研究企业的价值攫取能力，导致被研究企业绩效下降。[1] 其次，嵌入式关系组合中合作伙伴的相对议价能力，决定于它们的可转换程度。在某种程度上，嵌入式关系中的企业比合作企业拥有更好的替代选择时，他们能获得嵌入关系之外的利益。蔡继荣认为，进行专用性资产投资的合作方，很容易产生知识溢出效应，增加了对沉没成本的考虑，对合作方依赖性较高，议价能力降低。[2] 孙国强和石海瑞描述了许多中小企业围绕少数核心企业形成嵌入关系的情形下，小企业对核心企业在财务、技术和产品方面都存在过度的依赖性，不但小企业要顺从核心企业的价值分配安排，而且当外部环境变化引起核心企业的战略调整时，小企业还面临被排除出嵌入关系的危险。[3]

二、嵌入方式

在不同的交易环境下，企业可以根据自身特质选择最为有效的关系嵌入方式：正式契约可以通过约束机制确保合作顺利完成，投入专用性人力资本能加强企业间基于信任的互动，也可以各取所长地综合使用以上两种方式。[4]

（一）正式契约

正式契约代表在未来作出特定行动的承诺或责任。[5] 契约越复杂，对于争端解决的承诺、责任和过程就规定得越详尽。例如，复杂的契约可以详尽

---

[1] 唐建英. 我国视听新媒体市场的并购与联盟策略. 中国广播电视学刊，2014（2）：67-69.
[2] 蔡继荣. 联盟伙伴特征、可置信承诺与战略联盟的稳定性. 科学学与科学技术管理，2012（7）：133-142.
[3] 孙国强，石海瑞. 网络组织负效应的实证分析. 科学学与科学技术管理，2011（7）：24-30.
[4] Gopal A., Koka B. R. The asymmetric benefits of relational flexibility: Evidence from software development outsourcing. MIS Quarterly-Management Information Systems, 2012（2）：553-576.
[5] 晁流. 社区自治中的利益博弈——以南京"中青园"为例. 社会，2004（4）：31-33.

地书写缔约方扮演的角色和应尽的责任,也详细规定了对不服从者的监管和处罚。最重要的是,正式契约决定收益的分配。根据交易成本经济学理论,管理者的任务是用最低的成本制定治理安排,以确保合作方产品或服务的数量、价格和质量。因此,管理者附加多种服务的交易条件来制定治理安排。随着交易风险的增加,管理者对所制定的成本和绩效损失最小的正式契约的安全性的要求也会上升。[1] 因为制定一个复杂的契约是昂贵的,只有当违背契约的损失很大时,当事人才承担这样的成本。

交易成本经济学是一个用来理解管理者们如何制定治理安排的普遍框架。当处于专用性资产投资、困难的绩效衡量和不确定性的交易环境中时,管理者们为组织间已知的交易水平搭配特定的治理关系。[2] 第一,为防止进行专用性资产投资的合作方威胁终止合作关系的套牢(hold-up)行为发生,管理者们采取新古典契约,不但规定违约的条件和行动,还通过建立一个解决不可预知争端的框架,来促进专用性关系的长久性。[3] 第二,当绩效难以测量时,缔约方就有不尽力完成协议的动机。管理者们有两种选择:因为他们不能衡量绩效,管理者会得到更低的绩效;或者花费资源通过创建更复杂的正式契约规定交付服务的水平或者加强监测合作方的行为来提高绩效的水平。例如,正式契约的条款中可以明确第三方监管责任,通过披露必要文件来证明工作的完成情况,使用一定的基准来衡量工作的业绩。[4] 第三,不确定性使交易中的缔约方需要应对不可预见的改变而产生的问题。一般来说,市场是自主适应的,尤其当价格足以引起需求变化时。[5] 更复杂形式的适应性需要缔约方之间的调和,简单的市场治理是不足的,因为它缺乏协调能力。然而,正式契约有这种能力,它通过明确的条款和程序,可以应对因技术变化而产生的协商问题。为了应对交易环境,管理者们制定复杂的契约作为解决可预见的偶然性产出过程或特定的不可预见产出过程的补救措施。当制定和实施这种契约花费太高时,管理者们可能选择垂直整合策略。

---

[1] [美] 奥利弗·E. 威廉姆森. 资本主义经济制度. 商务印书馆 2002 年版中译本.
[2] Poppo L., Zenger T. Do formal contracts and relational governance function as substitutes or complements?. Strategic Management Journal, 2002 (8): 707-725.
[3] 王颖, 王方华. 关系治理中关系规范的形成及治理机制研究. 软科学, 2007 (2): 67-70.
[4] 李敏, 李良智. 关系治理研究述评. 当代财经, 2012 (12): 86-91.
[5] Williamson O. E. Comparative Economic Organization: The Analysis of Discrete Structive, Administrative Science Quarterly, 1991, 36 (2): 269-296.

（二）专用性人力资本

许多管理者认为，关系规则，如信任，是对详尽的契约或垂直整合的替代。[1] 基于这种理由，信任和以之为基础的道德行为形成自我约束机制，比用契约和垂直整合来治理合作关系更有效且廉价（Hill，1990）。正式契约可能给出不信任交易伙伴的信号，破坏了信任和鼓励的氛围，而没有消除机会主义行为。[2]

基于相互信任和相互尊重的关系资本，是通过专用性人力资本的投入而建立的。交易成本理论中资产专用性交易指，在一定时间内投入一种或几种专门化的产品或服务，会提高交易双方的相互依赖性。[3] 资产专用性包括，物质资本专用性和人力资本专用性。琼斯（Jones）认为，专用性人力资本的高度定制交易，需要增强合作、客串（proximity）和重复交易来有效地传递和转化隐性知识。[4] 专用性人力资本的投入，提高了合作伙伴进行信息和技术相互交换的意愿和能力以实现互惠的学习，还会加强组织内部关系中信任和私人互动的作用。要增强合作，就要通过关系传递形成亲密无间的关系嵌入；通过专业技术人员进入对方公司服务，就要求形成关系嵌入的双方以专用性人力资本的形式进行合作。专用性人力资本的投入产生的信任，使交易被中断的风险和知识泄露的风险降低。因此，信任被看作是嵌入一个特殊的交易关系中的特征。本质上，一旦交易伙伴被冠以"可信任"的称号，他们被期望将来的行为方式也是可信任的。[5] 重复交易保障了合作的长期性，需要合作双方通过公司层面的关系传递形成关系嵌入，才能有力地避免机会主义，防止有损双方长期合作的事件的发生。[6] 坎贝尔（Campbell）提出的任务复杂性，[7] 除了需要在一项任务中投入专用性资产和加强合作方相互

---

[1] Paul S. Adler. Market, hierarchy and trust: The knowledge economy and the future of capitalism. Organization Science，2001，12（2）：215-234.

[2] 李敏，李良智. 关系治理研究述评. 当代财经，2012（12）：86-91.

[3][4] Jones C., Hesterly S. W. & Borgatti P. S. A General Theory of Network Governance: Exchange Conditions and Social Mechanisms. Academy of Management Review，1997，22（4）：911-945.

[5] Poppo L., Zenger T. Do Formal Contracts and Relational Governance Function as Substitutes or Complements？. Strategic Management Journal，2002，23（8）：707-725.

[6] McEvily B., Marcus A. Embedded ties and the acquisition of competitive capabilities. Strategic Management Journal，2005，26（11）：1033-1055.

[7] Campbell D. J. Task complexity: A review and analysis. Academy of Management Review，1988（13）：40-52.

依赖外,还特别强调对时效性的要求。任务复杂性增加了任务分解和分配的复杂性,使契约的不完全性增加,这就需要通过关系传递的关系嵌入形成的机制作用于不完全契约上,保障合作的顺利进行;任务不确定性需要完成任务的创新方法的增加,由于实施这些创新方法的过程和结果的不确定性,需要关系中更专用性的投入来降低风险;任务复杂性会导致交易频率的提高,由关系传递形成的关系嵌入也有效地保证了交易的持续进行。①在网络组织中,高频率的交易需要合作各方相互依赖与互惠互利,②这就促使通过关系传递引发的关系嵌入的形成。形成关系嵌入后,交易频率使专用性人力资本从"干中学"中得到发展,使持续的信任感得到加强,使企业中非正式的制度安排得到稳固。③

(三) 联合使用正式契约与专用性人力资本

在风险水平很高的情况下,联合使用正式契约和专用性人力资本,而不是单独选择一种嵌入方式,可能实现更多的交易绩效。波普和曾格(Poppo, Zenger)对正式契约与专用性人力资本的相互补充进行了论证。④ 首先,正式契约弥补了只使用专用性人力资本合作中的不正式性。契约的行为会经历一段时期。⑤ 正式契约能帮助确保交易早期阶段的绩效,那时是交易是否成功最脆弱的阶段。明确的合同条款规定了补救措施和争议解决的进程,同时专用性人力资本的投入也使合作具有灵活性、团结性和双边关系规范,可能激发组织间的交易信心。在长期的专用性人力资本投入的情况下,来自未来交易的预期收益阻碍了破坏长久关系的短视动机。合同不仅通过对专用性人力资本投入的长期承诺,还通过规定明确的处罚条款,限制了它们从机会主义行为得到的收益。因此,正式契约有明确的保障,促进了其他缔约方持续合作的期望,补充专用性人力资本投入的嵌入方式中不正式的局限。其次,投入专用性人力资本合作实践中遇到的问题和解决方案,补

---

① 彭正银,韩炜. 任务复杂性研究前沿探析与未来展望. 外国经济与管理,2011 (9): 11-18.
② Jones C., Hesterly S. W. & Borgatti P. S. A General Theory of Network Governance: Exchange Conditions and Social Mechanisms. Academy of Management Review, 1997, 22 (4): 911-945.
③ 赵娟,彭正银. 企业网络组织关系嵌入理论与效应分析. 中国商贸,2012 (33): 136-138.
④ Poppo L., Zenger T. Do formal contracts and relational governance function as substitutes or complements? . Strategic Management Journal, 2002 (8): 707-725.
⑤ 陈艳莹,原毅军. 治理机制与企业网络的规模:嵌入性视角的研究. 中国工业经济,2006 (9): 102-108.

充了正式契约的不完备性。订立复杂契约的活动需要缔约方共同商议来处理意想不到的变化，制定处罚措施以及其他治理安排。[①] 专用性人力资本的投入，也可能促进、完善从而增加正式契约的复杂性。作为一个紧密的，并正在维持和发展的具有专用性人力资本投入的关系，从前期的实践中得到的教训，就会反映在对契约的修改中。交易经验、信息共享模式和不断发展的绩效测量和监管方法，都可能催生更多对正式契约的临时性规定。因此，随着合作方对嵌入方式的共同商定过程变得正规化，投入专用性人力资本的合作协助逐步增加正式契约的复杂性。

第三节　关系传递与关系嵌入关联的研究设计

本节主要描述了调研问卷的设计方法与过程及问卷发放与回收的结果；针对问卷的企业基本信息，关系传递的动机和对关系嵌入两种维度选择的结果进行了描述性统计分析；对合作方和中间方的动机进行了信度检验和效度检验，删除了不符合统计要求的变量后，对各动机进行了主成分分析，萃取并归纳了各类形成合作的企业中合作方和中间方动机的主成分；最终确定了各动机主成分和根据企业基本信息设置的控制变量为自变量，关系嵌入的两种价值取向和三种嵌入方式为因变量，分别进行后续的逻辑回归（logistic）模型和区别模型实证分析。

一、问卷设计与数据收集

本章考察的是企业网络组织之间基于不同的关系传递动机形成关系嵌入的价值取向和嵌入方式的选择，主要采用封闭式调查问卷。问卷的设计采用借助团队以往研究成果，查阅大量相关文献并通过预访谈掌握被访企业真实情况等相结合的方法。问卷的发放主要通过三种途径：投资公司的投资经理、高校教师及银行客户经理。

[①] 吴爱华. 基于技能的企业组织形式对员工专用性投资的影响模型. 系统管理学报，2011（1）：40-46.

(一) 问卷设计

问卷分为 3 个组成部分：第一部分为企业的基本信息，对企业和创业者两方面进行了分类。针对企业，问卷设置了公司的创业阶段，[1] 公司的性质，[2] 公司的主营业务类别和反映公司规模的正式员工数量[3] 4 个问题；针对创业者，问卷设置了创业者学历和创业者创业前的职业身份[4] 2 个问题。第二部分和第三部分分别为理论分析中提炼得出的关系传递的动机和关系嵌入的维度，采用了李克特 7 级量表，分数越高表示同意程度越高，分数越低表示不同意的程度越高。

(二) 问卷调查过程

本章把被调研企业按合作性质分为创业投资型企业、技术开发型企业和市场开拓型企业。针对 3 种合作性质类型的企业分别发放问卷，各组问卷有效回收数量应为各组变量数的 5~10 倍，这样才可以得出较为可信的实证结果。主要采取 3 种途径获得数据：第一种是通过 S 公司的投资经理对其所投资的企业和同行企业发放问卷，共发放问卷 55 份，回收问卷 52 份，有效问卷 49 份，有效回收率为 89.1%；第二种是通过天津某大学掌握的中小企业资源的教师传送问卷，共发放问卷 75 份，回收问卷 68 份，有效问卷 66 份，有效回收率为 88.0%；第三种是通过某银行天津分行公司部中小企业客户经理和个人贷款部小微企业客户经理对其贷款企业进行调查，共发放问卷 170 份，回收问卷 149 份，有效问卷 133 份，有效回收率为 78.2%。最终对创业投资型合作性质的企业发放问卷 80 份，回收有效问卷 62 份，有效回收率为 77.5%；对技术开发型企业发放问卷 100 份，回收有效问卷 88 份，有效回收率为 88.0%；对市场开拓型企业发放问卷 120 份，回收有效问卷 98 份，有效回收率为 81.7%。

---

[1] 姚益龙，邓湘益，张展维. 东莞市中小企业关系型贷款实证研究. 南方经济，2012 (12): 49-55.

[2] 杨林，杨倩. 高管团队结构差异性与企业并购关系实证研究. 科研管理，2012 (11): 57-67.

[3] 周勇，万迪昉，王莹. 不确定性对企业进入科技园区影响的实证研究. 研究与发展管理，2010 (4): 76-84.

[4] 张玉利，赵都敏. 新企业生成过程中的创业行为特殊性与内在规律性探讨. 外国经济与管理，2008 (1): 8-16.

二、数据描述性统计

本节对调研问卷中所测量到的根据企业基本情况设置的控制变量和关系嵌入维度选择的结果进行了描述性统计分析,并对合作方和中间方动机综合均值和标准离差进行了排序,分析了形成动机的重要性排名的原因。

(一) 控制变量统计结果

调查问卷中主营业务部分描述性统计结果,见表4.2。

表4.2　　　　　　企业主营业务的描述性统计分析

主营业务	创业投资型 数量(家)	创业投资型 百分比(%)	技术开发型 数量(家)	技术开发型 百分比(%)	市场开拓型 数量(家)	市场开拓型 百分比(%)
金融证券	31	50.0	—	—	—	—
房地产投资	31	50.0	—	—	—	—
通信/电子/计算机	—	—	22	25.00	20	20.41
生物/医疗/制药	—	—	18	20.45	11	11.22
化工/石油/新能源/电力	—	—	10	11.36	8	8.16
机械/制造	—	—	22	25.00	18	18.37
环保	—	—	16	18.18	13	13.27
公关/互联网	—	—	—	—	10	10.20
物流/交通运输/港口	—	—	—	—	18	18.37
总计	62	100.0	88	100.0	98	100.0

注:"—"表示该行业没有对应的企业类型。
资料来源:根据调查问卷整理。

从统计数据上看,创业投资型企业合作性质主要分布在金融证券和房地产投资两个行业上,市场开拓型企业合作性质涉及公关/互联网和物流/交通运输/港口两大行业类型,其他类行业中,技术开发型合作性质的企业和市场开拓型合作性质的企业分布较为均匀。

在调查问卷中,企业创业阶段部分描述性统计结果,见表4.3。

表4.3　　　　　　企业创业阶段的描述性统计分析

创业阶段	创业投资型 数量(家)	创业投资型 百分比(%)	技术开发型 数量(家)	技术开发型 百分比(%)	市场开拓型 数量(家)	市场开拓型 百分比(%)
初创期	0	0.00	12	13.64	20	20.41
发展期	26	41.94	52	59.09	49	50.00
成熟期	36	58.06	24	27.27	29	29.59
总计	62	100.0	88	100.0	98	100.0

资料来源:根据调查问卷整理。

从表 4.3 可以看出，创业投资型企业的被调查对象在初创期没有分布。金融行业的资金和证券的发售，大多由国家控制或衍生的机构来交易，所以，其历史发源时间较早，脱离了初创期。一个可以开展房地产投资的企业，资金的实力很雄厚，会经历很长的资本积累过程，在此过程中会开展其他形式的业务，所以综合考虑这一发展阶段，房地产投资企业也不处于初创期。

(二) 关系传递动机统计结果

1. 合作方企业动机

合作方企业关系传递动机的统计，见表 4.4。

表 4.4　　合作方企业关系传递动机的统计

合作方动机	创业投资型企业 均值	标准差	标准离差	排序	技术开发型企业 均值	标准差	标准离差	排序	市场开拓型企业 均值	标准差	标准离差	排序
a_1	4.90	2.125	0.434	1	4.30	1.479	0.344	4	3.56	1.681	0.369	4
a_2	3.50	2.231	0.637	7	3.23	1.574	0.487	8	3.44	1.735	0.504	5
a_3	4.63	1.969	0.425	2	4.39	1.549	0.353	3	4.51	1.694	0.376	1
a_4	4.26	2.119	0.497	4	4.59	1.506	0.328	1	4.50	1.731	0.385	2
a_5	4.73	2.410	0.510	2	4.09	1.403	0.343	5	3.92	1.697	0.433	3
a_6	3.02	2.036	0.674	8	3.66	1.469	0.401	7	3.39	1.503	0.443	6
a_7	3.82	2.399	0.628	6	4.05	1.695	0.377	6	3.37	1.835	0.420	8
a_8	4.16	2.471	0.594	5	4.52	1.508	0.334	2	3.38	1.596	0.364	6

资料来源：根据调查问卷整理。

动机的均值表示被调查企业对该动机题项的认可度，均值越高表示认可度越高，均值越低表示认可度越低。动机的标准离差是标准差与均值的比值，表示被调查企业对该动机认可的一致程度，标准离差越低表示认可一致度越高，标准离差越高表示认可一致度越低。综合两种数值考虑，均值越高，标准离差越低，表示被调查企业对该动机的认可度越好。

综合均值和标准离差为创业投资型合作企业动机进行排序：处于第一位的为 a_1，基于资源依赖的观点，制约创业投资型中小企业创立和发展最关键的问题是企业融资的成败情况；[①] 并列处于第二位的为 a_3 和 a_5，企业通过较

[①] 游家兴, 刘淳. 嵌入性视角下的企业家社会资本与权益资本成本——来自我国民营上市公司的经验数据. 中国工业经济, 2011 (6)：109-119.

少的中介方,依赖关键可靠的资源获得精确的信息,可以尽快获得资金来源,获得货币的时间价值,减少交易成本,同时对于创业投资型企业,形成联盟有助于其达到一定的规模,有效防止资金链断裂带来的风险;[①] 处于最后一位的是 a_6,资金输送过程中较少涉及新技术的应用,所以创业投资型被调查企业对此题项的认同度较低。

技术开发型合作企业动机的排序结果,处于第一位的为 a_4,技术开发型企业中存在许多不能直接转移的"未编辑"的知识,[②] 只能通过亲密的合作关系在实践中获得,所以技术开发型企业对此的需求最为强烈。处于第二位的为 a_8,对技术型企业而言,产品的质量是其核心竞争力,企业全程参与合作,而不是只靠外包的方式生产产品,可以更好地监督产品的研发和生产过程,提高企业的口碑。处于第三位的为 a_3,更短的信息传递过程可以有效地防止信息失真,企业可以更好地进行过程管理和质量监控。处于最后一位的是 a_2,企业合作过程中会涉及一些核心隐蔽知识,如中国的公司购买了日本企业的生产机器,日方为了控制关键技术不被中方得知,在机器出现故障时,会直接请日方工程师独立实施维修,所以,嵌入关系中也有一些隐蔽的信息是不易通过关系嵌入获得的。

市场开拓型合作企业动机的排序结果,处于第一位的为 a_3,当今的市场瞬息万变,通过最少的途径,以最快的方式获得精确信息可以占领市场先机,制定有利的战略;[③] 处于第二位的为 a_4,市场开拓型企业在嵌入式的关系中可以学习具体的市场推广方法,如压低预算的思路和开展市场活动的步骤等,提高本企业的市场活动技能;处于第三位的为 a_5,形成市场的联盟,既可以形成规模优势,增加抗风险能力,又可以借助已形成的大市场引导消费需求,拓宽市场;处于最后一位的是 a_7,类似于技术开发型企业中会有一些核心隐蔽技术是不能从嵌入关系中获得的,市场开拓型企业也不能在嵌入关系中获得对方核心的供销渠道,因为这样会威胁到对方的利益。[④]

[①] 屈维意,周海伟,姜骞. 资源—能力视角下战略联盟的协同效应层次结构研究. 科技进步与对策,2011 (24):17—21.

[②] Hansen M. T. The Search-transfer Problem: The Role of Weak Ties in Sharing Knowledge across Organization Subunits. Administrative Science Quarterly, 1999, 44 (1): 82—111.

[③] 詹映,温博. 行业知识产权战略与产业竞争优势的获取——以印度软件产业的崛起为例. 科学学与科学技术管理,2011 (4):98—104.

[④] 杨燕,高山行. 联盟稳定性、伙伴知识保护与中心企业的知识获取. 科研管理,2012 (8):80-89.

横向比较 3 类合作方企业中处于前三位的关系传递动机：a_3 对 3 类合作企业都比较重要，越快得到精确信息，就能越早在竞争中占领先机；a_4 对技术开发型企业和市场开拓型企业很重要，一些通过"干中学"的知识，只能从亲密的嵌入关系中获得；a_5 对创业投资型企业和市场开拓型企业很重要，这 2 类企业受外部环境的影响较大，结成嵌入关系可以提高其抗风险能力。

2. 中间方企业动机

中间方企业关系传递动机的统计，见表 4.5。

表 4.5　　　　　　　　中间方企业关系传递动机的统计

中间方动机	创业投资型企业 均值	标准差	标准离差	排序	技术开发型企业 均值	标准差	标准离差	排序	市场开拓型企业 均值	标准差	标准离差	排序
b_1	2.76	2.591	0.544	6	4.16	2.067	0.497	4	2.99	2.098	0.526	7
b_2	4.73	2.555	0.540	1	4.39	1.944	0.443	1	3.16	1.917	0.430	4
b_3	3.48	2.585	0.743	5	2.64	1.808	0.685	8	2.71	1.872	0.691	8
b_4	2.21	1.900	0.860	7	3.27	1.773	0.542	5	3.06	1.874	0.558	5
b_5	2.02	1.349	0.668	8	3.00	1.807	0.602	7	3.21	1.818	0.566	3
b_6	4.53	2.546	0.562	2	4.27	1.799	0.421	3	4.22	1.881	0.446	1
b_7	3.60	2.265	0.629	4	4.39	1.872	0.426	1	3.05	1.938	0.417	5
b_8	3.97	2.188	0.551	3	3.32	1.963	0.591	5	3.68	2.142	0.582	2

资料来源：根据调查问卷整理。

综合均值和标准离差为创业投资型中间方企业动机进行排序：处于第一位的为 b_2，为日后的合作奠定基础，处于第二位的为 b_6，第三位的为 b_8，通过为其他企业介绍资金来源，置换出可以求助于被帮助企业的机会，提高了业界声誉。这 3 种动机都是中间方企业为自身积累关系资本，以实现未来收益；[1]处于最后一位的为 b_5，创业投资型企业较少涉及直接运用新技术的情况。

技术开发型中间方企业动机进行排序：并列处于第一位的是 b_2 和 b_7，处在第三位的为 b_6，这三种动机都旨在增加中间方企业的社会资本，获得未来收益及巩固已有合作；处于最后一位的为 b_3，技术开发型企业可以通过争夺关键技术人员实现本企业所需的技术，所以，此类企业中不易形成结构洞，

---

[1] 杨艳. 嵌入视角下的创业研究. 情报杂志, 2010 (12): 176-181.

不能获得信息与控制收益。[1]

市场开拓型中间方企业动机进行排序：处于第一位的为 b_6，处于第二位的为 b_8，这两种动机都是中间方企业为自身积累关系资本，为了实现未来收益；处于第三位的为 b_5，可以借以传播本企业市场推广的范式，提高企业的合法性；[2] 处于最后一位的为 b_3，被介绍合作的企业如果与中间方企业的市场是不同质的，中间方企业不占据结构洞位置，无信息和控制收益。

横向比较 3 类中间方企业中处于前三位的关系传递动机：b_6 对 3 类企业都比较重要，b_2 对创业投资型企业和技术开发型企业很重要，b_8 对创业投资型企业和市场开拓型企业很重要。这些动机都在为中间方企业积累关系资本，而这种过程中耗费的成本往往较低，甚至获得超越期望的收益；技术开发型企业和市场开拓型企业对 b_3 的认同度较低，说明在这两类企业中不易形成结构洞，无法获得由结构洞创造的预期收益。

（三）关系嵌入维度统计结果

关系嵌入维度的统计，见表 4.6。

表 4.6　　　　　　　　关系嵌入维度的统计

关系嵌入维度		创业投资型企业	(%)	技术开发型企业	(%)	市场开拓型企业	(%)
价值取向	互惠的价值创造	39	62.90	48	54.55	56	57.14
	单方的价值攫取	23	37.10	40	45.45	42	42.86
	小计	62	100.0	88	100.0	98	100.0
嵌入方式	正式契约	22	35.48	28	31.82	35	35.71
	专用性人力资本	24	38.71	40	45.45	39	39.80
	二者结合	16	25.81	20	22.73	24	24.49
	小计	62	100.0	88	100.0	98	100.0

资料来源：根据调查问卷整理。

从表 4.6 中可以看出，3 类企业中：关系嵌入价值取向维度的价值创造样本都略多于价值攫取样本，关系嵌入方式维度的专用性人力资本的样本普遍多于其他 2 种样本，可见，在现今激烈竞争的市场上，企业更倾向于选择这两种关系嵌入维度。样本总体分布较平均，适合做后续的 Logistic 和区别分析。

---

[1] Xiao Z., Tsui A. S. When Brokers may not Work: the Cultural Contingency of Social Capital in Chinese High-Tech Firms. Administrative Science Quarterly, 2007 (52): 1-31.

[2] Heide J. B., John G. Alliances in industrial purchasing: The determinants of joint action in buyer-supplier relationships. Journal of Marketing Research, 1990, 27 (1): 24-36.

三、变量检验与选取

本部分使用 SPSS 16.0 软件进行各类检验和分析。对各合作类型企业样本的合作方和中间方动机进行了内部一致性的信度检验，剔除了相关度较高的题项。在进行 KMO 和巴特利效度检验后，对各动机进行了主成分分析。最终，确定了可以进行实证研究的变量。

（一）关系传递动机的信度检验与效度检验

1. 信度检验

各类型合作性质的内部一致性检验结果，见表 4.7。

表 4.7　　　　　　各类型合作性质的内部一致性检验

α	创业投资型企业 全样本	创业投资型企业 删除后	技术开发型企业 全样本	技术开发型企业 删除后	市场开拓型企业 全样本	市场开拓型企业 删除后
合作方动机	0.834	0.868	0.707	0.795	0.738	0.768
中间方动机	0.729	0.836	0.765	0.836	0.759	0.769

资料来源：根据分析结果整理。

问卷信度的检验主要是看内部一致性系数，删除一致性低的动机项后，$\alpha > 0.700$，表示问卷的信度高，可以接受。删除相关项前后合作方动机修正的项目总相关系数，见表 4.8。

表 4.8　各类型合作性质中删除相关性较低项前后合作方动机修正的项目总相关系数

合作方动机	创业投资型企业 全样本	创业投资型企业 删除后	技术开发型企业 全样本	技术开发型企业 删除后	市场开拓型企业 全样本	市场开拓型企业 删除后
a_1	0.713	0.771	0.146	—	0.058	—
a_2	0.469	0.537	0.369	—	0.461	0.556
a_3	0.662	0.763	0.671	0.485	0.481	0.484
a_4	0.764	0.807	0.601	0.771	0.752	0.657
a_5	0.630	0.555	0.386	—	0.589	0.529
a_6	0.705	0.682	0.347	—	0.424	0.469
a_7	0.150	—	0.035	—	0.352	—
a_8	0.520	0.463	0.532	0.680	0.395	—

资料来源：根据分析结果整理。

若"修正的项目总相关"栏呈现的数值小于 0.400，表示该题项与其余题项为低度相关，这些题项的标准离差也较高，应删除。删除后，各项值均大于 0.400，在可接受范围内，可以进行效度检验。

创业投资型企业中删除的动机是 a_7，重要的资金来源是企业重点保护的对象，不能被嵌入关系轻易获得。技术开发型企业中删除的动机有 a_1，表明技术开发型企业对合作信任的认可程度不一致，删除的动机 a_2 表示技术合作中不能完全获悉隐蔽信息，删除的动机 a_5 表明降低企业风险的方法不一定靠规模优势，还可以通过诸如提升产品的核心价值等方式提高企业抗风险的能力，[1] 删除的动机 a_6 表明，通过嵌入关系学习的一般都是不易直接移植的知识，删除的动机 a_7 表明，即使是嵌入式关系的企业也不能分享关键的供销渠道。市场开拓型企业中删除的动机 a_1 表明，市场开拓型企业降低成本的来源可以不源于信任，而是为了共同的利益提升合作的实效，删除的动机 a_7 是市场开拓型企业制胜的关键，不能分享，删除的动机 a_8 表明，市场开拓型企业可以通过蓝海战略获得口碑，而不是只注重对现有产品或服务的改良。[2]

横向比较三种类型的市场，内部一致性最低的合作方动机是 a_7，表明企业对本身的核心专有性资产保护意识都很强。对于技术开发型企业和市场开拓型企业，a_1 的内部一致性较低，表明企业不只通过信任机制，还可利用其他机制，如激励机制等提升合作的整体实效。

删除相关项前后中间方动机修正的项目总相关系数，见表 4.9。

表 4.9　各类型合作性质中删除相关性较低项前后中间方动机修正的项目总相关系数

合作方动机	创业投资型企业 全样本	创业投资型企业 删除后	技术开发型企业 全样本	技术开发型企业 删除后	市场开拓型企业 全样本	市场开拓型企业 删除后
b_1	0.022	—	0.427	0.596	0.397	—
b_2	0.760	0.755	0.548	0.795	0.655	0.540
b_3	0.160	—	0.330	—	0.293	—
b_4	0.247	—	0.385	—	0.480	0.592
b_5	0.493	0.458	0.332	—	0.507	0.555
b_6	0.740	0.746	0.581	0.816	0.637	0.550
b_7	0.609	0.644	0.673	0.493	0.254	—
b_8	0.560	0.627	0.354	—	0.460	0.475

资料来源：根据分析结果整理。"—"表示无此数据。

---

[1] 余吉安，高薇，杨斌，李学伟. 资源获取中的非市场策略研究. 中国软科学，2011 (11)：64-81.

[2] 沈灏，李垣. 联盟关系、环境动态性对创新绩效的影响研究. 科研管理，2010 (1)：77-85.

删除"修正的项目总相关"栏呈现的数值小于 0.400 的动机后,各项值均大于 0.400,在可接受范围内,可以进行效度检验。

创业投资型企业中删除的动机 b_1 表明,被调查的中间方企业对参与被介绍方的现实合作中的认可度不一致,删除的动机 b_3 表明,企业中没有形成结构洞,删除的动机 b_4 表明,关键技术的获得是受限的。技术开发型企业中删除的动机 b_3 表明,企业中无结构洞,删除的动机 b_4 和 b_5 表明,技术开发型企业中不易获得和传播关键的技术,删除的动机 b_8 表明,若中间方的业务类型与被介绍形成合作的企业业务类型不一致,关系传递行为就不能在中间方所在的业界实施影响。市场开拓型企业中删除的动机 b_1 表明,中间方企业不全参与到现实的合作中来,删除的动机 b_3 表明,没有结构洞效益,[①] 删除的动机 b_7 表明,中间方不一定与被介绍企业都存在合作关系。

横向比较 3 种类型的市场,内部一致性最低的中间方动机是 b_3,表示中间方企业对占据结构洞位置,从而获得信息收益和控制收益的内部一致性的动机较低。对于创业投资型企业和市场开拓型企业,b_1 的内部一致性较低,表明中间方对被介绍企业的现实合作的参与认可度不一致。对于创业投资型企业和技术开发型企业,b_4 的内部一致性较低,表明中间方不易获得合作中的关键技术。

2. 效度检验

合作方和中间方关系传递动机的 KMO 值和巴特利检验结果,见表 4.10。

表 4.10　　　　　　动机的 KMO 值和巴特利检验

KMO 值和巴特利检验			创业投资型企业	技术开发型企业	市场开拓型企业
合作方动机	KMO 值		0.681	0.613	0.632
	巴特利球形检验	显著性	0.000	0.000	0.000
中间方动机	KMO 值		0.621	0.754	0.695
	巴特利球形检验	显著性	0.000	0.000	0.000

资料来源:根据分析结果整理。

KMO 值均大于 0.6,巴特利球形检验的显著性均小于 0.001,达到 0.05 的显著水平,可以进行主成分分析。

3. 主成分分析

合作方关系传递动机主成分矩阵,见表 4.11。

---

① Xiao Z., Tsui A. S. When Brokers may not Work: the Cultural Contingency of Social Capital in Chinese High-Tech Firms. Administrative Science Quarterly, 2007, 52: 1-31.

表 4.11　　　　　　　　　合作方动机的主成分矩阵

	创业投资型企业				技术开发型企业		市场开拓型企业	
	主成分1	排序	主成分2	排序	主成分1	排序	主成分1	排序
a_1	0.841	3	0.290	5	—	—	—	—
a_2	0.690	5	−0.681	1	—	—	0.732	2
a_3	0.853	2	−0.361	4	0.721	3	0.673	4
a_4	0.878	1	−0.023	7	0.922	1	0.815	1
a_5	0.675	6	0.519	2	—	—	0.723	3
a_6	0.774	4	−0.062	6	—	—	0.651	5
a_7	—	—	—	—	—	—	—	—
a_8	0.575	7	0.439	3	0.882	2	—	—

注：萃取方法，主成分分析。"—"表示该类型企业无对应的动机。
资料来源：根据分析结果整理。

通过进行主成分分析，创业投资型合作企业萃取 2 个合作方动机主成分，各动机对两个主成分的影响因子按绝对值大小进行排序，见表 4.11。

萃取出 2 个主成分设为 X_{11} 和 X_{12}，可以解释 7 种合作方动机：

$$X_{11}=0.841a_1+0.690a_2+0.853a_3+0.878a_4+0.675a_5+0.774a_6+0.575a_8 \tag{4.1}$$

$$X_{12}=0.290a_1-0.681a_2-0.361a_3-0.023a_4+0.519a_5-0.062a_6+0.439a_8 \tag{4.2}$$

按照式（4.1）和式（4.2）的结果，可以把 X_{11} 定义为基于保护自我核心专有资产的原则，尽可能更便捷、更准确地获取对方的知识，提高本身资金产品的竞争力。定义 X_{12} 为跳过学习与吸收对方知识和信息的过程，旨在直接提高资金产品的质量和企业的抗风险能力。

技术开发型合作企业萃取 1 个合作方动机主成分，各动机对其影响因子按绝对值大小进行排序，见表 4.11。

萃取 1 个主成分设为 X_{21}，可以解释 3 种合作方动机：

$$X_{21}=0.721a_3+0.922a_4+0.882a_8 \tag{4.3}$$

结合式（4.3）的结果，可以定义 X_{21} 为从关键的技术型企业获得翔实的信息，加强与关系嵌入企业的专用性知识学习，以提高企业的核心竞争力。

市场开拓型合作企业萃取 1 个合作方动机主成分，各动机对其影响因子按绝对值大小进行排序，如表 4.11 所示。

萃取 1 个主成分设为 X_{31}，可以解释 5 种合作方动机：

$$X_{31}=0.732a_2+0.673a_3+0.815a_4+0.723a_5+0.651a_6 \quad (4.4)$$

结合式（4.4）的结果，可以定义 X_{31} 为通过嵌入关系尽量获悉合作过程中的隐蔽信息，直接使用或通过近距离学习获得关键合作方的技术，并达到有利于企业生存的规模效益。

横向比较影响 3 类企业的主成分的因素，其中，a_4 得到了最大的认可，表明三类企业都渴望获得学习不能直接移植的知识。[①] a_3 的影响次之，表明企业追求获得精确信息的时效性，以便于作出可行性高的决策。a_8 对于创业投资型企业和技术开发型企业影响比较大，表明这两种企业不如市场开拓型企业转向"蓝海"的速度快，对现有产品的品质提升要求较大。创业投资型企业独有的第二个主成分表明，此类企业可以不通过学习，直接获得资金资源，这是由资金的易移植性决定的。[②]

中间方关系传递动机主成分矩阵，见表 4.12。

表 4.12　　　　　　　　　　中间方动机的主成分矩阵

	创业投资型企业		技术开发型企业		市场开拓型企业			
	主成分 1	排序	主成分 1	排序	主成分 1	排序	主成分 2	排序
b_1	—	—	0.778	3	—	—	—	—
b_2	0.853	1	0.905	2	0.711	4	0.617	1
b_3	—	—	—	—	—	—	—	—
b_4	—	—	—	—	0.774	1	−0.426	4
b_5	0.611	5	—	—	0.739	2	−0.528	2
b_6	0.849	2	0.915	1	0.735	3	0.523	3
b_7	0.794	3	0.683	4	—	—	—	—
b_8	0.764	4	—	—	0.658	5	0.157	5

注：萃取方法，主成分分析。"—"表示该类型企业没有对应的动机。
资料来源：根据分析结果整理。

通过进行主成分分析，创业投资型合作企业萃取 1 个中间方动机主成分，各动机对其影响因子按绝对值大小进行排序，如表 4.12 所示。

萃取 1 个主成分设为 Y_{11}，可以解释 5 种中间方动机：

$$Y_{11}=0.853b_2+0.611b_5+0.849b_6+0.794b_7+0.764b_8 \quad (4.5)$$

[①] Hansen M. T. The Search-transfer Problem: The Role of Weak Ties in Sharing Knowledge across Organization Subunits. Administrative Science Quarterly，1999，44 (1)：82-111.

[②] 金雪军，付明明. 借贷中的私人关系嵌入问题研究. 商业经济与管理，2005 (3)：61-65.

按照式（4.5）的结果，可以把 Y_{11} 定义为注重积累关系资本，为现时的不介入合作的融资技术传播和获得未来潜在收益提供途径。

技术开发型合作企业萃取 1 个中间方动机主成分，各动机对其影响因子按绝对值大小进行排序，如表 4.12 所示。

萃取 1 个主成分设为 Y_{21}，可以解释 4 种中间方动机：

$$Y_{21}=0.778b_1+0.905b_2+0.915b_6+0.683b_7 \quad (4.6)$$

结合式（4.6）的结果，可以定义 Y_{21} 为注重关系资本的积累，适时地参与现实被介绍企业的技术合作，并为形成未来的潜在合作奠定基础。

市场开拓型合作企业萃取 2 个中间方动机主成分，各动机对其影响因子按绝对值大小进行排序，如表 4.12 所示。

市场开拓型合作企业中 2 个主成分设为 Y_{31} 和 Y_{32}，可以解释 5 种中间方动机：

$$Y_{31}=0.711b_2+0.774b_4+0.739b_5+0.735b_6+0.658b_8 \quad (4.7)$$

$$Y_{32}=0.617b_2-0.426b_4-0.528b_5+0.523b_6+0.157b_8 \quad (4.8)$$

结合式（4.7）和式（4.8）的结果，可以定义 Y_{31} 为基于给其他企业介绍项目的立场，在其合作过程中获得合作企业的关键技术和传播自身的市场推广的新技术，提供本企业的声誉，并为日后的合作奠定基础。可以定义 Y_{32} 是只为积累关系资本、提高业界的声誉，而忽视新技术的应用与传播。

横向比较影响三类企业的主成分因素，其中，b_6 得到了最大的认可，表明 3 类企业作为中间方企业只是"纯帮忙"性质的进行关系传递，而没有其他有利于自身的意图。[1] b_2 的影响次之，表明中间方企业在进行关系传递时，是为了本企业未来的合作机会作铺垫。市场开拓型企业独有的第二个主成分表明，此类企业在作为中间方时，不获得被介绍企业的市场技术，也不进行市场技术的传播，因为关键的市场推广技术属于企业专有资产，应得到保留。

（二）变量选取

各类型合作性质的企业合作方和中间方关系传递的动机变量的选取，遵

---

[1] Xiao Z., Tsui A. S. When Brokers may not Work: the Cultural Contingency of Social Capital in Chinese High-Tech Firms. Administrative Science Quarterly, 2007, 52: 1-31.

从上述主成分分析的结果,控制变量引入调查问卷中企业基本信息的6个问题,因变量为关系嵌入的维度,各变量的设置,见表4.13。

表 4.13　　　　　　　　　　　　模型变量设置

变量类别			取值		
			创业投资型企业	技术开发型企业	市场开拓型企业
自变量	合作方动机主成分（X）		连续变量 X_{11} 和 X_{12}	连续变量 X_{21}	连续变量 X_{31}
	中间方动机主成分（Y）		连续变量 Y_{11}	连续变量 Y_{21}	连续变量 Y_{31} 和 Y_{32}
控制变量 Z	主营业务 Z_1	金融证券（Z_{11}）	设置为逻辑变量 Z_{1i}（i=1-9），即当 i=1,2,…,9 某一个值时,该类型行业类型变量 Z_{1i}=1,其他类型行业类型变量 Z_{1i}=0		
		房地产投资（Z_{12}）			
		通信/电子/计算机（Z_{13}）			
		生物/医疗/制药（Z_{14}）			
		化工/石油/新能源/电力（Z_{15}）			
		机械/制造（Z_{16}）			
		环保（Z_{17}）			
		公关/互联网（Z_{18}）			
		物流/交通运输/港口（Z_{19}）			
	员工数（Z_2）		连续变量		
	创业者学历（Z_3）		连续变量		
	创业者创业前身份 Z_4	政府事业部门（Z_{41}）	设置为逻辑变量 Z_{4i}（i=1-4），即当 i=1,2,3,4 某一个值时,该身份类型变量 Z_{4i}=1,其他身份类型变量 Z_{4i}=0		
		非政府事业部门同行业从业（Z_{42}）			
		毕业后或军人复员后直接创业从业（Z_{43}）			
		非政府事业跨行业从业（Z_{44}）			
	公司性质 Z_5	国有企业（Z_{51}）	设置为逻辑变量 Z_{5i}（i=1-3），即当 i=1,2,3 中的某一个值时,该类型公司性质变量 Z_{5i}=1,其他类型公司性质变量 Z_{5i}=0		
		民营企业（Z_{52}）			
		外商独资企业或中外合资企业（Z_{53}）			
	创业阶段（Z_6）		连续变量		
因变量	价值取向	价值创造	逻辑（logistic）变量：价值创造=1；价值攫取=0		
		价值攫取			
	嵌入方式	正式契约	区别变量：正式契约=1；专用性人力资本=2；两者结合=3		
		专用性人力资本			
		二者结合			

资料来源：根据主成分分析结果与文献整理。

第四节 关系传递与关系嵌入关联的实证分析

本节是实证分析的主体部分，所要探讨的一个因变量是价值取向，为二分离散变量，可使用逻辑回归（logistic）中的二元回归分析法建立模型。另一个因变量嵌入方式是三分离散变量，可使用区别回归分析法建立模型。[①]

一、逻辑回归（logistic）模型

本节介绍了逻辑回归（logistic）模型建立的规范形式，使用 SPSS 16.0 软件中 logistic 分析的向后逐步迭代法建立模型，此方法会根据瓦尔德（Wald）检验估计值剔除在回归模型中不显著的自变量形成最终的模型，故进行回归前不需进行个别变量的显著性检验。最后，对所建立的 logistic 模型进行了分析。

（一）logistic 模型的建立

logistic 回归分析的中心概念是 logit（逻辑），它是胜算（odds）的自然对数。若 p 表示事件发生的概率，1−p 表示事件不发生的概率，则：

事件发生概率的函数关系为：$p = \dfrac{e^{f(x)}}{1+e^{f(x)}}$ （4.9）

事件不发生概率的函数关系为：$1-p = \dfrac{1}{1+e^{f(x)}}$ （4.10）

胜算的自然对数为：$\ln\left[\dfrac{p}{1-p}\right] = \ln[e^{f(x)}] = f(x) = B_0 + B_1 X + B_2 Y + B_3 Z$

(4.11)

其中，B 为各项系数，X 为合作方动机主成分，Y 为中间方动机主成分，Z 为控制变量（吴明隆，2010）。

（二）logistic 模型结果分析

1. 创业投资型合作性质企业的 logistic 模型的结果分析

采用二元 logistic 回归中后向逐步迭代法，经五步迭代，最终进入方程的

[①] 吴明隆. 问卷统计分析实务——SPSS 操作与应用. 重庆大学出版社，2010：437.

变量见表 4.14，预测正确率见表 4.15。

表 4.14　创业投资型企业价值取向的适配度检验及个别参数显著性的检验摘要

投入变量名称	系数	系数排序（按绝对值）	标准误差	Wald 值	自由度	关联强度
合作方动机主成分 $1X_{11}$	−15.398	3	5.335	8.330**	1	
金融证券 Z_{11}	−30.681	1	11.356	7.299**	1	
员工数 Z_2	4.350	5	1.579	7.593**	1	Cox—Snell $R^2=0.625$
创业者学历 Z_3	2.054	7	1.287	2.548**	1	Nagelkerke $R^2=0.854$
政府事业部门 Z_{41}	5.601	4	2.746	4.161*	1	
国有企业 Z_{51}	−15.510	2	5.837	7.059**	1	
常数	−3.466	6	4.487	0.597*	1	
整体模型适配度检验	$\chi^2=81.774^{***}$，Hosmer-Lemeshow 检验值=11.020 n.s.					

注：* $p<0.05$，** $p<0.01$，*** $p<0.001$，n.s. $p>0.05$。
资料来源：根据分析结果整理。

表 4.15　创业投资型企业价值取向的预测分类正确率交叉

		预测值		正确率（%）
		单方的价值攫取	互惠的价值创造	
实际值	单方的价值攫取	19	4	82.6
	互惠的价值创造	1	38	97.4
总预测正确率（%）			91.9	

资料来源：根据分析结果整理。

由检验结果可知，进入方程的各变量的瓦尔德（Wald）值和模型整体的 χ^2 值均达到了显著性水平，模型的关联强度较大，总预测正确率达到了 91.9%，说明建立的模型可靠性较强，准确度较高。

模型双方的价值创造与单方的价值攫取的胜算比的自然对数可以表示为：

$$\ln\left[\frac{p}{1-p}\right]=\ln[e^{f(x)}]=f(x)=-3.466-15.398X_{11}-30.681Z_{11}+4.350Z_2+2.054Z_3+5.601Z_{41}-15.510Z_{51} \quad (4.12)$$

实证结果表明，创业投资型合作企业中，各种合作方动机（X_{11}）越强，合作企业中金融证券企业比房地产企业（Z_{11}）越多，公司内员工数（Z_2）越少，创业者学历（Z_3）越低，创业者创业前在政府事业部门任职的比例（Z_{41}）越小，公司性质为国有企业相对于非国有企业的比例（Z_{51}）越大，公司在合作中更容易具有单方的价值攫取的倾向。反之，则具有双方的价值创造倾向。金融证券企业投资的灵活性比房地产企业大,如果单方攫取的价值大于双方共同创造价值后取得的份额,金融证券企业会选择前者,快速调整资金流向。[①] 非国有企业更多地秉承互利共享的理念,比国有企业更容易采取价值创造的战略。[②] 创业投资型企业中合作方试图得到对方的信任,获得隐蔽和可靠的资金的信息和知识,都是为了保证能充分接收到对称的信息,防止企业自身的利益受损。合作方试图与对方共担风险,直接将对方的技术应用于本企业,努力提高本企业声誉的动机,都未能体现价值创造的产生途径,所以合作方的各种动机越强,越容易实现单方的价值攫取,而非互惠的价值创造。创业者创业前在政府事业部门任职,创业后会依赖其建立的人际关系网开展业务,为了不破坏与合作伙伴间的情谊,创业者往往在合作中让合作双方都获取更多的价值,甚至不惜损害自身的短期利益。创业投资型公司内员工数越多,企业规模大,可融汇大量资金进行投资,获得共同的价值增值。创业者学历越低,企业在合作中实现共赢的理念越淡薄,容易产生短视的想法,更倾向于在单次合作中占有更多的价值。[③]

未进入模型的变量有合作方动机主成分 2(X_{12}),中间方动机主成分(Y_{11}),创业者创业前服务于非政府事业部门同行业(Z_{42}),创业阶段(Z_6)。合作方动机主成分 2 跳过了相互学习过程,也没有强调对自己专有资产的保护,企业的议价能力无从判断。对于创业投资型企业,合作双方更多的是资金方面的直接联系,而非运用中间方的渠道或技术,中间方在合作中参与度较低,不影响合作双方的价值取向。创业者创业前在非政府事业部门同行业工作,创业后企业的性质不变,只是职务上可能略有差别,不构成对价值取向的影响。本章所获得的公司创业阶段的数据都分布在发展期和成熟期呈现显著性差异。

2. 技术开发型合作性质企业的 logistic 模型的结果分析

采用二元 logistic 回归中后向逐步迭代法,经九步迭代,最终进入方程的变量见表 4.16,预测正确率见表 4.17。

[①] 孙国强,石海瑞. 网络组织负效应的实证分析. 科学学与科学技术管理,2011(7):24-30.
[②] 武常岐,吕振艳. 民营化、外资股东和嵌入性:来自中国的数据. 经济管理,2011(3):51-58.
[③] 张玉利,赵都敏. 新企业生成过程中的创业行为特殊性与内在规律性探讨. 外国经济与管理,2008(1):8-16.

表 4.16　技术开发型企业价值取向的适配度检验及个别参数显著性的检验摘要

投入变量名称	系数	系数排序（按绝对值）	标准误差	Wald 值	自由度	关联强度
合作方动机主成分（X_{21}）	2.844	7	0.793	12.864***	1	Cox–Snell $R^2=0.608$ Nagelkerke $R^2=0.813$
中间方动机主成分（Y_{21}）	3.372	5	0.898	14.098***	1	
通信/电子/计算机（Z_{13}）	−8.788	1	2.388	13.545***	1	
机械/制造（Z_{16}）	6.391	2	2.263	7.978**	1	
政府事业部门（Z_{41}）	6.028	3	1.860	10.504***	1	
民营企业（Z_{52}）	4.805	4	2.013	5.695**	1	
常数	−3.119	6	1.712	3.320*	1	
整体模型适配度检验	$\chi^2=70.851$***，Hosmer-Lemeshow 检验值=3.912 n.s.					

注：* $p<0.1$，** $p<0.05$，*** $p<0.001$，n.s. $p>0.05$。
资料来源：根据分析结果整理。

表 4.17　技术开发型企业价值取向的预测分类正确率交叉

		预测值		正确占比（%）
		单方的价值攫取	互惠的价值创造	
实际值	单方的价值攫取	38	2	95.0
	互惠的价值创造	4	44	91.7
总预测正确率（%）		93.2		

资料来源：根据分析结果整理。

由检验结果可知，进入方程各变量的 Wald 值和模型整体的 χ^2 值均达到了显著性水平，模型的关联强度也较大，总预测正确率达到了 93.2%，说明建立的模型可靠性较强，准确度较高。

模型双方的价值创造与单方的价值攫取的胜算比的自然对数可以表示为：

$$\ln\left[\frac{p}{1-p}\right]=\ln[e^{f(x)}]=f(x)=-3.119+2.844X_{21}+3.372Y_{21}-8.788Z_{13}$$
$$+6.391Z_{16}+6.028Z_{41}+4.805Z_{52} \quad (4.13)$$

实证结果表明，技术开发型合作企业中，合作方动机（X_{21}）越强，中间方动机（Y_{21}）越强，通信/电子/计算机类企业（Z_{13}）越少，机械/制造类企业（Z_{16}）越多，创业者创业前在政府事业部门任职的比例（Z_{41}）越高，民营企业（Z_{52}）越多，企业更易倾向于双方互惠的价值创造。通信/电子/计算机类企业与机械/制造类企业对价值取向的影响显示出鲜明的对比，通信/电子/计算机类企业产品更换合作伙伴时的选择范围大，更换速度比较快，机械/制造类企业更换合作伙伴时选择范围小，更换速度比较慢，企业与新的合作伙伴结成合作的速度与企业的议价能力成正比，与对价值共享的要求成反比。

技术合作企业中创业者创业前的身份，对企业合作价值取向的影响是一致的。民营企业抗风险的水平较低，需要与对方坦诚合作才能得以生存，所以不会冒险尝试超额攫取合作利益，而致使自身无法在行业内生存。技术开发型企业的合作方对所掌握知识的精度要求很高，嵌入合作关系中的企业可以获得更精确的技术要领，更容易吸收和消化未编辑的信息，[①] 最终实现产品和服务质量的提升，形成价值增值。技术开发型企业的中间方大多具有与被介绍的企业相近的技术特征和业务类型，中间方企业基于可以获得本次合作中业务的考虑，会致力于整个合作价值的提升；中间方通过巩固与合作双方的关系和在业界树立口碑等手段，要达到获得与被介绍双方日后合作机会的目的，就要为本次合作定下良好互惠的价值创造的基调。[②]

未进入模型的变量有生物/医疗/制药类企业（Z_{14}），化工/石油/新能源/电力类企业（Z_{15}），员工数（Z_2），创业者学历（Z_3），非政府事业部门同行业从业（Z_{42}），非政府事业跨行业从业（Z_{44}），国有企业（Z_{51}），创业阶段（Z_6）。生物/医疗/制药类企业和化工/石油/新能源/电力类企业，技术开发受研发条件和外界天气等变化的影响较大，不能确定其相对议价能力的高低，在对技术开发型企业合作中的价值取向上无明显差别。员工数和创业者学历都与技术项目的管理水平无直接关联，也不影响企业的价值取向。创业者创业前在非政府事业部门的同行业或跨行业任职，都与所创立企业的公司性质有相似性，创业者大多作为管理者，而不是一线的技术工作者，此项创业者特性对技术开发型企业不构成显著影响。国有企业凭借自身雄厚的资金实力，可以自行研发产品，对合作方的技术依赖性低，对价值取向不构成影响。[③] 技术的研发贯穿于企业的各个发展阶段，故企业的创业阶段对价值取向影响不显著。

3. 市场开拓型合作性质企业的 logistic 模型的结果分析

采用二元 logistic 回归中后向逐步迭代法，经十六步迭代，最终进入方程的变量见表 4.18，预测正确率见表 4.19。

[①] Hansen M. T. The Search-transfer Problem: The Role of Weak Ties in Sharing Knowledge across Organization Subunits. Administrative Science Quarterly, 1999, 44 (1): 82 - 111.

[②] Gulati R. Network Location and Leaning: The Influence of Network Resources and Firm Capabilities on Alliance Formation. Strategic Management Journal, 1999, 20 (1): 397 - 420.

[③] 杨林, 杨倩. 高管团队结构差异性与企业并购关系实证研究. 科研管理, 2012 (11): 57 - 67.

表 4.18　市场开拓型企业价值取向的适配度检验及个别参数显著性的检验摘要

投入变量名称	系数	系数排序（按绝对值）	标准误差	Wald 值	自由度	关联强度
中间方动机主成分 1（Y_{31}）	0.637	4	0.266	5.748**	1	Cox—Snell $R^2=0.632$ Nagelkerke $R^2=0.446$
机械/制造（Z_{16}）	1.207	3	0.711	2.882*	1	
公关/互联网（Z_{18}）	−22.670	1	6.271	1.026*	1	
员工数（Z_2）	−0.559	5	0.164	11.616***	1	
常数	1.863	2	0.513	13.189***	1	
整体模型适配度检验	$\chi^2=39.566$***，Hosmer-Lemeshow 检验值=19.247 n.s.					

注：* $p<0.1$，** $p<0.05$，*** $p<0.001$，n.s. $p>0.05$。
资料来源：根据分析结果整理。

表 4.19　市场开拓型企业价值取向的预测分类正确率交叉

| | | 预测值 || 正确占比（%） |
		单方的价值攫取	互惠的价值创造	
实际值	单方的价值攫取	23	19	54.8
	互惠的价值创造	4	52	92.9
总预测正确率（%）			76.5	

资料来源：根据分析结果整理。

由检验结果可知，进入方程的各变量 Wald 值和模型整体的 χ^2 值均达到了显著性水平，模型的关联强度也较大，总预测正确率达到 76.5%，说明建立的模型可靠性较强，预测的准确度略低于前两种类型的企业，但也在可接受的范围内。

模型双方的价值创造与单方的价值攫取的胜算比的自然对数，可表示为：

$$\ln\left[\frac{p}{1-p}\right]=\ln[e^{f(x)}]=f(x)=1.863+0.637\,Y_{31}+1.207Z_{16}-22.670\,Z_{18}-0.559\,Z_2$$

(4.14)

实证结果表明，市场开拓型合作企业中，中间方动机（Y_{31}）越强烈，机械/制造类企业（Z_{16}）越多，公关/互联网类企业（Z_{18}）越少，公司员工数（Z_2）越少，企业越容易施行互惠的价值创造的战略，反之，则倾向于使用单方的价值攫取策略。机械/制造类企业与公关/互联网类企业在转换合作伙伴的速度方面有区别，公关/互联网类企业转换速度较快，更有能力攫取合作总的价值，机械/制造类企业转换速度较慢，更倾向于使共同的合作增值。中间方能参与被介绍双方未来合作中的愿望越强烈，对增加合作整体收益的投入就越多。市场开拓型员工数较少的企业，表示企业规模也较小，相对大企业的议价能力低，[1] 无法获得超额攫取合作价值的机会，所以，更倾向于选择共同价值创造的方式实现合作。

未进入模型的变量为合作方动机主成分（X_{31}），中间方动机主成分 2（Y_{32}），通信/电子/计算机类企业（Z_{13}），生物/医疗/制药类企业（Z_{14}），化工/石油/新能源/电力类企业（Z_{15}），物流/交通运输/港口类企业（Z_{19}），创业者学历（Z_3），创业者创业前身份（Z_4），公司性质（Z_5）和创业阶段（Z_6）。市场开拓型合作方动机主成分中合作方想要获得的隐蔽知识和信息属于编辑完整的可转移的信息，[2] 即使关系再紧密的合作伙伴间，也无法共享这些信息，否则会直接丧失关键的市场机会，市场开拓型企业主要分享的也是非技术层面的技能，所以合作方动机对市场开拓型企业合作时的价值取向影响甚微。中间方动机主成分 2 表示，如果中间方企业的业务与被介绍合作企业的业务类型不相同，则中间方对合作方的取向无影响。通信/电子/计算机类企业，生物/医疗/制药类企业，化工/石油/新能源/电力类企业和物流/交通运输/港口类企业的转换合作伙伴的速度介于机械/制造类企业与公关/互联网类企业之间，对价值取向的影响并不显著。创业者学历、创业前任职情况、公司的所有制性质和企业的创业阶段，与市场开拓的方式无直接关联，不影响企业的价值取向。

4. 三类合作性质企业的 logistic 模型的结果分析对比

综合 logistic 模型实证的研究结果可知，选择互惠的价值创造作为企业的价值取向时，3 种类型合作企业中各因素对其影响，见表 4.20。

表 4.20　　　各类型企业价值取向选择的影响因素

选择互惠的价值创造作为企业价值取向时	创业投资型企业	技术开发型企业	市场开拓型企业
合作方动机主成分	（－）	（＋）	NA
中间方动机主成分	NA	（＋）	（＋）
主营业务（企业议价能力）		（－）	
员工数（企业规模）	（＋）	NA	（－）
创业者学历	（＋）	NA	NA

---

[1] Bae J., M. Gargiulo. Partner substitutability, alliance network structure, and the firm profitability in the telecommunications industry. Academy of Management Journal, 2004, 47 (6): 843-859.

[2] Hansen, Morten T. The Search-Transfer Problem: The Role of Weak Ties in Sharing Knowledge across Organization Subunits. Administrative Science Quarterly, 1999, 44: 82-111.

续表

选择互惠的价值创造作为企业价值取向时		创业投资型企业	技术开发型企业	市场开拓型企业
创业者创业前在政府事业部门任职		（＋）	（＋）	NA
公司性质	国有企业	（－）	NA	NA
	民营企业	NA	（＋）	NA
创业阶段		NA		

注：（＋）表示正向影响，（－）表示负向影响，NA 表示影响不显著。
资料来源：根据分析结果整理。

合作方动机对价值取向的影响，主要取决于分享知识的意愿和可分享程度：分享知识的意愿越强烈且可分享的程度高，如技术开发型企业，越倾向于选择互惠的价值创造；[1] 分享意愿不强烈，如创业投资型企业，越倾向于选择单方的价值攫取；知识可分享程度低的企业对嵌入关系合作中的价值取向无影响，如市场开拓型企业。

中间方动机对价值取向的影响，主要取决于参与被介绍企业现时合作和未来合作中的意愿：中间方介入合作的意愿越强烈，嵌入式关系合作中价值分享的程度越高，如技术开发型企业和市场开拓型企业；[2] 中间方不介入合作的，不影响合作的价值取向，如创业投资型企业。

主营业务类型对 3 类合作企业价值取向的影响是，企业的主营业务决定了行业对合作伙伴的依赖程度和搜寻新合作伙伴的速度，对合作伙伴依赖程度越低且能快速形成新的合作关系的企业，在合作中的议价能力较强，有条件选择攫取超额的合作价值；[3] 相反，议价能力低的企业，更倾向于选择互惠的价值创造。

企业的员工数代表了企业的规模，其对企业价值取向的影响是，企业规模越大，对于创业投资型企业而言，其资金实力越雄厚，利用共同资金进行投资，在赚取的超额收益中得到的份额大于单方企业经过理性计算得到的价值，创业投资型企业更倾向于选择互惠的价值创造；大规模的市场型企业，在合作中占据强势地位，凭借强大的市场号召力具有较强的相对议价能力，

---

[1] Zaheer A., McEvily B. & Perrone V. Does Trust Matter? Exploring the Effects of Interorganizational and Interpersonal Trust on Performance. Organization Science, 1998, 9 (2): 141－159.

[2] [美] 马克·格兰诺维特著. 镶嵌——社会网与经济行动. 罗家德译. 社会科学文献出版社, 2004: 144－183.

[3] 孙国强, 石海瑞. 网络组织负效应的实证分析. 科学学与科学技术管理, 2011 (7): 24－30.

倾向于超额攫取合作价值;[①] 企业规模不影响技术开发型企业的议价能力，对价值取向无影响。

创业者学历在一定程度上反映了企业经营者对长远利益的规划意识，如创业投资型企业；但学历不代表能力，创业者学历高并不意味着对技术或市场的项目开发能力一定强，不能保证其所带领企业处于合作中的优势地位，所以学历的高低不能对技术开发型企业和市场开拓型企业的价值取向产生影响。

创业者创业前在政府事业部门任职，更习惯维护好个人声誉和所建立的关系网，在创业过程中也延续了这种惯性，与合作企业更希望建立长效的价值共享机制。[②] 这种影响在创业投资型企业和技术开发型企业中较为显著，在市场开拓型企业中不显著。

国有企业的抗风险能力比民营企业强，创业投资型企业中，国有企业可以凭借其资金实力和优质的关系资本占据优势地位，攫取合作中的利益；技术开发型和市场开拓型的民营企业更倾向于使用"抱团取暖"的方式，共同创造更大的价值。

三种类型的企业处于各发展阶段都涉及价值分配的问题，所以创业阶段对价值取向的选择无显著差异。

二、区别分析模型

本部分介绍了区别分析模型建立的规范形式，在使用 SPSS 16.0 软件实施区别分析前，先要为自变量进行各组平均数的相等性检验，剔除不显著的自变量。最后，对所建立的区别分析模型进行说明。

(一) 区别分析模型建立

区别分析模型中的分类函数可将观察值分类，分类时采用费希尔（Fisher）方法，每一组群均有 1 组系数，与影响因素一起共同构成分类函数。

针对本章中因变量为三分变量，则构成 3 组分类函数可以表示为：

第一组分类函数正式契约：

$$F_1 = C_{10} + C_{11}X + C_{12}Y + C_{13}Z \tag{4.15}$$

[①] 余吉安, 高薇, 杨斌等. 资源获取中的非市场策略研究. 中国软科学, 2011 (11): 64-81.
[②] 戴维奇, 林巧, 魏江. 集群内外网络嵌入与公司创业——基于浙江省四个产业集群的实证研究. 科学学研究, 2011 (4): 571-581.

第二组分类函数专用性人力资本：
$$F_2 = C_{20} + C_{21}X + C_{22}Y + C_{23}Z \quad (4.16)$$
第三组分类函数两者结合：
$$F_3 = C_{30} + C_{31}X + C_{32}Y + C_{33}Z \quad (4.17)$$

在式（4.1）中，C 为各项系数，X 为合作方动机主成分，Y 为中间方动机主成分，Z 为各控制变量。

观察值分类时，将每一个观察值代入 3 个组群的分类函数，用其分类函数的大小来进行比较，函数值最大者代表的是观察值所属的组群。[①]

（二）区别分析模型结果分析

1. 各组变量的检验

把各组数据的自变量分别作平均数的相等性检验，结果见表 4.21。

表 4.21　各组变量平均数的相等性检验

自变量和控制变量		创业投资型企业 F值	显著性	技术开发型企业 F值	显著性	市场开拓型企业 F值	显著性
合作方动机主成分	X_{11}	0.954	0.391	—	—	—	—
	X_{12}	9.155	0.000	—	—	—	—
	X_{21}	—	—	5.476	0.006	—	—
	X_{31}	—	—	—	—	12.686	0.000
中间方动机主成分	Y_{11}	7.708	0.001	—	—	—	—
	Y_{21}	—	—	2.635	0.078	—	—
	Y_{31}	—	—	—	—	4.957	0.009
	Y_{32}	—	—	—	—	2.619	0.078
主营业务	金融证券（Z_{11}）	0.656	0.523	—	—	—	—
	通信/电子/计算机（Z_{13}）	—	—	3.765	0.027	0.003	0.997
	生物/医疗/制药（Z_{14}）	—	—	0.922	0.402	0.276	0.759
	化工/石油/新能源/电力（Z_{15}）	—	—	2.270	0.110	0.248	0.781
	机械/制造（Z_{16}）	—	—	4.073	0.020	2.522	0.086
	公关/互联网（Z_{18}）	—	—	—	—	9.861	0.000
	物流/交通运输/港口（Z_{19}）	—	—	—	—	1.498	0.229
员工数（Z_2）		3.689	0.031	6.446	0.002	0.387	0.680
创业者学历（Z_3）		4.831	0.011	6.705	0.002	3.622	0.030

---

① 吴明隆. 问卷统计分析实务——SPSS 操作与应用. 重庆大学出版社, 2010：437.

续表

自变量和控制变量		创业投资型企业		技术开发型企业		市场开拓型企业	
		F值	显著性	F值	显著性	F值	显著性
创业者创业前身份	政府事业部门（Z_{41}）	16.991	0.000	4.702	0.012	5.871	0.004
	非政府事业部门同行业从业（Z_{42}）	5.617	0.006	6.802	0.002	3.845	0.025
	非政府事业部门跨行业从业（Z_{44}）	—	—	0.690	0.504	4.349	0.016
公司性质	国有企业（Z_{51}）	3.759	0.029	0.144	0.866	0.867	0.424
	民营企业（Z_{52}）	—	—	1.464	0.237	1.504	0.228
创业阶段（Z_6）		0.217	0.806	9.054	0.000	3.537	0.033

资料来源：根据分析结果整理。

以关系嵌入的3个维度为自变量，以表格中所列变量为因变量执行单变量方差分析，F值越大，平均数的差异值就越显著（显著性<0.05），这些变量应保留；反之，F值越小，平均数的差异值就越不显著（显著性>0.05），这些变量应删除。经测试，删除差异性不显著的变量（用灰色背景表示）后，保留的变量的F值与显著性数值均不变。

创业投资型合作企业中未进入方程的量为合作方动机主成分1（X_{11}），金融证券行业（Z_{11}）和创业阶段（Z_6）。合作方动机主成分1只体现了对自我的提升，未涉及市场风险，无从探讨嵌入方式的选择。金融证券与房地产投资行业中环境的不确定性都很大，对其嵌入方式的选择无显著影响。企业各发展阶段伴随的风险水平不确定，对嵌入方式选择无影响。

技术开发型合作企业中未进入方程的量为中间方动机主成分（Y_{21}），生物/医疗/制药行业（Z_{14}），化工/石油/新能源/电力行业（Z_{15}），创业者创业前在非政府事业单位跨行业从业（Z_{44}）和公司性质（Z_5）。技术合作型企业更关注的是，合作机会和合作中的利益分成，不在乎合作的形式。生物/医疗/制药类行业和化工/石油/新能源/电力类行业的灵活性无显著高低之分，不能影响任务复杂性中要求的时效性，对嵌入方式无显著影响。管理者在创业前从事的是跨行业的工作，可能对新行业中关系治理的经验不足，对嵌入方式的选择不构成影响。无论企业属于哪种所有制形式，企业具有的资产专用性水平等都是同样的，不影响关系嵌入方式。

市场开拓型合作企业中未进入方程的量，为中间方动机主成分2（Y_{32}），主营业务（Z_{13}、Z_{14}、Z_{15}、Z_{16}、Z_{19}），员工数（Z_2）和公司性质（Z_5）。中间方动机主成分2无应用合作伙伴的技术和传播新技术的需要，对合作的方式无要求。行业对嵌入方式的影响与行业完成任务的时效性有关，[1] 未进入方

---

[1] Williamson O. E. The Economic Institute of Capitalism，New York：Free Press，1985.

程的这些行业在时效性方面无显著差异。企业的所有制形式不影响企业面临的风险水平，故对嵌入方式无显著影响。

横向比较未进入方程的量，企业不显著的灵活性和公司的性质都不能改变技术开发型企业和市场开拓型企业所面临的风险水平，对关系嵌入的方式无显著影响。

2. 创业投资型合作性质的企业区别分析模型结果

以上述分析中显著性合格的变量为自变量，以关系嵌入方式为因变量，进行区别分析，结果见表4.22，预测正确率见表4.23。

表 4.22　　　　创业投资型合作企业中不同嵌入方式的区别分析摘要

自变量	标准化典型区别系数 第一函数	标准化典型区别系数 第二函数	结构系数 第一函数	结构系数 第二函数	嵌入方式（分类函数）正式契约	嵌入方式（分类函数）专用性人力资本	嵌入方式（分类函数）二者结合
合作方动机主成分2（X_{12}）	0.850	0.207	0.207	−0.656	−1.291	0.056	−3.682
中间方动机主成分（Y_{11}）	0.840	0.457	0.307	0.250	1.173	2.100	−1.554
员工数（Z_2）	−0.537	−0.313	−0.163	−0.355	1.533	1.155	2.731
创业者学历（Z_3）	−0.122	−0.695	0.027	−0.584	2.994	3.413	3.721
政府事业部门（Z_{41}）	0.165	0.666	−0.445	0.433	11.412	9.892	8.160
非政府事业部门同行业（Z_{42}）	1.652	0.633	0.274	0.109	10.028	14.748	−0.442
国有企业（Z_{51}）	−0.554	0.495	−0.186	0.298	−3.358	−6.992	−2.333
常数	—	—	—	—	−16.594	−18.807	−22.611
第一个区别函数：$\lambda=2.462$　Wilks' $\Lambda=0.196$　$\chi^2=91.317^{***}$					Fisher线性区别函数		
第二个区别函数：$\lambda=0.475$　Wilks' $\Lambda=0.678$　$\chi^2=21.767^{***}$							

注：***$p<0.001$。
资料来源：根据分析结果整理。

表 4.23　　　　　　创业投资型分类正确交叉

嵌入方式	实际分类样本	区别预测结果分类 正式契约	区别预测结果分类 专用性人力资本	区别预测结果分类 二者结合
正式契约	22	11 / 50.0%	5 / 22.7%	6 / 27.3%
专用性人力资本	24	3 / 12.5%	21 / 87.5%	0 / 0.0%
二者结合	16	0 / 0.0%	0 / 0.0%	16 / 100.0%
总预测正确率（%）		77.4		

资料来源：根据分析结果整理。

如上述分析所示，两个区别函数的 χ^2 值均达到了显著性水平。将标准化典型区别函数和结构系数中两个函数的系数的绝对值与其各自的组相比较，可以得出对两个区别函数的影响力较大的量（用灰色背景表示）。两种系数标准下，对第一个函数影响都较大的量为"中间方动机主成分（Y_{11}）"和"非政府事业部门同行业（Z_{42}）"；对第二个函数影响都较大的量为"创业者学历（Z_3）"和"政府事业部门（Z_{41}）"。模型总预测正确率为 77.4%，可以接受。

嵌入方式的分类函数可以表示为：

正式契约 $F_1 = -16.594 - 1.291 X_{12} + 1.173 Y_{11} + 1.533 Z_2 +$
$2.994 Z_3 + 11.412 Z_{41} + 10.028 Z_{42} - 3.358 Z_{51}$ (4.18)

专用性人力资本 $F_2 = -18.807 + 0.056 X_{12} + 2.100$
$Y_{11} + 1.155 Z_2 + 3.413 Z_3 + 9.892 Z_{41} + 14.748 Z_{42} - 6.992 Z_{51}$ (4.19)

两者结合 $F_3 = -22.611 - 3.682 X_{12} - 1.554 Y_{11} + 2.731 Z_2 +$
$3.721 Z_3 + 8.160 Z_{41} - 0.442 Z_{42} - 2.333 Z_{51}$ (4.20)

实证结果表明，创业投资型合作企业中，中间方动机主成分（Y_{11}）重视新技术的传播，需要到具体的合作过程中进行，中间方动机越强，合作企业越倾向于使用专用性人力资本进行关系嵌入。[1] 创业者创业前在政府事业部门（Z_{41}）任职，有使用正式契约这种按明确的规矩办事的行为惯性。创业者于创业前在非政府事业部门同行业任职（Z_{42}），更倾向于使用信任等非契约机制进行合作。创业者学历（Z_3）越高，实施非正式的专用性人力资本投入和正式契约相结合的嵌入方式的意识越强。合作方动机主成分2（X_{12}）注重合作中的信任程度，这种信任只能在和专业人员的合作中才能获得。[2] 员工数（Z_2）越多说明企业规模越大，这种企业制定复杂契约的能力越强，倾向于使用正式契约。国有企业（Z_{51}）的重复交易频率一般都较大，有足够的能力和时间来反复修订合同，可以使用正式契约进行合作。[3]

3. 技术开发型合作性质的企业区别分析模型结果

以显著性合格的变量为自变量，以关系嵌入方式为因变量进行区别分析，结果见表 4.24，预测正确率见表 4.25。

---

[1] Granovetter M. The Strength of Weak Tie. American Journal of Sociology，1973（78）：1360-1380.

[2] Jones C., Hesterly S. W. & Borgatti P. S. A General Theory of Network Governance：Exchange Conditions and Social Mechanisms. Academy of Management Review，1997，22（4）：911-945.

[3] 吴爱华. 基于技能的企业组织形式对员工专用性投资的影响模型. 系统管理学报，2011（1）：40-46.

表 4.24　　技术开发型合作企业中不同嵌入方式的区别分析摘要

自变量	标准化典型区别系数 第一函数	标准化典型区别系数 第二函数	结构系数 第一函数	结构系数 第二函数	嵌入方式（分类函数）正式契约	嵌入方式（分类函数）专用性人力资本	嵌入方式（分类函数）二者结合
合作方动机主成分1（X_{21}）	−0.262	0.276	−0.235	−0.381	2.603	1.755	1.987
通讯/电子/计算机（Z_{13}）	0.455	−0.237	0.226	−0.185	11.040	13.972	13.847
机械/制造（Z_{16}）	0.911	0.262	0.248	0.066	9.867	14.576	16.714
员工数（Z_2）	0.998	0.932	0.284	0.301	4.669	6.012	7.456
创业者学历（Z_3）	0.480	−0.678	0.248	−0.457	5.551	7.068	6.460
政府事业部门（Z_{41}）	0.689	1.442	0.265	0.092	9.697	11.558	18.291
非政府事业部门同行业（Z_{42}）	0.061	1.104	−0.323	−0.026	12.316	10.952	14.460
创业阶段（Z_6）	−0.287	0.457	−0.153	0.765	8.872	7.159	7.945
常数	—	—	—	—	−38.549	−47.635	−53.372
第一个区别函数：λ=1.536　Wilks' Λ=0.303　χ^2=97.419***					Fisher 线性区别函数		
第二个区别函数：λ=0.303　Wilks' Λ=0.767　χ^2=21.574**							

注：**$p<0.01$，***$p<0.001$。"—"表示无此数据。
资料来源：根据分析结果整理。

表 4.25　　技术开发型分类正确交叉

嵌入方式	实际分类样本	区别预测结果分类 正式契约	区别预测结果分类 专用性人力资本	区别预测结果分类 二者结合
正式契约	28	24 85.7%	2 7.1%	2 7.1%
专用性人力资本	40	6 15.0%	22 55.0%	12 30.0%
二者结合	20	2 10.0%	2 10.0%	16 80.0%
总预测正确率（%）		70.5		

资料来源：根据分析结果整理。

如上述分析所示，两个区别函数的 χ^2 值均达到了显著性水平。将标准化典型区别函数和结构系数中两个函数的系数的绝对值与其各自的组相比较，可以得出对两个区别函数的影响力较大的量（用灰色背景表示）。两种系数标准下，对第一个函数影响都较大的量，为"员工数（Z_2）"和"政府事业部门（Z_{41}）"；对第二个函数影响都较大的量，为"员工数（Z_2）"和"创业者学历（Z_3）"。模型总预测正确率为 70.5%，可以接受。

嵌入方式的分类函数可以表示为：

$$F_1 = -38.549 + 2.603X_{21} + 11.040Z_{13} + 9.867Z_{16} + 4.669Z_2 + 5.551Z_3 + 9.697Z_{41} + 12.316Z_{42} + 8.872Z_6 \quad (4.21)$$

正式契约

专用性人力资本 $F_2=-47.635+1.755X_{21}+13.972Z_{13}+14.576Z_{16}+6.012Z_2+7.068Z_3+11.558Z_{41}+10.952Z_{42}+7.159Z_6$ （4.22）

两者结合 $F_3=-53.372+1.987X_{21}+13.847Z_{13}+16.714Z_{16}+7.456Z_2+6.46Z_3+18.291Z_{41}+14.46Z_{42}+7.945Z_6$ （4.23）

实证结果表明，技术开发型合作企业中，员工数（Z_2）多，反映了企业规模大，有能力和耐性获得正式契约。创业者创业前在政府事业部门（Z_{41}）或非政府事业部门同行业（Z_{42}）工作，都需要不断地寻找解决方案，使用正式契约和专用性人力资本相结合的方式合作。创业者学历（Z_3）越高，对风险控制的能力可能越强，可以应对仅使用专用性人力资本合作过程中出现的各类问题。合作方动机主成分1（X_{21}）是为了更好地学习知识，正式契约能防止学习关键技术途径的断裂。[1] 技术开发型企业要学习不易被移植的知识，就需要专用性人力资本的投入，通信/电子/计算机类企业（Z_{13}）灵活性较高，可以只使用非正式的治理关系，而机械/制造类企业（Z_{16}）的灵活性较低，需要结合正式契约以稳固关系。企业所处的创业阶段（Z_6）越成熟，技术合作中遇到的问题越能更全面地被总结到正式契约中，越成熟的企业越有能力只使用正式契约进行合作。[2]

4. 市场开拓型合作性质的企业区别分析模型结果

以显著性合格的变量为自变量，以关系嵌入方式为因变量进行区别分析，结果见表4.26，预测正确率见表4.27。

表4.26　　市场开拓型合作企业中不同嵌入方式的区别分析摘要

自变量	标准化典型区别系数 第一函数	标准化典型区别系数 第二函数	结构系数 第一函数	结构系数 第二函数	嵌入方式（分类函数）正式契约	嵌入方式（分类函数）专用性人力资本	嵌入方式（分类函数）二者结合
合作方动机主成分1（X_{31}）	0.515	0.499	0.335	0.695	0.797	0.254	−0.614
中间方动机主成分1（Y_{31}）	−0.068	0.118	0.185	0.447	−1.506	−1.333	−1.545
公关/互联网（Z_{18}）	−0.755	0.337	−0.422	0.522	−0.461	4.215	1.918
创业者学历（Z_3）	−0.101	0.464	−0.007	0.417	3.645	3.939	3.372
政府事业部门（Z_{41}）	0.142	−0.474	−0.424	−0.281	10.094	8.633	11.119
非政府事业部门同行业（Z_{42}）	1.107	−0.581	0.351	−0.213	12.694	8.599	10.865

---

[1] 王国红，邢蕊，林影. 基于社会网络嵌入性视角的产业集成创新风险研究. 科技进步与对策，2011（2）：60-63.

[2] 陈艳莹，原毅军. 治理机制与企业网络的规模：嵌入性视角的研究. 中国工业经济，2006（1）：102-108.

续表

自变量	标准化典型区别系数 第一函数	标准化典型区别系数 第二函数	结构系数 第一函数	结构系数 第二函数	嵌入方式（分类函数）正式契约	嵌入方式（分类函数）专用性人力资本	嵌入方式（分类函数）二者结合
非政府事业部门跨行业（Z_{44}）	1.000	−0.106	0.121	0.438	14.731	10.793	11.514
创业阶段（Z_6）	0.226	−0.087	0.317	−0.237	6.244	5.686	5.932
常数	—	—	—	—	−27.065	−24.828	−23.460
第一个区别函数：λ= 0.496　　Wilks' Λ=0.465　　χ^2=70.100***					Fisher 线性区别函数		
第二个区别函数：λ= 0.438　　Wilks' Λ=0.695　　χ^2=33.260***							

注：***$p<0.001$。"—"表示无此数据。
资料来源：根据分析结果整理。

表 4.27　　　　　　　　　市场开拓型分类正确交叉

嵌入方式	实际分类样本	区别预测结果分类 正式契约	区别预测结果分类 专用性人力资本	区别预测结果分类 二者结合
正式契约	35	31　88.6%	0　0.0%	4　11.4%
专用性人力资本	39	16　41.0%	21　53.8%	2　5.1%
二者结合	24	8　33.3%	2　8.3%	14　58.3%
总预测正确率（%）		67.3		

资料来源：根据分析结果整理。

如上述分析所示，2 个区别函数的 χ^2 值均达到了显著性水平。将标准化典型区别函数和结构系数中 2 个函数的系数的绝对值与其各自的组相比较，可以得出对 2 个区别函数的影响力较大的量（用灰色背景表示）。2 种系数标准下，对第一个函数影响都较大的量为"合作方动机主成分 1（X_{31}）""公关/互联网（Z_{18}）""非政府事业部门同行业（Z_{42}）"；对第二个函数影响都较大的量为"合作方动机主成分 1（X_{31}）" "公关/互联网（Z_{18}）" "创业者学历（Z_3）"。模型总预测正确率为 67.3%，比前两组略低，但尚可以接受。

嵌入方式的分类函数可表示为：

$$\text{正式契约 } F_1 = -27.065 + 0.797X_{31} - 1.506Y_{31} - 0.461Z_{18}$$
$$+ 3.645Z_5 + 10.094Z_{41} + 12.694Z_{42} + 14.731Z_{44} + 6.244Z_6$$

(4.24)

$$\text{专用性人力资本 } F_2 = -24.828 + 0.254X_{31} - 1.333Y_{31} + 4.215Z_{18}$$
$$+ 3.939Z_5 + 8.633Z_{41} + 8.599Z_{42} + 10.793Z_{44} + 5.686Z_6$$

(4.25)

两者结合 $F_3 = -23.460 - 0.614X_{31} - 1.545Y_{31} + 1.918Z_{18}$
$\qquad + 3.372Z_3 + 11.119Z_{41} + 10.865Z_{42} + 11.514Z_{44} + 5.932Z_6$
$\hfill (4.26)$

实证结果表明，市场开拓型合作企业中，合作方动机主成分1（X_{31}）注重合作的规模，正式契约可以保证合作规模的达成，而不使合作伙伴转向其他市场。公关/互联网类企业（Z_{18}）中的灵活性较高，抗风险能力较强，有能力只使用专用性人力资本进行合作。创业者创业前在政府事业部门工作（Z_{41}），有重复交易的职业惯性，期望长期合作，[①] 会在合作中不断商榷解决问题的方法，使用专用性人力资本中的安排来不断充实正式契约。创业者创业前在非政府事业部门同行业（Z_{42}）和非政府事业部门跨行业任职（Z_{44}），更注重对风险的控制，使用正式契约可规避风险。创业者学历（Z_3）越高，利用道德等非正式手段约束合作伙伴的能力越强，而免于花费成本制定复杂的合同。[②] 在市场开拓型合作企业中，中间方动机主成分1（Y_{31}）对学习和传播新技术的要求较高，更倾向于使用专用性人力资本获得技术学习和传播的途径。创业阶段（Z_6）与企业正式契约的完善程度成正比。

5. 三类合作性质的企业区别分析模型结果对比

综合区别分析模型实证的研究结果可知，三种类型的合作企业中各因素对关系嵌入方式的影响，见表4.28。

表4.28　　　　　各类型企业嵌入方式选择的影响因素

自变量		创业投资型企业嵌入方式选择			技术开发型企业嵌入方式选择			市场开拓型企业嵌入方式选择		
		正式契约	专用性人力资本	二者结合	正式契约	专用性人力资本	二者结合	正式契约	专用性人力资本	二者结合
合作方动机主成分	合作方动机主成分2（X_{12}）		√	—						—
	合作方动机主成分1（X_{21}）		—		√					
	合作方动机主成分1（X_{31}）					—		√		

[①] 王颖，王方华. 关系治理中关系规范的形成及治理机制研究. 软科学，2007（2）：67-70.
[②] 陈钦约. 企业家社会网络嵌入机制研究. 中央财经大学学报，2009（9）：77-80.

续表

自变量		创业投资型企业嵌入方式选择			技术开发型企业嵌入方式选择			市场开拓型企业嵌入方式选择		
		正式契约	专用性人力资本	二者结合	正式契约	专用性人力资本	二者结合	正式契约	专用性人力资本	二者结合
中间方动机主成分	中间方动机主成分（Y_{11}）		√			—				—
	中间方动机主成分1（Y_{31}）		—						√	
主营业务	通信/电子/计算机（Z_{13}）					√			NA	
	机械/制造（Z_{16}）						√			
	公关/互联网（Z_{18}）					—			√	
员工数（Z_2）			√			√			NA	
创业者学历（Z_3）			√			√				
创业前身份	政府事业部门（Z_{41}）	√				√				√
	非政府事业部门同行业（Z_{42}）		√			√	√			
	非政府事业部门跨行业（Z_{44}）		—		NA			√		
公司性质	国有企业（Z_{51}）		√		NA			NA		
创业阶段（Z_6）		NA			√			√		

注：其中，"√"表示自变量数值越大，越会选择该种嵌入方式，"NA"表示无显著影响，"—"表示该类型企业中不含该变量。

资料来源：根据分析结果整理。

从表 4.28 的结果可以看出，自变量对嵌入方式选择影响方向一致的有：

①中间方动机主成分：此变量强调中间方需在参与合作方工作的过程中学习和传播新技术，无正式契约产生的隔阂感和有专用性人力资本投入的氛围,[1] 可以帮助中间方实现自我目标，如创业投资型企业和市场开拓型企业。②员工数：员工数越多，反映了公司规模越大，公司越有能力把使用专用性人力资本合作中出现的问题加入正式契约的修订中，如创业投资型企业和技术开发型企业。③创业阶段：公司越成熟，在发展过程中遇到的合作问题越多，对正式契约修订也越完整，有能力使用契约治理合作关系，如技术开发型企业和市场开拓型企业。

---

[1] 李敏，李良智. 关系治理研究述评. 当代财经，2012（12）：86-91.

自变量对嵌入方式的选择影响原因相同的有：

①合作方动机主成分 1：此变量强调对知识的学习和市场规模的维持，正式契约能避免合作关系的终止，[①] 如技术开发型企业和市场开拓型企业。②合作方动机主成分 2：创业投资型合作企业中的动机主成分 2 注重在合作中的信任程度，正式契约会建立交流的屏障，唯有非正式的专用性技术的交流可以增进信任。③主营业务：企业的灵活性越大，表示其对任务复杂性中要求的时效性的执行情况越好，就越有能力驾驭以非正式的专用性人力资本形式合作中产生的诸多问题。如技术开发型企业中的通信/电子/计算机类企业和市场开拓型企业中的公关/互联网类企业；灵活性小的企业需正式契约加以辅助，如技术开发型企业中的机械/制造类企业。④创业者学历：创业者学历越高，利用非正式治理手段的能力越强。例如，可以使用道德或企业合法性等来约束合作伙伴，降低了制定正式契约的成本，如技术开发型企业和市场开拓型企业；但由于创业投资型企业市场风险较大，需加入正式契约提高管理者决策的抗风险能力。

自变量对嵌入方式影响结果有差异或只对个别类型企业嵌入方式选择产生影响的有创业者创业前的身份和公司的性质，需结合企业具体情况进行分析。

---

① 晁流. 社区自治中的利益博弈——以南京"中青园"为例. 社会，2004（4）：31-33.

第五章

结构嵌入的演进机理

第一节 关系嵌入视角下网络演化的动因和模式

在企业网络的众多研究理论之中，网络嵌入性是研究重点之一。在众多学者的研究中，不同的学者对网络嵌入性有着不同的认识，格兰诺维特、古拉蒂的研究表明，嵌入性是由经济活动与其所处的社会结构相互作用而产生的，由于嵌入性的存在，使得网络组织间的相互关系能够对网络组织中个体的经济行为产生影响。学术界比较接受对网络嵌入性的划分为关系嵌入性和结构嵌入性。根据格兰诺维特对行为个体间的联结的研究，关系嵌入性作为企业之间的一种双向关系，是合作的企业之间对彼此的相互理解、信任和承诺的程度，它的产生来自企业与企业的合作关系而形成的互惠。按照格兰诺维特的观点，以关系嵌入的强弱程度为划分标准，关系嵌入可以分为强关系和弱关系两种：行为个体之间感情联系比较深、关系联系比较密切、互动频率比较高、双方之间存在经常性的互惠交易等，称为强关系；反之，则认为是弱关系。对于关系嵌入性的主要构成，古拉蒂和赛琪（Gulati，Sytch）的研究都给出了具体的维度：是否会采取共同行动、彼此之间是否具有信任承诺、彼此之间信息交流的质量如何以及广度如何。

在当代市场经济环境背景下，理论研究中的组织间关系主要体现在企业与企业之间的关系，新制度经济学把这种组织间关系定义为第三类治理结构，以企业间的合作与信任为基础形成的企业网络，正是企业获取持续竞争力的动力来源。在企业制度转型期，政府部门所拥有的稀缺资源也是企业赖以生存与发展的关键资源,这就促进了企业与政府之间紧密关系的形成。因此,企业的个体行为在网络中受制于两方面关系的束缚,这两方面的关系约束在很大程度上受到企业战略目标的影响,但并不能使企业脱离其中任何一种关系的约束。这种约束,一方面,来自政府—企业之间的纵向关系;另一方面,来自企业间的横向关系。在转型期,为了达到获取企业发展所需要的外部资源和减少交易成本的目的,越来越多的企业也开始重视强关系对组织本身的意义。而随着市场化程度的继续深入,企业间存在的弱关系对企业的价值将逐渐显现。结合以上分析,企业与企业之间的关系结构、强度等特征能够体现一个企业的战略目标,所以,本章把企业与企业之间的关系定义为一种纽带联系。它能够适应企业发展的战略导向,包括诸如企业与企业之间的关系、企业与政府之间的关系等。

一、由关系嵌入到结构嵌入

网络中企业所处位置的不同而产生的差异性信息获取效应,是近年来对结构嵌入作用机理的主要研究内容。企业组织在网络中形成的结构嵌入,能够对它获取信息的数目和信息的对称水平产生积极影响,有效地促进组织创新,提高组织决策的效率和效果。比如,网络中的某企业处在网络的中心位置,在该位置上的企业具有所谓的信息优势,具体体现在通过不同的方法可以有效地获得它所需要的其他组织的资源和能力的信息,在这个过程中它具备减少信息不对称的能力(Uzzi, 1997)。处在网络中心位置的个体还可以获取一些其他优势,诸如能为其带来信任、声誉和影响力(Provan et al., 2009),因而能够更有效率地获取其所需要的资源,并逐步加强其对获取所需资源的利用能力。

伯特(Burt, 1998)提出,结构嵌入(密集网络、疏松网络)和关系嵌入(强联结、弱联结)作为两种形式的社会资本并不必然是相矛盾的,只是扮演着不同的角色,取决于不同的人群和目的。基于伯特的理论,罗利、贝伦斯和克拉克哈特(Rowley, Behrens & Krackhardt, 2000)的研究表明,组织的关系嵌入和结构嵌入不是人们通常认为的彼此独立存在的,恰恰相反它们是相互依赖、彼此依存的,对于密集的自中心网络,企业间存在的强关系更能促进企业的绩效。像强关系一样,高密度网络也可以作为基于信任的治理机制和互惠准则（Rowley et al.，2000）。高密度网络和强联结是两种替代关系的社会控制机制，两者在互补的情况下并不能提供增加的价值。假如在高密度网络中的某个企业已经获得了利益，那么，它想要再次借助强关系来获取更大的收益就不那么容易了。原因在于，企业建立和实施行为规范的重要保证是当企业结构嵌入在高密度网络之中时，企业如要再深入加强这种组织间关系，只能使得企业陷入过度嵌入的困境，并且，企业间要维持这种强联结的关系还要付出巨大的成本。在这种情况下，强关系就成了一种不必要的交易治理结构。如此一来，作为企业来说还不如去寻找新的机会和合作伙伴以建立新的结构嵌入。所以说，在高密度网络之中，关系嵌入与结构嵌入在某种意义上是存在替代关系的（黄忠伟，王宇露，2007）。

关系嵌入、结构嵌入对组织绩效表现都具有重要作用，对于解释以日常经营为主导的任务时结构嵌入起着更重要的作用，而关系嵌入在解释以创新为主导的任务时发挥着更大的作用（Moran，2005）。对于联盟的稳定性而言，关系嵌入会缓解网络连接的不稳定性（Broschak，2004），位置嵌入（即寻求网络中心性位置）并不会使得联盟更加稳定，甚至会导致不稳定，因为联盟成员会试图建立新的联盟以获取中心性（即与有共同点的企业合作）（Coleman，1988），而结构嵌入则会稳定联盟，尤其是对于联盟网络中处于非对称位置和存在较大竞争关系的企业（Jr，Ahuja，2011）。

对由关系传递形成的关系嵌入问题，众多研究者从不同角度进行了大量研究。首先，是从信任的角度进行研究，嵌入的观点强调，个体间具体的关系及关系结构能促进信任的产生，有效预防欺诈的发生（Granovetter，2004）。因此，企业与企业之间关系能力获取的关键因素，通常被认为是信任（Ahuja，2000）。当交易双方彼此拥有较强的信任程度时，企业就不会仅考虑其短期获取的收益（Gulati，1995）。那些已经在企业间建立信任的合作伙伴，通常希望在契约之外做出额外的努力（McEvily，Marcus，2005）。其次，是从交易成本经济学角度进行研究，交易成本经济学（TCE）解释了市场形势并不总是最有效的治理结构，那些能够提供有效率的交易的组织是某些有别于市场和科层的组织（Rooks et al.，2006）。若要达到降低交易成本的目的，可以通过建立企业，用行政命令的手段来分配生产要素的方式。与之类似，企业可以通过为其他企业介绍其熟知的企业以获得关系嵌入，通过这样的方式使得处在网络之中的企业大大降低交易成本，通过利用已经拥有的信任、精确的信息传递和联合问题解决的安排来制定价格（Uzzi，1997）。再次，是从社会资本角度进行研究：社会资本通常是指，有形的资源或无形的资源，而通过这些资源可以促成企业达到其目标（Gabby，Lenders，1999）。信任通常不能通过企业的制度安排或是社会道德产生，而产生于经济生活中的社会关系（Granovetter，2004）。企业通过关系传递的形式形成关系嵌入，使得企业社会资本的获取途径由原来狭小的企业关系网络逐步发展为广泛的关系网络。最后，是从强弱关系角度进行研究，从强关系的定义出发企业常常会把与其合作的企业关系定义为强关系，把那些与企业仅仅限于认识并未合作过的企业关系定义为弱关系（魏江，郑小勇，2010）。企业间信任的产生得益于企业间的强关系，强关系不仅提高了企业间知识传递的意愿，还增强了企业间的信任程度，加强了传递隐蔽信息的及时性，同时有效地降低了企业的搜寻成本（Larson，1992；Dayasindhu，2002），而企业的弱关系则在对那些新颖的，仅为小范围所知的信息的获取产生显著的效果（Hansen，1999）。

二、基于关系嵌入视角的网络组织演化动因分析

企业的发展是一个连续不断的动态演化过程。伴随着企业间关系的建立、延伸与扩大，企业的网络化发展过程就是网络组织的演化过程，分析网络组织演化，实际上就是对企业网络化的过程进行分析。在这一分析过程中，网络中企业具体行为的发生和政策的制定都受到企业间关系演化的影响。前面已经指出，网络中的企业能够获取网络中发展所需的稀缺资源，都得益于企业的关系嵌入这一行为。所以说，企业在网络中的重要行为方式选择是网络中企业关系嵌入行为的构建与发展的结果。在上文中，分析了企业在网络化进程中的重要机制是企业在其关系网络中获取稀缺资源，因此，企业想要在网络组织中获得成功就要建立可信任并且广泛的关系网络，这也是当前网络组织的战略选择。那么，本章的关键问题在于，企业怎样通过关系嵌入的方式进入网络之中？企业在网络中的发展动力有哪些？企业以关系嵌入的方式进入网络中对网络本身产生了哪些影响？这些是企业关系网络演化所首先要解决的问题。

从社会嵌入的观点来看，在社会网络经济环境中，由于企业是以开放式系统的形式存在而嵌入社会网络之中的，企业要与其所嵌入的关系网络中的

其他企业进行信息交换、资源交流和技术共享等，这些行为的发生积极影响了企业决策行为的实施。对于企业战略的选择以及企业具体行为的实施都是嵌入在网络中完成的，企业嵌入网络的过程如下，在微观层面上，不同的企业在网络中所处的网络位置（network position）各不相同，这种差异的存在对企业关系网络的演化与发展有所影响。约翰逊和马特森（Johanson，Mattsson，1988）的研究中，最先提出了网络位置的概念，并指出"网络位置成为企业在网络中生存发展的重要因素，是由于企业在市场经济活动中的本质是资源积累"。在网络之中的不同时间节点上，企业在网络之中的初始活动使得企业之间都拥有特定的网络位置，而企业在后来的发展中，其所处的特定的网络位置既会对企业的发展方向产生影响，又会限制企业采取某些行为。约翰逊和马特森（Johanson，Mattsson，1988）的研究对企业的宏观位势和微观位势进行了区分。所谓的宏观位势就是企业所属的大的社会文化背景与区域网络环境；微观位势是指企业所嵌入的网络中的网络位置。网络中不同企业所拥有的、有差异的网络位置会对企业的行为产生深刻的影响，企业想要对已有的企业位势做出改变或是维持现有的位势，都是企业制定战略目标的重要参考（Johanson，Mattsson，1988）。

由于企业关系发展的惯性很强，同时企业关系的发展对路径的依赖性也很强，因此，企业关系的发展呈现出很明显的自组织特点（周小虎，2006），在企业关系中存在一种特殊的力量，这种特殊的力量使得企业要么处于嵌入不足状态，要么处于嵌入过渡状态。当企业在网络中处于某一特定位置时，企业关系要么处于持续进化的状态，要么处于持续退化的状态，企业所处的这一特定位置就是企业网络位置的临界点，见图5.1。基于关系嵌入视角的

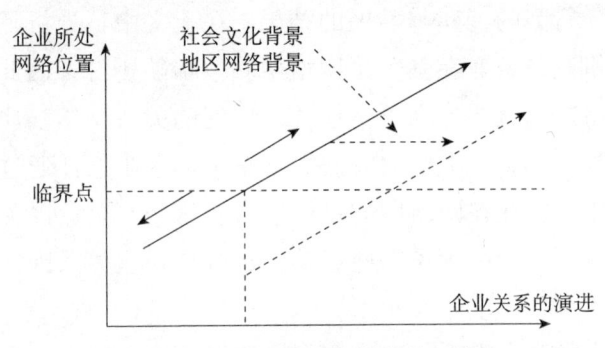

图 5.1　企业网络外部条件与关系演化

网络组织演化要求企业具备一定的网络位置和网络条件，达到这个临界点之后，企业关系的发展会沿着一条较为稳定的路径进行，如果达不到这个临界点，企业关系就会不再发展甚至出现退化。

除此之外，根据企业所处的地区性网络，那些具有地域性文化特征的网络，在很大程度上会表现出集群的特性，嵌入这些地区性网络的个体也以处于这个地区的中小企业为主（邬爱其，2006）。诸如信任、互惠、合作等良好的集群网络条件一旦形成，能够在很大程度上提高企业关系网络的有效性。这也意味着，良好的地区网络和优越的社会条件对于企业关系的发展是有利的，在企业关系发展过程中，企业往往能与当地的其他社会组织形成正向的协同效应。例如，江浙一带的中小企业通过成立商会制定统一的企业行为规范，要求集群内的企业都要遵守这一行为规范，采取一致的行动，共享"集群效应"带来的优势（邬爱其，2006）。

综上所述，企业网络化行为是企业嵌入特定的社会、制度和文化背景的过程，具有社会嵌入性，在这一过程中，商业网络和社会网络相互嵌套和相互促进（Saxenian，1991；李新春，2000）。因此，作为一种经济性和社会性交融的行为，企业关系网络的形成、发展和解体，必然会受到企业所处的社会文化背景的影响。由于企业所处的社会因素对企业的网络关系有一定的促进作用，此时，影响企业关系网络发展的因素已经不仅限于企业的内部因素，还涉及企业外部方方面面的社会因素（邬爱其，2006）。因此，对于企业关系网络的建立与发展，企业所处的宏观社会文化背景起到了巨大的外部推动作用。

三、网络组织演化过程中组织关系的发展演化

处在不同发展阶段的企业在市场中所处的位置（market position）也不尽相同，企业所拥有的市场位置是由企业之前的活动和其他企业的市场活动共同导致的，企业所处的市场位置也会为企业后续网络关系的发展提供种种机会和约束（Mattsson，1985）。企业网络化是一个动态的过程，在这个过程中，企业不断地通过在网络中建立关系、发展关系来调整自身在网络中所处的位置。这一过程由三个阶段完成：首先，企业通过经营扩张，在目标网络中构建与其他企业的关系，并在这一过程中构建自己在网络中的位置；其次，

通过市场渗透，增加企业在已有关系网络中的资源承诺（resource commitments），发展其在关系网络中的位置；最后，企业通过不断调整其在不同关系网络中的网络位置来对企业的资源进行整合。

从关系传递的视角来看，只要企业与其他企业或组织产生了某种连接，并实现了资源的转移，就可以认为这个企业已经开始进入网络化的进程。由此，根据约翰逊和马特森（Johanson，Mattsson，1988）提出的三阶段网络模型，本书新加入一个阶段——关系建立阶段。关系建立阶段是关系发展过程中的初期阶段，具体表现为企业为了进一步网络化经营，与其他企业建立某种网络化的商业关系。这样，加上约翰逊和马特森（Johanson，Mattsson，1988）提出的其他三个阶段，本书把企业网络化的发展划分为四个阶段：关系建立、关系延伸、关系渗透和关系整合，如图 5.2 所示。

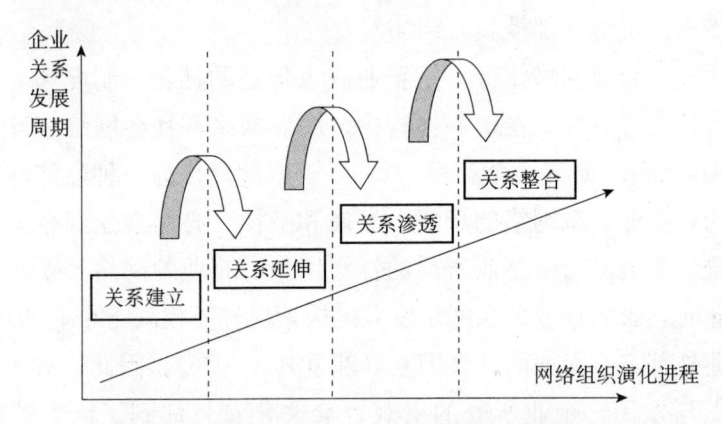

图 5.2　网络组织演化进程中企业关系发展周期

资料来源：本书根据已有研究改进绘制。

第一阶段，关系建立。关系建立是指，企业与其他企业通过各种各样的形式建立彼此的联系，企业通过与其他企业建立联系的方式嵌入网络中，并构建初期自己在网络中的位置。第二阶段，关系延伸。关系延伸是指，企业在想进入的目标市场设立分支企业，并与目标市场的企业发展成合作伙伴的关系，通过这样的方式加入目标市场的网络中，使得企业在网络中的位置在目标市场网络中得以延伸，实现跨网络经营。第三阶段，关系渗透。关系渗透是指，企业与目标市场中企业的关系承诺进一步加深，在目标市场网络中的位置也得到进一步发展。第四阶段，关系整合。关系整合是指，企业以统一发展战略为最终目标，为了对企业的资源进行整合，不断地调整处于不同市场关系网络中的网络位置。

企业处于发展的不同阶段，其网络演化所表现出来的特征不同。相关研究揭示，企业网络演化大致可分为以下三个阶段：①企业家阶段，该阶段企业网络的特征与社会网络的特征相同。②商业起步阶段，该阶段企业网络逐渐具有商业聚焦网络的特征。③商业发展阶段，该阶段企业网络具有与战略网络相同的特征（Butler，Hansen，1991）。

本章认为，在网络演化发展的早期阶段，对于网络演化来说，企业家拥有的社会网络具有十分重要的作用，社会网络是企业获得大量信息和资源的有效保证（Butler，Hansen，1991）。在这一时期，满足个体组织的直接需要和企业经营的需求是社会网络的主要作用，但这并不意味着社会网络对于企业的整体发展不具有影响作用，也不意味着忽略了企业网络的战略意义。企业在发展过程中，会不断地产生竞争者，不断地寻找战略合作伙伴，同时，企业还会在与竞争者和战略伙伴的交流中进行知识的共享、获取彼此的声誉等，具有战略意义和导向的战略网络也是在这一过程中形成的。哈特和赫斯特利（Hite，Herstley，2001）认为，企业网络演化过程的实质是，企业为了适应网络而进行的战略性成长，其最终目的是为了获得企业发展所必需的资源。由此可以推断，企业从诞生到形成企业网络的整个演化过程，是基于企业获取网络化成长所需要的资源的欲望。

四、关系嵌入与网络组织演化的互动

如前所述，从企业关系嵌入角度分析网络组织演化过程，为我们对网络组织演化过程的研究提供了一个不同的研究视角。而过程理论则认为，网络组织演化过程是一个不断积累知识和经验的学习过程。那么，关系嵌入与网络组织演化之间到底具有什么关系？本章认为，企业关系的嵌入与发展和网络组织演化过程，是相辅相成、相互促进的。网络组织演化会使企业的关系网络得到延伸，同样，企业关系网络的延伸也会促进企业更好地发展，企业的关系网络通过资源的获取机制来影响企业的发展。网络组织演化通过关系运作的机制来促进企业关系网络的发展，这些关系运作机制包括关系建立、关系延伸、关系渗透和关系整合四个阶段，企业通过这些关系运作机制使其关系网络得以构建、形成和发展，如图5.3所示。

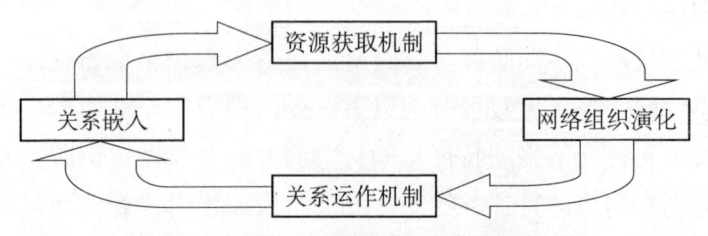

图 5.3 关系嵌入与网络组织演化的互动机制

根据约翰逊和瓦伦（Johanson, Vahlne, 2003）的观点，当企业遇到市场障碍时，可以利用关系来扫清市场障碍。传统的网络演化观点和网络模型之间最大的不同并不是网络组织演化过程的性质，而是如何定义网络组织演化行为的性质。传统的网络演化观点认为，交易是网络组织演化的动力；而网络模型认为，关系是网络组织演化的动力，这两种定义的不同是它们对企业市场选择产生根本差异的主要原因。从以上分析可以得出，网络组织演化可以看作是企业在网络中构建网络位置、发展网络关系、不断地调整自身在网络中所处位置的过程。因此，当企业的关系网络与其他企业建立起了某种联结时（即嵌入关系网络），网络组织演化过程便开始了。从这个意义上来讲，企业在与其他企业发展商业关系的同时，便开始了企业的网络化过程，而关系的扩张可以看作是企业在现有的企业关系和企业自身在网络中所处位置的基础上，进一步发展企业的关系网络并调整自身在关系网络中所处的网络位置，将企业关系网络不断延伸的过程。

在企业网络化进程中，企业对于资源的获取，尤其是对于知识的获取，给了我们很大启发。网络组织模型（Johanson, Mattsson, 1988）认为，网络中个体组织初期的一系列市场活动会使企业以及企业所处关系网络中的其他成员在网络中所处的位置受到影响。而过程理论认为，企业是为了学习和获取知识才进行诸如市场投入和市场承诺这些市场活动的。不断积累的经验知识通过对网络组织的进入模式、目标市场的选择和企业的市场扩张战略产生影响，来推动企业的网络化进程。因此，经验知识通过影响企业市场承诺的方式使企业与其他企业的关系得以发展，并使企业在网络中所处的位置得以改变。也就是说，企业关系网络的发展和网络位置的改变，可以看作是企业知识经验积累的结果。如果说，一般性知识推动了企业关系网络的发展，那么，对特定市场知识的积累，使得企业更有信心增加市场的资源承诺（resource commitments），从而使企业在关系网络中的位置得到更好的发展。

五、关系嵌入影响网络演化的内在机理

前面对企业关系嵌入是如何影响网络演化的内在机理做了比较深入的分析，认为企业获取网络中所需的资源实质上就是网络组织演化的内在机理，因而可以把网络资源加入资源分析的框架中。在对网络组织理论或是社会资本的研究中，也有很多文献提出了这一思想。比如，在网络组织内部，企业可以利用社会资本提高其发现市场机会的能力，并更加有效地识别、收集和配置稀缺资源（Uzzi，1999）。对企业来讲，企业间关系是具有十分重要意义的资源，一方面，它可以在企业内部增加员工与部门间的协作；另一方面，在企业之外，可以为企业带来更多的关系从而为企业提供所需的资源（Putnam，2000；Adler，Kwon，2002）。利用已有的关系，企业可以在企业之外获取技术创新所需要的资源，比如，信息、知识、资金和人才等（姚小涛，席酉民，2003）。上面论述的内容说明，企业间关系只是网络组织演化的充分条件，并没有说明企业关系对网络组织演化的必要性，这一点可以通过资源依赖理论得出。

开放系统的观点作为资源依赖理论的源泉，明确了企业是从其赖以生存的环境中获取资源的。企业从企业外部获得的资源是企业生存和发展的必要条件，这也是资源依赖理论所关注的重点。它源自两个假设条件：一是企业不可能完全提供其日常运营所需的各种资源；二是企业日常的运作是由多种不同的活动组成的，而这些活动有些是在企业外部完成的，有些是在企业内部完成的。这两个假设条件的提出说明了企业的生存，一方面，要依赖环境以求得资源获取；另一方面，还需要其他组织的活动来配合。正是由于这种对外部资源的渴望，使得企业特别重视其所在的环境，因此，企业的结构、功能和未来的发展状况受到了所处环境的限制。为了能够控制这些外部的依赖关系，资源依赖理论认为：首先，要想降低这种外部依赖带给企业的不利影响，企业就要掌握控制企业所需的关键资源。其次，要想提高对其他外部组织的控制，即提高其他企业对自身的依赖程度，企业就要占有更多的资源（邵兵家，邓之宏，李黎明，2005）。总而言之，企业为了降低对其他组织的依赖程度，同时提高其他组织对自身的依赖，就要努力提高自身的能力。通常，当一个企业意识到自身没有足够的资源来稳固已有的地位时，就需要更多的企业联盟来获得必要的资源，这是企业习惯使用的策略（费显政，2005）。企业只有处

理好与外部组织（如其他企业、客户、政府部门等）的有关资源交流的问题时，才能提高企业获取资源的能力，从容应对环境带来的不确定性并降低对外部的依赖。当面对所处环境的不确定性和对外部组织的依赖时，企业只有不断地调整自身状态和行为模式，才能方便地获取和维持这些来自外部环境的资源（费显政，2005）。所以，作为企业外部生存环境的体现和载体，企业关系在资源依赖理论的视角下是作为网络组织演化的必要性存在的。综合上述观点，企业关系与网络组织演化之间呈现出充分必要的关系。

网络组织模型（Johanson，Mattsson，1988；Johanson，Vahlne，2003，2006）中一个最基本的假设就是网络内其他企业所拥有的资源影响企业的发展，企业必须借助网络中的位势去取得外部资源。巴内等（Barney et al.，1991）将企业资源划分为物质资源、人力资源、财务资源和组织资源四大类。米勒（Miller，1996）又把企业的资源划分为知识资源和权利资源，前者指的是企业目前所拥有的技术技能和没有具体形态的知识资产，后者指的是人力资源、财产资源和物力资源等。在国内，学者们对资源也有一定认识。刘预（2008）对资源的定义是企业拥有的或能够支配的，能够实现企业战略目标的各种要素以及要素的组合，并将企业资源划分为知识性资源与运营性资源两类。张方华（2006）将资源获取分为信息获取、知识获取和资金获取三个组成部分。

英克彭和曾（Inkpen，Tsang，2005）等利用网络来衡量企业结构嵌入的程度，指出网络中某个企业与其他企业联系的数量越多时，该企业所嵌入的网络组织就越容易影响企业的决策行为，同时，企业也会比较容易获得和使用其所嵌入的网络组织中的资源。网络本身就是一种社会资源，除了具有配置社会资本的作用之外，还可以促进企业对新知识的获取并提高其能力以影响创新绩效。扎赫拉（Zahra，2002）等认为，企业对新知识的获取是一种动态能力，指的是企业通过对知识的获取、整合、吸收、使用等一系列过程来发展企业的动态能力，根据企业的知识吸收能力对竞争优势的影响，可以将企业对知识的吸收能力划分为潜在的吸收能力和实际的吸收能力，前者包括对知识的获取能力，后者包括对知识的利用能力。

此外，企业拥有的良好声誉能够帮助企业的客户对其形成较好的印象，例如，对企业的诚信、友爱和公正等信任感知能够帮助客户对企业形成依赖。当一个企业拥有良好的声誉时，客户对它的信任水平有显著提高（Doney et al.，1997）。对企业来说，构建稳定的声誉是比较困难的，又是比较耗费时间和精力的，并且需要进行不间断的维护与经营；另外，已经获取的声誉又极其容易受到损害，企业细小的失误就有可能使之前的所有努力付之东流。所以，那些拥有良好声誉的企业不会因为短期利益或是机会主义行为而放弃之前的努力和对声誉获取过程中已经产生的大量投资成本（Telser，1980）。

在网络演化过程中，企业尤其是中小企业为了提高绩效，往往通过不断与网络中其他企业产生联结的方式来提高绩效。学者们从理论上提出（Oviatt，McDougall，2005；Johanson，Vahlne，2006），并通过实证分析发现（Yli-Renko et al.，2002；Sharma，Blomstermo，2003）关系网络对企业绩效具有正向作用（Sharma，Blomstermo，2003）。由于中小企业和新创企业要承受创新带来的困难，因此，对这些企业来说，关系网络和社会资本就显得特别重要（Aldrich，Auster，1986；Stinchcombe，1965）。企业社会关系资本通过促进企业商业关系学习（Johanson，Vahlne，2003）和发展组织内与组织间关系（Yli-Renko et al.，2002）来缓和网络组织演化过程中存在的外来性（foreignness）。尤其是，对新创企业的绩效而言，社会资本与关系网络起到了积极的影响（Jones，Coviello，2005；Oviatt，McDougall，2005；Johanson，Vahlne，2003，2006）。

网络组织演化实质上就是网络中的企业之间关系的不断复制与重构，资本得到不断积累的过程（林南，2002；Granovetter，1973）。所以说，网络组织的演化应该是企业通过不断的复制和重构网络关系，增加网络资本，并使其在网络中的位置得到不断调整的过程。这一过程可以用图5.4来展示。

通过已有的网络关系，企业能够从网络中获取利益，使企业发展所需要的资源得到不断积累。作为网络中的节点，企业具有自主学习的能力和从网络中获取利益的强烈愿望，进而通过不断地与那些拥有丰富资源的企业建立联系，并在建立联系的过程中获取知识、信息、声誉等，持续地积累资源与能力，调整自身所处的网络位置，丰富其网络资本，最终影响整个网络组织的演化过程。

网络可以为企业带来诸如知识、信息及声誉的提升。企业建立关系及重构网络关系的目的在于获得网络带来的利益，为自身增加网络资本。企业在网络中获得网络利益的同时，还需要对网络关系的建立与维护付出一定的维持成本，当企业维持这种网络关系的成本不足以弥补其带来的利益时，企业就会选择淘汰或是降低这种网络关系，也就是关系的断裂。另外，企业为了保持在网络中的竞争优势,将会选择新的合作伙伴,建立新的网络关系,在不断地建立新关系、淘汰旧关系的过程中获得最大收益。

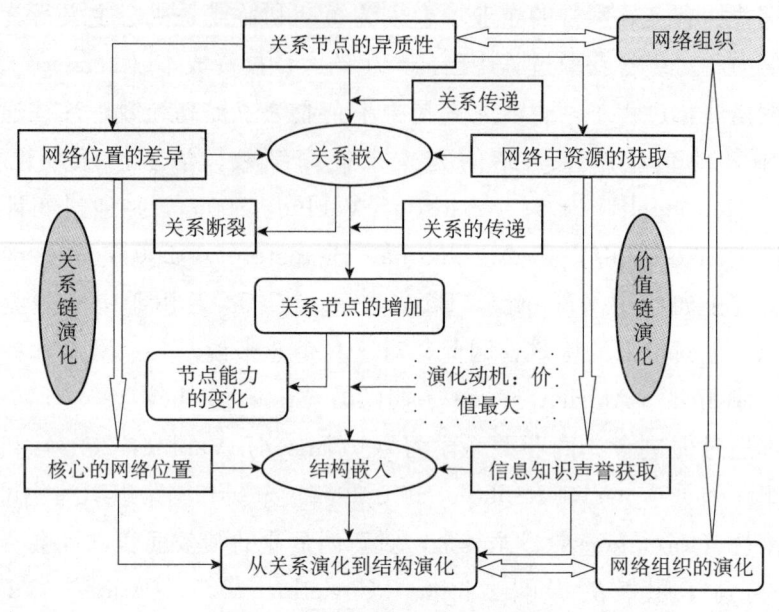

图 5.4　网络组织演化理论模型

资料来源:依据杨桂菊.基于社会资本理论的网络组织演化机制新阐释.软科学,2007,21(4):5-8.的基本模型,结合本章研究内容绘制。

网络演化的实质,是企业通过合作伙伴间的相互学习、积累资源来增加网络资本的过程中,不断地建立、重构网络关系,不断地调整其在网络中的位置以达到收益最大化。这一过程体现在两个方面:首先,是网络中的企业自身拥有的资源和能力的改变;其次,是企业在网络中位置的变化。但企业自身拥有的资源和能力的变化与网络组织关系的实质变化并没有必然的关系,即前者的变化不一定必然导致网络组织演化。只有当企业拥有的资源和能力积累到一定程度,企业与周围的企业关系自然发生改变,并促使企业在网络中的位置发生根本性的变化时,才能促使整个网络发生演化。

企业获取网络利益能力的不同取决于它所处的网络位置,获利较大的通常是与网络中其他企业联系较为紧密的企业,这些获利较大的企业为了使目前这种优势得到维持并发展,会对这种关系进行强化复制。与处在网络非核心位置的企业相比,处在核心位置的企业获得较大利益的可能性会更大,这是因为这些企业处在网络的核心位置,他们更有机会获得有价值的信息,而且能够减弱其他组织对它的不利影响。所以，企业在利益最大化动机的驱使下，总是不断地向网络中的核心位置演化，即达到一种相对稳定的结构嵌入状态。因此，企业的网络位置会对企业网络演化的路径产生影响，企业要在加强现有的有利的网络关系的同时，向着网络组织的核心位置演化。

最后，企业所处的网络位置最终会影响整个网络演化的过程，企业从网络中关系稀疏的地带向关系稠密的地带转移，正是出于利益最大化的动机，可以获得更大的利益。但是，需要注意的是，网络组织的位置不一定是网络组织演化的唯一因素，还可能是其他原因引起的演化。网络中是否具有丰富的资源，会对网络中的企业能否与周围的节点企业建立关系产生重要的影响。因此，网络组织演化的根本动力，应该是那些嵌入在网络中的资源。只有当网络具有非常丰富的资源时，处于网络中的企业从关系稀松的地带转向关系稠密的地带才有意义。如果企业内外部的网络资源发生了改变，恰巧这种改变又使企业获取的网络利益受到了影响，企业间的合作关系就会产生改变，如果这种关系的改变会给企业带来更大的收益，企业就会强化这种关系，反之，企业会弱化这种关系。

第二节 理论假设

在本节中，企业在网络中获取的信息主要指的是，企业目标市场信息、企业间的商业合作信息和政策信息等。在现代市场经济的背景下，市场中的企业面对同一市场，但在这个市场中每个企业获取信息的能力有所不同。这种能力受到诸如企业智力资本、物质资本、人力资源、企业文化等企业内部因素的影响，还受到诸如企业与信息源之间的关系等外部因素的影响（张方华，2006）。企业为了提升获得新知识和学习新技术的能力，先要做的是增加企业获取新信息的途径和来源，同时还要对获取的信息进行适当加工，以确保获取的信息准确、及时，这对提升企业获取新知识和新技能的能力具有积极的意义。在整个网络组织中，企业间关系的存在对促进信息传递效率具有积极的正向作用。伍兹（Uzzi, 1997）对服装产业的研究表明，网络中的社会资本有利于网络中信息传递效率的提升，网络组织成员对市场环境的预测能力具有明显的改善，网络中的技术扩散速度也得到了有效地提高。因此，通过构建外部关系网络来强化企业与外部组织以及网络之间的关系，不仅可以为企业及时、准确地了解市场信息、行业技术发展方向、掌握客户需求的变化，发掘市场机会提供重要的路径，而且，最重要的是对提高企业获取信息的能力具有显著的作用（边燕杰等，2000）。根据以上分析，本部分就关系嵌入与企业信息的获取提出以下假设：

H1：基于关系嵌入形成的企业关系网络与企业网络化信息资源的获取存在正相关关系。

已有研究表明，在企业进入网络的方式和过程中，已存在的经验、知识起着决定性的作用，同时，企业从其所拥有的关系中获取经验、知识是网络演化的重要机制。在企业的关系网络中，通过存在于企业间的信任与互动能够使企业获得企业网络化过程中所需的经验知识，在这一过程中，企业还可能创造出新的知识，通过这一形式企业将获得更多的获利机会。总之，具有大量网络联结的企业，在获取市场与网络化运营知识上具有明显的优势。斯莱特和奈沃（Slater，Narver，1995）研究发现，企业获取新知识的方式还包括获取网络内其他企业的间接经验，包括标杆学习（benchmarking）、战略联盟、创建网络及与领先客户合作等。比如，企业在进行标杆学习时，选择的学习对象主要是在网络中处于领先地位的企业，通过对标杆企业的学习，发现自己的优劣势，有助于企业扬长避短。因此，优质的社会资本可以有效地提高企业获取新知识的能力，对企业创新绩效的提高具有积极正向的作用。企业长期建立与维护的关系资产，如企业间的相互信任，使得合作的企业之间更愿意向对方提供有价值的知识（Tsai，Ghoshal，1998）。

关系嵌入指，企业通过关系的构建对资源的创造和利用，比如，企业间的信任、企业规范和认可等属性。信任对于合作伙伴之间对机会主义行为的担心起着弱化的作用（Bradach，Eccles，1989）。麦多克（Madhok，1995）把信任分为两部分，结构部分和行为部分：前一部分由相互质押（hostage）产生，后一部分指，合作企业的双方对彼此可靠性和真实性的信任程度。古拉蒂（Gulati，1995）从基于戒备的信任（deterrence-based trust）中划分出基于知识的信任（knowledge-based trust），前者从企业功利角度出发，认为交易的双方存在交易成本，因此，彼此之间不会产生机会主义行为；后者是在合作企业间的相互交流与学习中逐渐发展起来的相互公平规范的信任。规范行为代表了社会整体对期望行为的统一认识（Nahapiet，Ghoshal，

1998)。众多研究成果都支持信任对企业联盟绩效具有重要意义,认为合作企业间的相互信任是其长期合作与企业间有效关系的基础(Buckley,Casson,1988;Gulati,1995)。拉森(Larson,1991)认为,成功的企业联盟主要取决于相互信任而非正式的契约。企业间知识交换的先决条件就是信任,学者们和企业家们通常认为网络组织中的企业能够为其他企业分享其隐性知识的条件就是信任(Oliver,2002)。合作企业间对彼此的信任程度越高,企业获取的知识量就越大(Ring,Van De Ven,1994;Dyer,Singh,1998;Lane,Lubatkin,1998)。科恩和莱温特(Cohen,Levinthal,1990)的研究显示,企业只拿出了部分知识与其他企业共享,同时企业还拥有一些独有的知识。企业所拥有的共享知识与独有知识共同构成了企业的知识结构,对企业在网络中的知识获取能力产生影响。莱恩和鲁巴特金(Lane,Lubatkin,1998)提出,当信息发送企业为信息接收企业传递信息时,若接收信息的企业能够理解发送信息的企业所发出的信息,学习就会更加容易。根据以上分析,本部分提出以下假设:

H2:基于关系嵌入形成的企业关系网络与企业网络化知识资源的获取存在正相关关系。

网络环境是复杂多变的,环境的不确定程度越大,网络内的企业对其声誉也就越关心,声誉在此时的作用尤为重要(Kreps,Wilson,1982)。对企业声誉的研究正在成为战略研究者们研究的重点内容之一,在美国几乎全部的企业管理者们都把声誉放在企业管理的首位,并认为企业成功的最重要因素是声誉(Dunbar,Scbwalbacb,2000;Hall,1992)。罗(Rowe,1989)在其研究中也指出,精于算计的企业为了建立其他组织对其信任的声誉,将认真完成它的承诺,并借助这一方式扩大盈利性交易的选择范围。因此,交易主体对自身声誉的看重,将有助于企业间信任关系的构建,并有效地减少由信息不对称带来的各种成本。从短期看,采取机会主义行为的企业有可能获取利益,但从长期来看,采取短期投机行为的企业必将为此付出更大的代价。所以说,企业的声誉对于企业间合作关系的稳定具有积极的作用,它不仅可以有效地阻止合作过程出现的欺诈行为,还能提高双方的潜在收益。声誉作为企业的一种无形资产,对整合网络的人力资本、集聚社会资本起着积极的作用,同时,对网络企业间的稳定合作关系具有重要的作用(卢福财,胡平波,2005)。声誉机制,一方面,增强了网络中企业间互动的有效性；另一方面，降低了网络中成员行为的不确定性（卢福财，胡平波，2005）。因此，网络中的企业通过不断的积累声誉资源增加其他企业对其信任的程度，减少网络化过程中所产生的交易成本。根据以上分析，本部分提出以下假设：

H3：基于关系嵌入形成的企业关系网络与企业网络化声誉资源的获取存在正相关关系。

企业作为向社会提供产品或服务的主体组织，是整个经济社会系统中的子系统，其网络化过程要受到市场因素的种种限制。通过获取大量的市场信息、技术信息及政策等方面的信息，企业才能对市场环境的变化做出准确、及时的判断，降低决策行为带来的风险，使得企业获得成功。企业在不断嵌入网络以进行网络化的进程中，同样是企业逐步减少这些不确定信息的过程（Johanson，Vahlne，1977）。在这一过程中，企业尽可能多地收集信息并对这些信息进行科学的处理与分析，这一收集信息的过程也是企业学习的过程。

除此之外，企业在网络环境之中信息的获取就显得更加重要了，企业能够把握市场中转瞬即逝的机会依靠的是信息，这种市场机会是市场发现（market discovery）和机会创造（opportunity creation）两个理论的核心概念（Meyer，Gelbuda，2006）。贝尔（Bell，1995）对小型软件企业的研究显示，为了实现国际化企业通常选择直接进入新的市场，他认为能够解释这种现象的理论便是网络的观点。企业通过关系网络获得信息、辨别市场机会、整合网络资源并对资源进行创造性组合，并由此产生企业所处网络中的优势地位。根据以上分析，本节提出以下假设：

H4：企业在网络化过程中的信息资源获取，对企业网络化绩效起显著的中介作用。

企业在网络化过程中会遇到各种困境，企业的知识作为企业行为决策的基础，是企业对困境的处理及决策以及对所处市场环境与行为绩效判断的重要依据。最常见的，这些知识是指，那些"与现在和将来供需、竞争、分销渠道、支付条件和货币可转让性，以及那些因时空不同而不同的事情相关"的知识（Carlson，1974）。约翰逊和瓦伦（Johanson，Vahlne，1977）沿用了彭罗斯（Penrose，1959）的知识分类方法，将这种知识分为客观知识和经验知识。"客观知识可被教授，经验性知识只能通过个人经历获得。对于经验性知识，只能通过企业的实践即'干中学'获得"，而且"经验知识本身不能传输，它存在于特定行为人的头脑中且不能与该行为人分离"。"那些与市场特定环境联系紧密的通常是商业性经验知识,这种知识只能在某些特定的市场环境中得到利用"(Johanson,Vahlne,1977)。实际上,过程模型理论者认为,获取经验性知识是企业网络化进程中最重要的知识,而企业的经验知识的获取不像客观知识那么容易。在企业经营中,企业常常拥有对于企业行为的通用性基础知识,在这些基础知识上,企业可以不断地增加个人、组织和市场经验(Johanson,Vahlne,1977)。

在关系嵌入的视角下,企业在进入网络的过程中,会与网络内的合作伙伴以及合作伙伴所嵌入的市场网络进行互动交流,这种交流为企业在目标市场中获取特定的商业知识和制度知识提供了机会。当企业在目标市场中的潜在网络规模越大,其获取的商业知识和制度知识就越多,从而有利于企业经验知识的累积。尽管如此,指导企业进行具体实践的运作知识却并不能简单地从其关系网络中获得,企业只有在"干中学"的实践中并对商业知识和制度知识转化之后才能获得,这种运作知识构成了企业所需经验知识的核心内容。根据以上分析,本节提出以下假设:

H5:企业在网络化过程中对于知识资源的获取对企业网络化绩效起到了显著的中介作用。

企业的良好声誉往往会对那些尝试进入本行业的企业造成进入壁垒。在行业内,由于市场中的其他组织,如客户群体、供应商及一些合作企业对那些具有良好声誉的企业比较认可,在长期的关系行为互动中,他们对这些声誉良好的企业产生了忠诚,这样一来,使得其他想要进入该行业的企业要为此付出更大的成本、冒更大的风险。因此,可以说企业的声誉资源有益于企业构建其竞争力。从消费者的视角来看,具有较好声誉的企业对消费者来说也是有吸引力的,对谨慎的客户来讲,与信誉良好的企业交易节省时间,降低交易成本。同时,声誉较好的企业还能对企业新产品的销售和开拓市场产生积极的意义。从供应商的角度来看,具有良好声誉的合作对象意味着彼此相信对方会以一种可信赖的方式行事,这样一来,有益于增加彼此合作的机会与频率,提高交易质量(宝贡敏,徐碧祥,2007)。

此外,企业的声誉资源通过以下几个途径对企业网络绩效产生正面的作用。一是信息效应。从信息传播的角度,声誉信息理论研究了声誉的价值及传播机制等问题,重点在声誉的信息效应。声誉信息在企业相关者之间流动与传递，对信息失真起到了很好的抑制作用，有效地增加了企业在网络化过程中的交易透明度，降低了企业间的交易成本。克雷普斯和米尔格罗姆（Kreps，Milgrom，1990）发现，企业的声誉信息有助于企业从远离自己的区域辨别谁才是值得信赖、可以合作的伙伴关系。二是企业的财务状况。科赫（Koch，1994）对《财富》杂志企业声誉排名居前的企业进行的研究表明，在相同的企业规模下，声誉排名越靠前的企业利润就越高。黄晓红（2005）的研究也指出，相比拥有一般声誉甚至是没有任何声誉的企业，那些拥有较好声誉的企业成长性较好，尤其是稳定的成长性。三是企业的财务绩效，相比声誉一般的企业，具有良好声誉的企业其财务绩效表现也较好。根据以上分析，本节提出以下假设：

H6：企业在网络化过程中对于声誉资源的获取对企业网络化绩效起到了显著的中介作用。

根据上述假设，本章的研究框架，如图 5.5 所示。

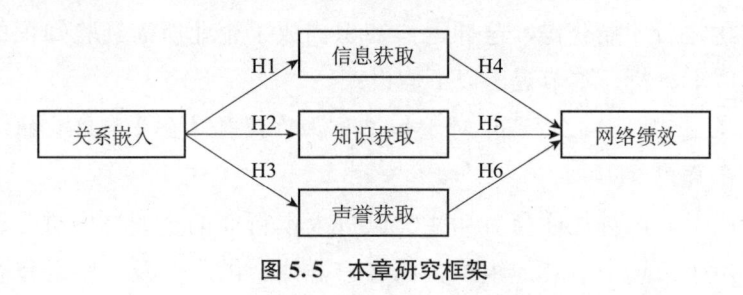

图 5.5　本章研究框架

第三节　研究设计与模型检验

一、研究方法与设计

本节对拟采用的方法论进行了重点阐述，并对本章的实证结果进行分析，以保证根据概念模型设计的实证研究的有效性。为了验证本章提出的假设，在总结以往研究成果的基础上，对某市高新区企业进行了访谈和问卷调查，调研数据最终用于度量本章中涉及的相关变量。下面，我们将从问卷的设计和发放、数据的收集和处理、变量的测量和验证等方面介绍本章所使用的方法,并对本章的具体实证分析进行详细阐述。

(一) 研究对象的选择

为了达到实证研究的要求和目的,本章的研究对象是某市高新区企业,共发出调查问卷481份,收回305份,有效问卷191份,总体问卷回收率是63.4%,有效回收率为39.7%。本章选择某市高新区的企业作为主要研究对象,区内现拥有各类企业三千多家,企业涉及机电制造业、生物医药、化学工业、出口加工、教育培训、模具制造、环保产业、高新产业等多个领域。

本章所采用的是配额抽样的方法,它是非随机抽样方法中与分层抽样方法相对的一种抽样方法。之所以不采用分层抽样,是因为分层抽样在对样本进行划分时,只按照样本的某一个特征进行划分,这样的抽样适用于简单的抽样调查,不适合本章这样的复杂抽样。进行配额抽样之前,需要依据所调查样本企业的性质、所属行业分类、企业的规模等特征将样本进行分层,然后,将这几个特征交叉起来确定样本,根据分层进行配额划分和比例控制,这样选出来的样本才能够达到抽样调查的目的。此外,在进行配额抽样时,我们对调查人员和调查过程进行了严格控制,以使配额抽样的结果与概率抽样的结果非常接近 (McDaniel,2002)。

(二) 问卷设计过程

本章采用问卷调查的方式进行数据收集,原因在于本章属于企业层面的研究,无法从公开的资料中获得所需要的数据。在进行题项设计时,考虑到单个题项通常只能对简单狭窄的概念进行度量,复杂的概念往往需要从两个题项甚至更多的题项进行度量。因此,为了提高度量的信度和效度,我们对研究中涉及的解释变量、中介变量和被解释变量进行度量时,都设计了多个题项。

根据邓恩和斯科尔 (Dunn,Seaker,1994) 的建议,题项的设计遵循以下步骤:(1) 阅读已有文献,在总结以往文献和企业调查经验的基础上形成初步调查问卷;(2) 与学术界的专家讨论以对具体题项进行修改;(3) 与企业界的专家讨论继续对题项进行修改;(4) 采用预测试的方式对题项进行进一步优化。通过以上4个步骤形成最终调查问卷。根据上述建议,本章调查问卷的设计经历了以下阶段:(1) 研究获取的文献资料。通过研究国内外关于企业网络、社会资本、企业网络化、网络演化等方面的文献资料,借鉴与本章相关的内容,结合本章采用的企业外部关系网络的视角,设计相关题项,形成调查问卷初稿。(2)团队讨论。将调查问卷初稿在学术团队开展学术交流时进行讨论,请团队中的研究者对调查问卷初稿中题项的设计、措辞的运用、问卷的格式等方面提出自己的见解,根据团队专家的意见对调查问卷进行修改,并形成调查问卷的第二稿。(3)实地访谈。与4位来自被调查企业的高管(经理及以上职位)进行交流,对研究中涉及的诸如模型的效度和怎样对企业的外部关系网络进行度量等重要问题寻求他们的意见,根据企业高管的意见对调查问卷进行进一步修改,在此基础上形成调查问卷的第三稿。(4)预测试。邀请上述4位高管进行预测试,根据他们所提出的意见与建议,对调查问卷中具体表达进行再次修正,并形成最终的调查问卷。

(三)数据的收集

本次调查问卷的发放对象,是至少有50名员工且存续3年以上的制造业企业。关于调查问卷的目标填写人,考虑到企业的中高层管理者对调查问卷中涉及的企业实际情况会比较熟悉,我们选择企业的高管或者对企业外部关系网络较为熟悉的营销经理作为本次调查问卷的发放对象。同时,为了保证调查问卷的回收率和企业提供信息的准确性,本章主要通过当面填写问卷、由联系人发放问卷、电话访谈和邮件往来等高效率的方式对目标调查企业群体的高管进行调查,具体操作如下:

第一,作者对目标调查企业进行实地走访,发放和收回调查问卷。由于本次调研的内容和对象的特殊性,调查问卷的发放和回收会存在一定困难,为了能够获得第一手相对准确的资料,保证本次问卷调查的质量和效率,作者先联系了某市高新区管委会,在获得高新区管委会支持以及其工作人员的协调之下,于2015年7~8月,2017年1月,先后在某市高新区开展了为期60天的实地走访和调研。调研期间,一共走访了50家样本企业,发出调查问卷50份,收回47份且全部为有效问卷。在进行实地走访和调研过程中,作者又与受调研企业进行协商,通过受调研企业的介绍,间接发出问卷15份,收回13份,有效问卷11份。通过这两种形式的调研,一共发出调查问卷65份,回收60份,有效问卷58份,问卷回收率与有效问卷率分别为92.3%和89.2%。

第二，通过联系人发放和回收调查问卷。利用同学关系联系到两名某市高新区的政府机关工作人员作为本次调研的联系人，将打印好的纸质调查问卷和调查问卷的电子版一并交给联系人，请其在工作中以他们的名义将问卷发放给目标调查企业，由目标调查企业填写后进行回收，纸质收回的调查问卷是由作者取回，电子邮件收回的调查问卷由两名联系人转发给作者。利用这种方式发放和回收调查问卷经历了以下两个阶段：首先，由联系人将问卷发放给目标调查企业，在发放调查问卷的同时，提醒被调查企业尽快填写调查问卷并交回。其次，两周之后，作者根据调查问卷的实际回收情况与两名联系人进行电话联系，委托他们对没有进行问卷填写的企业和填写不规范的企业进行再次沟通，督促被调查企业完整填写问卷并及时交回。总共发出问卷 100 份，收回问卷 57 份，有效问卷 45 份。除此之外，利用在某市生活的便利条件，发动各种朋友关系，通过电子邮件的形式发出调查问卷 50 份，收回问卷 41 份，有效问卷 34 份。这两种方式总共发放调查问卷 150 份，回收问卷 98 份，有效问卷 79 份。

第三，利用电子邮件和电话联系的方式来发放并收回调查问卷。作者通过在互联网查找、拨打查号台进行查询等方式，获得了 266 家目标调查企业的联系方式，在 2015 年 7 月和 2017 年 1 月集中向这 266 家目标调查企业通过电子邮件发放了调查问卷，并在调查问卷发放之后，电话联系目标调查企业的联系人，希望他们可以填写本次问卷并对他们表示感谢。为了提高问卷的回收率和有效率，作者在通过电子邮件发放调查问卷时，直接将问卷放在电子邮件的正文，而不是以附件文档的格式发放调查问卷，即便如此，通过这种方式发放的调查问卷的回收率和有效率也是很低的。这种形式总共发出问卷 266 份，回收问卷 147 份，有效问卷 54 份。各形式的问卷发出数量与回收数量，见表 5.1。

表 5.1 问卷发放和回收情况

发放和回收方式	发放数量（份）	回收数量（份）	有效样本数量（份）	有效问卷率（%）
实地走访	65	60	58	89.2
联系人发放问卷	150	98	79	52.7
电子邮件发放	266	147	54	20.3
合计	481	305	191	39.7

（四）变量的测量

各部分的测量指标的理论来源，在本节理论分析部分已经阐述。各变量指标的测量条款是在借鉴已有的国内、国外研究成果的基础上，结合本章的实际研究对象，进行了必要的修正和补充而形成的。下面，将分别对解释变量，即企业关系的三维度（关系维度、结构维度和认知维度），被解释变量（企业的网络化绩效），中介变量（信息资源的获取、知识资源的获取和声誉资源的获取）的度量问题进行说明。

1. 解释变量

（1）企业网络关系的关系维度。

企业外部资源的关系维度越高，企业在利用内外部关系进行信息和知识的交换与转移时的困难就越小。交往双方的彼此信任，可以降低交往双方对对方可能的机会主义行为的忧虑（Bradach，Eccles，1989；Gulati，1995；Zaheer，McEvily，1998）。彼此信任构成了双方持久交流和有效联系的基石。伊利-南柯等（Yli-Renko et al.，2001）通过以下三方面的问题来测量企业与其重要客户之间的关系程度：①在关系网络中，双方基本不会提出损害对方利益的要求；②在关系网络中，假使存在一方有可以利用对方的机会，也不会采取利用的行为；③对于那些重要的客户而言，企业会严格遵守他们做出的承诺。对信任维度的测量主要参考了布格尔斯迪克等（Beugelsdijk et al.，2003）的研究，通过以下5个问题进行：①会与合作伙伴交流机密的信息；②合作的企业彼此认为对方是值得信赖的；③合作的企业彼此履行了所做出的承诺；④我们不会对合作企业提供信息的准确程度提出怀疑；⑤对合作伙伴所掌握的技术很了解并且有信心。对部门之间的信任水平可以参考蔡和戈沙尔（Tsai，Ghoshal，1998）的研究结论：①请列举出哪些部门是你认为值得信赖的，这个部门在任何时候都不会利用你和你所在的部门；②哪个部门的人员通常能遵守对你所做的承诺。

通过以上分析，本章决定采用李克特7级打分法，通过以下3个问题来度量企业外部社会资本的关系维度：①双方在合作过程中对对方是认可的；②双方在合作过程中对对方是信任的；③双方在合作过程中建立了互惠规范。这3个问题都各分配了6个二阶因子选项。

（2）企业网络关系的结构维度。

网络联系能够为企业带来信息收益，联系双方的交互程度体现在企业之间内外部联系的频率上（McFadyen，Cannella，2004），通过企业与对方联系的紧密程度和联系的次数，可以体现出企业与对方的了解程度（Granovetter，

1973；Uzzi，1996；Hansen，1999）。伊利-南柯等（Yli-Renko et al.，2001）在研究重要客户是如何利用社会资本对知识进行获取和利用时，用以下两个方面对社会资本的交互作用进行度量：①我们与重要客户之间的社会关系是持续、紧密的；②我们对重要客户的员工在个人层面上是了解的。蔡和戈沙尔（Tsai，Ghoshal，1998）在马斯登和坎贝尔（Marsden，Campbell，1984）研究的基础上对企业内网络是如何贡献于价值创造的研究中，从以下两个方面度量了企业内部社会资本的结构维度：①在进行社交活动时，哪个部门的人和你联系最多；②哪个部门是与你的部门联系最为紧密的。

　　结合前文做出的理论研究和分析，本章从企业的内、外部网络2个层面来对企业关系网络的3个维度进行度量。企业的外部网络联系可以概括为以下3种：①与企业所在网络之外的客户群体、供应企业以及其他企业之间的联系；②与网络外的政府部门、行业协会等公共部门的联系；③与网络外的中介机构和咨询机构等的联系。企业的内部网络联系同样可以概括为3种：①与企业所在网络之内的客户群体、供应企业以及其他企业之间的联系；②与网络内的政府部门、行业协会等公共部门的联系；③与网络内的中介机构和咨询机构等的联系。企业需要一定的时间才能形成自身的关系网络，并且随着时间的增长，企业与关系网络中其他企业之间的信任也会逐渐增加，与关系网络中其他企业之间的相互关系也会逐渐趋于稳定，但是，收益的显现却要经历很长一段时间（Leenders，Gabbay，1999；周小虎，2006）。现实中，企业网络化绩效受到企业关系网络的影响，这种影响具有时滞性特点，因此，本章对于企业关系网络对企业网络化绩效影响的测量采用的是2012~2014年的平均情况。之所以采用3年的数据，是为了在长时间可以测量到变化和在短时间能够得到有用的数据之间取一个折中值。当调查受到制约时，这种折中方法被认为是最好的方法（Cooke，Clifton，2002）。本章采用李克特7级打分法，通过以下3个问题来度量企业外部关系网络的结构维度：①网络联系的规模；②网络联系的密切程度；③网络联系的稳定性。对这3个问题，本章又各分配了6个二阶因子选项。

　　（3）企业网络关系的认知维度。

　　信息的获取可以通过联系的双方在一定程度上的共享语言进行（Nahapiet，Ghoshal，1998），联系双方在拥有相似价值观的基础上进行知识获取和资源共享。蔡和戈沙尔（Tsai，Ghoshal，1998）通过以下两个方面对认知维度进行测量：①在工作时，我所在的部门与其他部门的价值观一致；②我所在的部门的所有员工对组织的目标和使命十分认同，并积极去完成。

本章对认知维度的测量通过以下两个方面来度量：①由于共用相同的语言，网络关系得以有效沟通；②联系过程中双方存在类似的价值取向。这两个方面的问题都各分配了 6 个二阶因子选项。

2. 中介变量

（1）企业网络化信息获取的测量。

本章的研究对象主要是企业在日常经营活动中从其所处的关系网络中获得的对于企业网络化具有重要战略意义的相关市场信息，主要包括：①市场需求信息，指的是与企业的目标市场所处的发展阶段相适应的经济环境和市场需求环境等方面的信息。例如，社会总购买力、人均收入水平、消费意识、消费能力和消费倾向等信息，包括在产业界调整和升级过程中产生的特定时期才具有的市场机会信息。关于消费者偏好变化的信息，随着人们生活质量的提高，可供选择的消费品花样增多，消费者的消费偏好也逐渐呈现多样化的趋势，企业能否及时掌握消费者偏好变化的相关信息，对于企业是一个很好的发展契机；与竞争对手有关的市场信息，诸如竞争对手是否研发了新产品、竞争对手的市场占有率如何、其未来的市场成长空间如何以及竞争对手是否存在资金短缺问题等信息，掌握竞争对手这些方面的信息，将会为企业制定产品研发和市场发展的战略决策时提供重要的依据。②商业合作信息，主要是企业与顾客、供应者、竞争者、合作者和金融机构、政府等其他个体或者机构之间的合作信息。③政策信息，例如，政府的金融政策、科技政策、贸易政策、产业政策、卫生政策等方面的信息，企业往往可以从其关系网络中获得，这些信息能够在某些程度上促进或者限制企业的网络化进程。

综合以上相关内容，本章对于企业从其所处的关系网络中获取企业网络化所需信息主要分为以下三种：①企业获取的市场需求信息；②企业获取的商业合作信息；③企业获取的政策信息。

（2）企业网络化知识获取的测量。

企业网络化所需的知识，依据企业网络化的过程理论可以分为客观知识和经验知识两种，其中，客观知识指的是，那些转移和复制都较为容易的知识，这些知识的获取成本低，不可能成为企业网络化进程中的关键阻力；相比之下，经验知识的获取就不那么容易，其具有的战略价值也使其成为企业网络化进程中的关键制约因素。

结合以上内容,本章对于企业从其所处的关系网络中获取企业网络化所需要的知识主要分为以下 3 种:①企业从其所处的关系网络中获取的商业知识;②企业从其所处的关系网络中获取的关于市场制度的知识;③企业从其所处的关系网络中获取的运作知识。

(3) 企业网络化声誉的获取。

企业声誉是企业所特有的,能够将企业与其竞争对手区分开并为企业赢得支持的一种资源。良好的声誉是企业的一张独特的名片,它能够为企业打开一个崭新的大门、吸引其他企业的追随,为企业带来投资者和消费者,以及赢得人们的尊重(Fombrum, 2004)。声誉的获取需要企业在长期的发展过程中一直保持良好的姿态,正是由于这个原因,声誉无法被企业的竞争对手模仿和复制。

通过以上分析,本章对于企业从其所处的关系网络中获取网络化所需要的声誉主要分为以下 3 种:①产品在市场上的知名度,产品在市场上越有知名度就越有利于产品的销售和企业的发展;②企业家在市场上的知名度,在很多情况下,企业家的个人魅力、经验以及其已有的关系网络是企业网络化所需要的重要的资源,同时,企业家的知名度也是企业声誉的重要载体;③企业自身在行业内的知名度。

3. 被解释变量

根据国内外相关学者的研究经验,本章通过以下两个方面来测量:①财务绩效。用过去 3 年的成长性和盈利性综合平均水平对财务绩效进行度量;②非财务绩效。度量非财务绩效的指标,主要有关系和渠道建立、知识积累、声誉建立。综合财务绩效和非财务绩效来衡量企业在网络化中的实际绩效水平。

本次被调查的企业多数为民营企业,他们对待各种调查和统计时往往更加谨慎,使得本章较难获得被调查企业真实客观的度量绩效的指标数值;另外,我国现阶段的企业财务制度和相关的内部控制制度稍有欠缺,意味着即使能够获得评价被调查企业绩效的真实客观的指标数值,这些数值也会在可靠性上有所欠缺。以上两个原因将最终导致数据缺乏有效性。借鉴戴斯(Dess, 1984)的研究成果,主观的评价指标和客观的评价指标之间的相关关系是很强的,意味着主观的评价指标具有很强的可信度。因此,结合在实际操作中可能遇到的困难,我们对市场绩效的测量,主要借鉴的是卡森基尔和邹（Cawsgil，Zou，1994）及奈特和卡尔斯基尔（Knight，Cavusgil，2004）的主观绩效评价指标。

二、量表的信度检验和效度检验

为了确保研究的科学性，要求对研究变量的测量工具即量表的开发具有足够的信度和效度。信度是指，利用调查问卷进行调查所得到的调查结果在多大程度上具有内部一致性。效度是指，调查结果在多大程度上能够反映调查人员对调查对象了解的深度。利用结构方程模型的两阶段分析方法，展开对模型的信度和效度的测量以及对模型内部因果关系的评估（Anderson，Gerbing，1988）。

在以往的研究中，学者们对效度的检验通常使用探索性因子分析方法（EFA）。探索性因子分析方法是使用因子分析检验测量工具的效度，使用因子分析时，先要抽取有效的公共因子，然后再考察抽取的公共因子是否具有理论意义。由于要先进行公共因子的抽取，然后根据抽取的结果进行理论推导，意味着用探索性因子分析方法更倾向于统计而非理论逻辑，这也是该方法的重要缺陷。

根据黄芳铭（2005）的研究，验证性因子分析（CFA）比探索性因子分析更具有理论逻辑性。验证性因子分析是先建立一个理论模型，然后根据所建立的理论模型选择与之相关联的指标，最后收集资料验证模型的信度。除此之外，验证性因子分析关注的重点是如何对参数进行估计和对假设进行检验，这一点与探索性因子分析、关注的重点不同。本章所采用的正是验证性因子分析方法。

（一）企业关系网络的信度、效度与验证性因子分析

1. 企业关系网络结构维度的信度分析与效度分析

首先，分析企业关系网络的结构维度测量指标的信度，主要采用修正总相关系数值CITC（corrected-item total correlation）来对测量条款进行分析，当CITC<0.3时，或者在剔除某些项目后使α值变大增加整体信度，我们就剔除这些条款（卢纹岱，2002）；采用总体α信度系数，即克朗巴哈系数（Cronbach's α）对条款的信度进行测量，测量条款的信度随着Cronbach's α的增加而提高，本章中的衡量标准为0.7（Peterson，1994）。

表 5.2　　　　　企业关系网络结构维度的 CITC 与信度分析

测量条款	项目编号	CITC	最终 CITC	删除该项目后的 α 系数	α 系数
网络规模	SCA1	0.580	0.633	0.784	
	SCA2	0.564	0.732	0.779	
	SCA3	0.239	删除	—	
	SCA4	0.474	0.563	0.791	
	SCA5	0.304	0.602	0.793	
	SCA6	0.216	删除	—	
网络强度	STR1	0.645	0.646	0.799	
	STR2	0.632	0.667	0.766	初始 α=0.667
	STR3	0.119	删除	—	调整后 α=0.832
	STR4	0.483	0.534	0.775	
	STR5	0.631	0.675	0.767	
	STR6	0.183	删除	—	
网络稳定性	STA1	0.461	0.518	0.790	
	STA2	0.335	0.645	0.786	
	STA3	0.364	0.623	0.790	
	STA4	0.556	0.669	0.790	
	STA5	0.472	0.673	0.783	
	STA6	0.556	0.678	0.768	

资料来源：根据检验结果整理。"—"表示没有该数据。

从表 5.2 中可以看出，对关系网络的结构维度的测量，SCA3 的 CITC 值是 0.239，SCA6 的 CITC 值是 0.216，STR3 的 CITC 值是 0.119，STR6 的 CITC 值是 0.183，这几个 CITC 值均小于衡量标准 0.3，在分别删除条款后 α 值有所上升，因此，我们剔除变量 SCA3、SCA6、STR3、STR6。删除之后，剩余条款的 α 系数上升到 0.832，其余 14 个测量条款的 CITC 值均不低于衡量标准值 0.3，这使得研究结果呈现出单维度（unidimentional）的特点，符合本章的需求，将这些值予以保留。测量条款 SCA3、SCA6、STR3、STR6 的 CITC 值都比较低，考虑到实际情况，我们认为这可能与企业在网络化的过程中与咨询机构、中介组织的联系减少，联系程度不紧密有关。

表 5.3　　　　　企业关系网络结构维度验证性因子分析结果

因子	测量条款	标准化系数 R	R^2	T 值	建构信度	AVE
网络规模	SCA1	0.842	0.710	—	0.644	0.757
	SCA2	0.741	0.559	5.486		
	SCA4	0.768	0.592	6.365		
	SCA5	0.650	0.432	5.467		

续表

因子	测量条款	标准化系数 R	R^2	T值	建构信度	AVE
网络强度	STR1	0.802	0.643	—	0.679	0.634
	STR2	0.717	0.514	7.674		
	STR4	0.774	0.599	9.459		
	STR5	0.658	0.469	11.436		
网络稳定性	STA1	0.745	0.558	—	0.635	0.485
	STA2	0.659	0.443	6.345		
	STA3	0.762	0.582	5.236		
	STA4	0.650	0.426	7.677		
	STA5	0.756	0.585	9.325		
	STA6	0.664	0.442	10.685		

拟合优度系数（P=0.016）					
χ^2/df	GFI	AGFI	NFI	IFI	CFI	RMSEA
2.545	0.945	0.902	0.951	0.943	0.967	0.076

注："—"表示该条款在图中与变量间的系数在非标准化前被设置为1，t值不存在。

从表5.3中我们可以得到关于企业关系网络的结构维度验证性因子分析的结果。关于组合的信度和平均变异的抽取量，本章是由因子载荷计算而来的，因子载荷又是通过二阶验证因子分析得出的。从表5.3中可以看出，企业关系网络的结构维度及其3个构面的组合信度值都大于0.6，网络规模和网络强度构面的平均变异抽取量都大于0.5，但网络稳定性的平均变异抽取量是0.485，稍微低于可以接受的标准0.5；除此之外，单个测量因子的R^2值均高于0.3的可接受值（王永贵，2004）。因此我们认为，测量条款的单个测量信度都达到了可以接受的标准，虽然有极个别的指标，在数值结果上尚未达到可以接受的标准，但从总体来看，关于企业关系网络的结构维度量表的信度水平还是可以接受的。

下面，我们对企业关系网络的结构维度的测量量表的效度进行分析。对企业关系网络的结构维度进行测量的量表中，结构维度作为一个二阶因子，又被分为"网络规模""网络强度"和"网络稳定性"3个维度。其中，"网络规模"包含了4个测量条款，"网络强度"包含了4个测量条款，"网络稳定性"包含了6个测量条款。在上述分析基础上分析的模型，如图5.6所示。

对于模型会聚效度的测量，可以通过标识变量的t值和平均变异抽取量（average variances extracted，AVE）两个指标来判断。具体分析结果，如表5.3所示。

在对模型进行违犯估计检验时，由于各个因子的标准化系数值都远低于可接受的值1，同时各个测量因子的标准差也都非常小，我们可以认为模型没有违犯估计。同时，该模型的拟合度指标，$\chi^2/\mathrm{df}= 2.54 <3$，GFI＝0.945，AGFI＝0.902，NFI＝0.951，IFI＝0.943，CFI＝0.967，都大于0.9；RMSEA 的值为 0.076，小于标准值 0.08，因此，可以认定，企业关系网络的结构维度的二阶因子模型的拟合度达到了可接受水平。

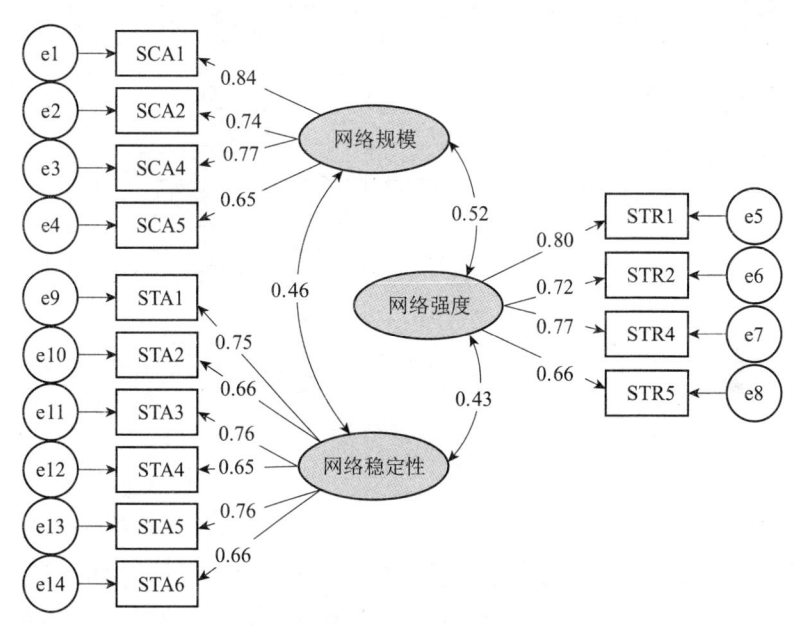

图 5.6　企业关系网络结构维度的验证性因子分析模型

企业关系网络的结构维度内部所有观察变量的标准载荷系数均在 0.01 上呈显著水平（P=0.01），各个单因子测量的 t 值均大于 2，同时，3 个构面的平均变异抽取量也都超过了临界值 0.5，从以上数值可以看出，这 3 个构面具有较强的会聚效度。

由输出结果可以看出，在企业关系网络的结构维度的 3 个构面中，网络规模与网络强度之间的相关系数是 0.52，网络规模和网络稳定性之间的相关系数是 0.46，网络强度与网络规模之间的相关系数是 0.43，这 3 个构面的相关系数 95％置信区间分别为（0.42，0.62）（0.33，0.53）（0.36，0.56），3 个置信区间都不包括 1，可以得出 3 个构面之间具有一定的区分效度。

2. 企业关系网络关系维度的信度分析与效度分析

表 5.4 展示了企业关系网络的关系维度及其构面的 CITC 值和克朗巴哈系数（Cronbach's α），企业关系网络的关系维度量表的 Cronbach's α 系数为 0.865，大于可以接受的值 0.7，同时，分项对总项的相关系数都超过了 0.4（最小值为 0.439），而且，剔除任何题项之后 α 系数值没有增加。

表 5.4　　　　　企业关系网络关系维度的 CITC 信度分析

测量条款	项目编号	CITC	删除该项目后的 α 系数	α 系数
相互认可	RES1	0.532	0.787	
	RES2	0.511	0.785	
	RES3	0.439	0.863	
	RES4	0.574	0.790	
	RES5	0.451	0.725	
	RES6	0.525	0.745	
相互信任	TRU1	0.645	0.846	α=0.865
	TRU2	0.632	0.764	
	TRU3	0.567	0.860	
	TRU4	0.523	0.775	
	TRU5	0.647	0.767	
	TRU6	0.547	0.714	
互惠规范	RUL1	0.661	0.846	
	RUL2	0.641	0.754	
	RUL3	0.599	0.845	
	RUL4	0.513	0.796	
	RUL5	0.556	0.755	
	RUL6	0.587	0.774	

企业关系网络关系维度及其构面的组合信度和平均变异抽取量的结果，见表 5.5，可以看出，企业关系网络的关系维度及其 3 个构面的组合信度都超过了 0.6，平均变异抽取量也超过了可接受的标准 0.5。综合来看，企业关系网络的关系维度量表的内部一致性程度和信度水平都较高。

表 5.5　　　　　企业关系网络关系维度验证性因子分析结果

因子	测量条款	标准化系数 R	R^2	T 值	C.R.	AVE
相互认可	RES1	0.756	0.572	—	0.625	0.687
	RES2	0.647	0.419	6.453		
	RES3	0.782	0.612	7.334		
	RES4	0.673	0.453	5.763		
	RES5	0.579	0.335	9.363		
	RES6	0.612	0.373	4.364		
相关信任	TRU1	0.804	0.646	—	0.835	0.760
	TRU2	0.746	0.558	5.537		
	TRU3	0.770	0.593	7.373		
	TRU4	0.550	0.303	4.563		
	TRU5	0.721	0.520	5.353		
	TRU6	0.703	0.496	6.215		

续表

因子	测量条款	标准化系数 R	R^2	T 值	C.R.	AVE
互惠规范	RUL1	0.732	0.538	—	0.657	0.876
	RUL2	0.648	0.396	7.356		
	RUL3	0.591	0.349	6.746		
	RUL4	0.701	0.501	8.384		
	RUL5	0.783	0.613	9.353		
	RUL6	0.621	0.375	5.653		

拟合优度指数（P＝0.000）

χ^2/df	GFI	AGFI	NFI	IFI	CFI	RMSEA
2.010	0.961	0.981	0.921	0.951	0.935	0.083

注："—"表示该条款在图中与变量间的系数在非标准化前被设置为 1，t 值不存在。

在关系维度的测量量表中，关系维度作为二阶因子，被区分为相互认可、相互信任和互惠规范 3 个维度，每一维度含有 6 个测量条款。利用 AMOS 7.0 软件分析企业关系网络的关系维度，分析的模型如图 5.7 所示。

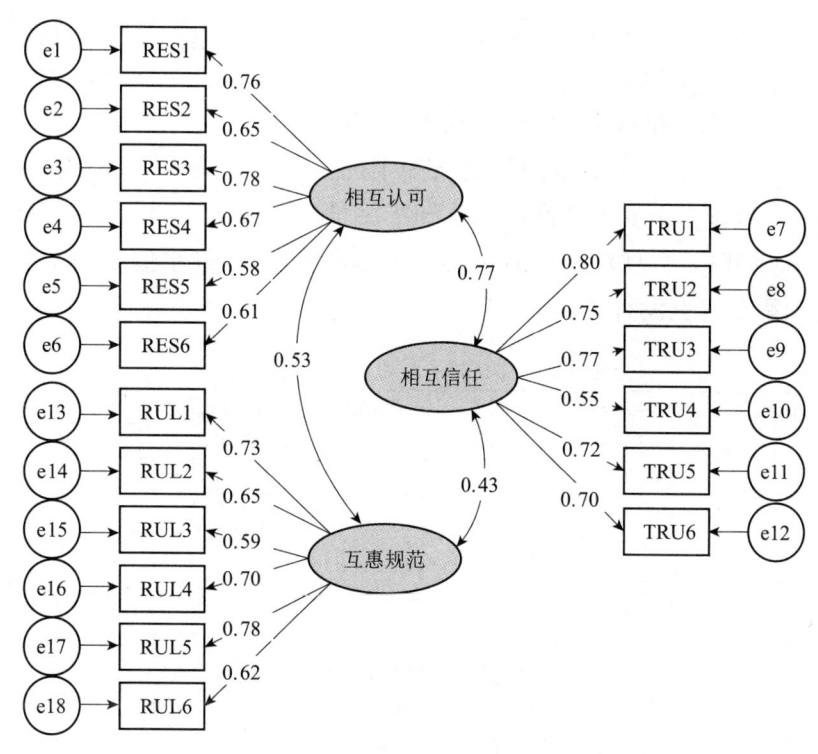

图 5.7 企业关系网络关系维度的验证性因子分析模型

在对模型进行违犯检验时，各个因子的标准化系数都远小于标准值 1，此外，各个测量因子的标准差都非常小，所以，我们认为该模型不存在违犯估计。同时，该模型的拟合度指标中，$\chi^2/df = 2.01 < 3$，GFI=0.961，AGFI=0.981，NFI=0.921，IFI=0.951，CFI=0.935，都大于 0.9；RMSEA 的值为 0.083 稍微高于 0.08，低于可以接受的标准 0.1，以上指标说明，企业关系网络的关系维度的二阶因子模型的拟合度是可以接受的。

除此之外，企业关系网络的关系维度的内部所有观察变量的标准载荷系数均在 0.01 上呈显著水平（P=0.01），各单因子的 t 值也都高于 2，并且，3 个构面的平均变异抽取量也都超过了临界值 0.5。以上数据表明，包含 3 个构面的关系维度的研究变量具有很强的会聚效度。

由输出结果可以看出，企业关系网络、关系维度的 3 个构面中，相互认可与相互信任之间的相关系数为 0.77，相互认可和互惠规范之间的相关系数是 0.53，相互信任与互惠规范之间的相关系数为 0.43。这 3 个构面的相关系数 95% 的置信区间分别为（0.67，0.87）(0.33，0.53)(0.43，0.63)，这 3 个置信区间都不包括 1，可以看出，相互认可、相互信任和互惠规范 3 个构面是可以对效度进行区分的。

3. 企业关系网络认知维度的信任分析与效度分析

表 5.6 展示了企业关系网络的认知维度及其构面的 CITC 系数和 Cronbach's α 系数值。企业关系网络的认知维度量表的 Cronbach's α 值为 0.895，大于 0.7，同时，分项对总项的相关系数都大于 0.4，最小值为 0.457，剔除任意题项后 α 值也没有增加。

表 5.6　　　　企业关系网络认知维度的 CITC 与信度分析

测量条款	项目编号	CITC	删除该项目后的 α 系数	α 系数
共同语言	COM1	0.556	0.882	α=0.895
	COM2	0.578	0.836	
	COM3	0.732	0.803	
	COM4	0.674	0.851	
	COM5	0.704	0.802	
	COM6	0.457	0.867	
相似价值观	VAL1	0.582	0.859	
	VAL2	0.637	0.833	
	VAL3	0.589	0.836	
	VAL4	0.634	0.831	
	VAL5	0.631	0.835	
	VAL6	0.519	0.855	

表 5.7 显示了企业关系网络的认知维度及其构面的组合信度和平均变异抽取量，企业关系网络的认知维度及其两个构面的组合信度都不低于 0.6，平均变异抽取量也都在 0.5 以上，可以看出，企业关系网络的认知维度量表的内部一致性比较高，并且具有较高的信度水平。

表 5.7　　　　企业关系网络认知维度验证性因子分析结果

因子	测量条款	标准化系数 R	R^2	T 值	C.R.	AVE
共同语言	COM1	0.817	0.667	—	0.654	0.593
	COM2	0.753	0.566	7.131		
	COM3	0.604	0.365	6.456		
	COM4	0.737	0.546	5.478		
	COM5	0.665	0.423	5.369		
	COM6	0.591	0.349	6.347		
相似价值观	VAL1	0.772	0.518	—	0.643	0.656
	VAL2	0.654	0.413	6.432		
	VAL3	0.698	0.483	5.789		
	VAL4	0.618	0.377	7.645		
	VAL5	0.525	0.296	10.236		
	VAL6	0.583	0.338	8.463		

拟合优度指数（P=0.000）							
χ^2/df	GFI	AGFI	NFI	IFI	CFI	RMSEA	
2.887	0.903	0.937	0.962	0.921	0.933	0.028	

注："—"表示该条款在图中与变量间的系数在非标准化前被设置为 1，t 值不存在。

接下来，我们分析企业关系网络的认知维度的测量量表的效度，在企业关系网络认知维度的测量量表中，作为一个二阶因子，关系维度被划分为"共同语言"和"相似价值观"两个维度，这两个维度又分别包含了 6 个测量条款，具体分析模型如图 5.8 所示。

在对模型的违犯估计进行检验时，各个因子的标准化系数值都小于标准值 1，同时，各个测量因子的标准差都非常小，可以认定该模型不存在违犯估计。此外，该模型的拟合度指标中，$\chi^2/df=2.887<3$，GFI＝0.903，AGFI＝0.937，NFI＝0.962，IFI＝0.921，CFI＝0.933，都大于 0.9 的理想水平；RMSEA＝0.028<0.08。从以上分析可以看出，企业关系网络认知维度的二阶因子模型的拟合度是可以接受的。

企业关系网络认知维度的所有观察变量标准载荷系数均在 0.01 上呈现显著水平（P＝0.01），各个单因子测量 t 值都不小于 2，且两个构面的平均变异抽取量都超过了临界值0.5。从以上数据可以看出，包含2个构面的企业关系网络认知维度的会聚效度是很强的。

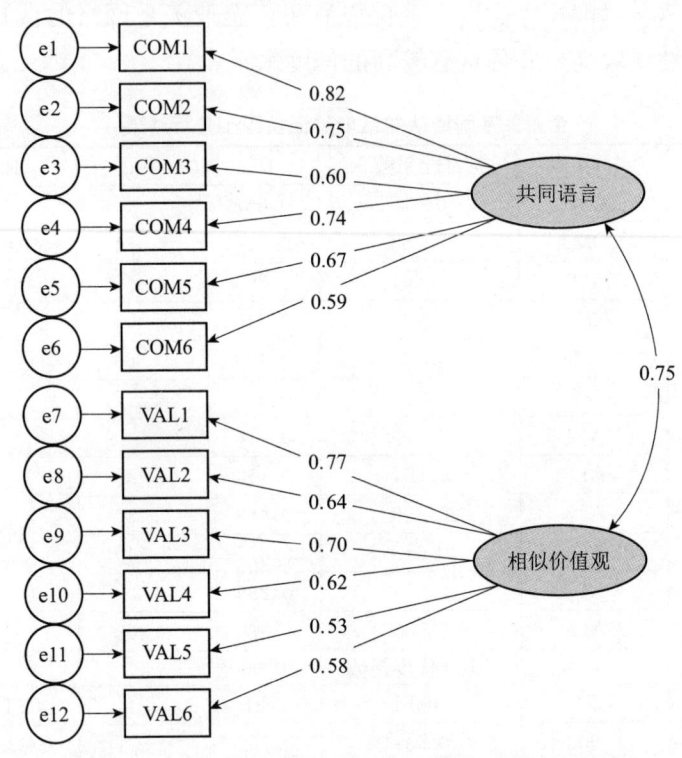

图5.8　企业关系网络关系维度的验证性因子分析模型

通过对结果的观测，企业关系网络的认知维度中共同语言和相似价值观之间的相关系数为0.75，这2个构面的相关系数95%的置信区间为（0.649，0.845），不包括1，这说明"共同语言"和"相似价值观"2个构面之间具有一定的区分效度。

（二）企业网络化资源获取的信度分析、效度分析与验证性因子分析

1. 企业网络化信息资源获取的信度分析与效度分析

表5.8展示了企业网络化信息获取的CITC系数和克朗巴哈系数（Cronbach's α）值，企业网络化信息获取量表的Cronbach's α系数值是0.925，远大于0.7的接受水平，分项对总项的相关系数都大于0.6，最小值是0.667，且在剔除任意题项后α系数值没有增加。

表 5.8　　　　　企业网络化信息获取的 CITC 与信度分析

测量条款	项目编号	CITC	删除该项目后的 α 系数	α 系数
网络化信息获取	MAR	0.667	0.915	α=0.925
	COO	0.748	0.906	
	POL	0.756	0.923	

表 5.9 显示了企业网络化信息获取的组合信度和平均变异抽取量,企业网络化信息获取的组合信度为 0.786,不低于 0.7,平均变异抽取量为 0.563,也不低于 0.5。通过以上分析,企业网络化信息获取的量表内部一致性程度较高,并且具有较高的信度水平。

表 5.9　　　　　企业网络化信息获取验证性因子分析结果

因子	测量条款	标准化系数 R	R^2	T 值	C.R.	AVE
网络化信息获取	MAR	0.781	0.667	—	0.786	0.563
	COO	0.739	0.566	11.258		
	POL	0.654	0.365	6.456		

注:"—"表示该条款在图中与变量间的系数在非标准化前被设置为 1,t 值不存在。

在分析企业网络化信息获取的测量量表的效度时,信息获取是一个一阶因子,它含有 3 个测量条款,具体分析模型如图 5.9 所示。

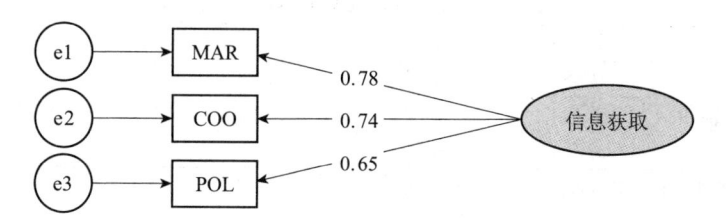

图 5.9　企业网络化信息获取的验证性因子分析

对模型进行违犯估计检验显示,各个因子的标准化系数值都小于 1,各测量因子的标准差也都非常小,可以判定该模型不存在违犯估计。此外,由于模型中只有 3 个观测变量,分别是 MAR、COO、POL,这 3 个变量能够获得的自由度只有 6 个,而模型中有 3 个因子载荷和 3 个残差需要估计。因此,剩余的可以用的自由度为 6-3-3=0(个),这些原因导致我们无法算出该模型的卡方自由度等拟合指数。

企业网络化信息获取内部所有观察变量标准载荷系数均在 0.01 呈显著水平 (P=0.01),各个单因子测量的 t 值都不小于 2,同时,该构面的平均变异抽取量超过了临界值 0.5。以上分析表明,企业网络化信息获取的研究变量的会聚效度较强。

2. 企业网络化知识资源获取的信度分析与效度分析

表 5.10 展示了企业网络化知识获取的 CITC 系数和 Cronbach's α 系数值，企业网络化的知识的获取量表的 Cronbach's α 系数值为 0.901，大于 0.7，各个分项对总项的相关系数都超过 0.6，最小值为 0.712，在剔除任意题项后 α 系数没有增加。

表 5.10　企业网络化知识获取的 CITC 与信度分析

测量条款	项目编号	CITC	删除该项目后的 α 系数	α 系数
网络化知识获取	BUS	0.753	0.821	α=0.901
	INS	0.767	0.892	
	INT	0.712	0.900	

表 5.11 显示了企业网络化知识获取的组合信度和平均变异抽取量，企业网络化知识获取的组合信度大于 0.7，平均变异抽取量也在 0.5 以上，因此，企业网络化知识获取的量表内部一致性程度较高，具有较高的信度水平。

表 5.11　企业网络化知识获取验证性因子分析结果

因子	测量条款	标准化系数 R	R^2	T 值	C.R.	AVE
网络化知识获取	BUS	0.851	0.724	—	0.754	0.676
	INS	0.789	0.604	4.569		
	INT	0.802	0.645	5.536		

注："—"表示该条款在图中与变量间的系数在非标准化前被设置为 1，t 值不存在。

接下来，分析企业网络化知识获取测量量表的效度。在企业网络化知识获取的测量量表中，知识获取是一个一阶因子，含有 3 个测量条款，分析的模型如图 5.10 所示。

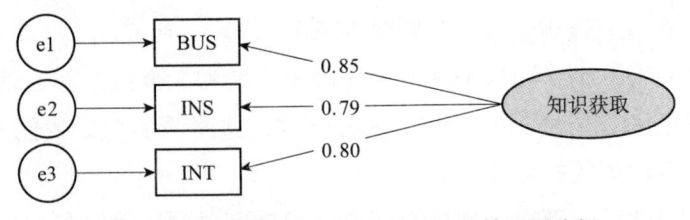

图 5.10　企业网络化知识获取的验证性因子分析

在对模型的违犯估计进行检验时，各个因子的标准差都很小，标准化系数远远低于 1 这个可以接受的标准值，可以判断该模型存在违犯估计的可能性较小。但是，由于模型中只有 BUS、INS、INT 3 个观测变量，通过这 3 个观测变量得到的能够利用的自由度仅有 6 个，而模型中有 3 个因子载荷和 3 个残差需要估计，因此，剩余的可以用的自由度为 6－3－3＝0（个），导致我们无法算出该模型的卡方自由度等拟合指数。

除此之外，企业网络化知识获取的内部所有观察变量标准载荷系数均在 0.01 上呈显著水平（P＝0.01），各个单因子测量的 t 值都不小于 2，且构面的平均变异抽取量大于临界值 0.5，以上分析可以看出企业网络化知识获取变量的会聚效度较强。

3. 企业网络化声誉资源获取的信度分析与效度分析

表 5.12 展示了企业网络化声誉获取的 CITC 系数值和 Cronbach's α 系数值，企业网络化声誉获取量表的 Cronbach's α 系数值为 0.937，远大于 0.7 的接受水平，各个分项对总项的相关系数都超过 0.6，最小值是 0.687，在剔除任意题项后 α 系数没有增加。

表 5.12　企业网络化声誉获取的 CITC 与信度分析

测量条款	项目编号	CITC	删除该项目后的 α 系数	α 系数
网络化声誉获取	PRO	0.687	0.930	α＝0.937
	ENT	0.758	0.934	
	FIR	0.879	0.932	

表 5.13 显示了企业网络化声誉获取的组合信度和平均变异抽取量，企业网络化声誉获取的组合信度高于 0.7，超过了可接受的标准数值，平均变异抽取量也超过了 0.5，通过以上分析可以看出，企业网络化声誉获取量表的内部一致性程度较高，具有较高的信度水平。

表 5.13　企业网络化声誉获取验证性因子分析结果

因子	测量条款	标准化系数 R	R^2	T 值	C.R.	AVE
网络化声誉获取	PRO	0.633	0.438	—	0.736	0.589
	ENT	0.672	0.449	12.453		
	FIR	0.756	0.567	10.536		

注："—"表示该条款在图中与变量间的系数在非标准化前被设置为 1，t 值不存在。

接下来，对企业网络化声誉获取的测量量表的效度进行分析，在企业网络化声誉获取的测量量表中，声誉获取同样是一个一阶因子，它含有 3 个测量条款，具体分析模型如图 5.11 所示。

在对模型的违犯估计进行检验时，各个因子的标准差都很小，标准化系数也远远低于1这个可以接受的标准数值，综合以上数值分析可以判断该模型存在违犯估计的可能性比较小。但是，由于模型中只有PRO、ENT、FIR 3个观测变量，仅可获得6个可利用的自由度，而模型中有3个因子载荷和3个残差需要估计，因此，剩余的可以用的自由度为6－3－3＝0（个），这些原因导致我们无法算出该模型的卡方自由度等拟合指数。

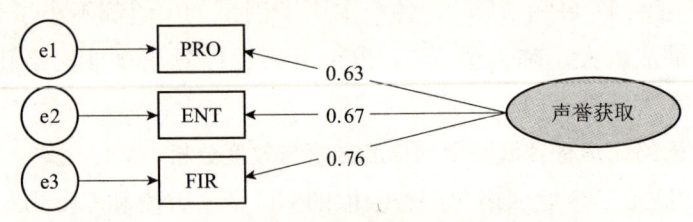

图 5.11　企业网络化声誉获取的验证性因子分析

除此之外，企业网络化声誉获取的内部所有观察变量标准载荷系数均在0.01上呈显著水平（P＝0.01），各个单因子测量的t值都不小于2，该构面的平均变异抽取量大于临界值0.5，以上对于数值的分析可以看出企业网络化声誉获取的变量的会聚效度较强。

（三）企业网络化绩效的信度、效度与验证性因子分析

表5.14展示了企业网络化绩效的CITC系数和Cronbach's α系数，企业网络化绩效量表的Cronbach's α系数值为0.896，大于0.7的接受水平，各个分项对总项的相关系数都大于0.4，最小值是0.459，在剔除任意题项后α值没有增加。

表 5.14　企业网络化绩效的CITC与信度分析

测量条款	项目编号	CITC	删除该项目后的α系数	α系数
企业网络化绩效	FIN1	0.556	0.895	α＝0.896
	FIN2	0.578	0.836	
	FIN3	0.732	0.806	
	STG1	0.674	0.851	
	STG2	0.705	0.803	
	STG3	0.459	0.876	

表5.15显示了企业网络化绩效的组合信度和平均变异抽取量，企业网络化绩效的组合信度超过0.7，高于可接受的标准水平，平均变异抽取量也都大于0.5，通过对以上数值的分析可以看出，企业网络化绩效的量表内部一

致性程度较高,具有较高的信度水平。

表 5.15　　　　　　　企业网络化绩效验证性因子分析结果

因子	测量条款	标准化系数 R	R^2	T 值	C.R.	AVE
企业网络化绩效	FIN1	0.672	0.452	—	0.732	0.636
	FIN2	0.779	0.596	5.365		
	FIN3	0.743	0.356	4.325		
	STG1	0.651	0.569	5.596		
	STG2	0.691	0.398	7.363		
	STG3	0.589	0.401	4.765		
拟合优度指数（P=0.000）							
χ^2/df	GFI	AGFI	NFI	IFI	CFI	RMSEA
2.210	0.934	0.912	0.901	0.932	0.951	0.055

注:"—"表示该条款在图中与变量间的系数在非标准化前被设置为 1,t 值不存在。

接下来,对企业网络化绩效测量量表的效度进行分析。在企业网络化绩效的测量量表中,企业网络化绩效是一个一阶因子,它包含 6 个测量条款,具体分析模型如图 5.12 所示。

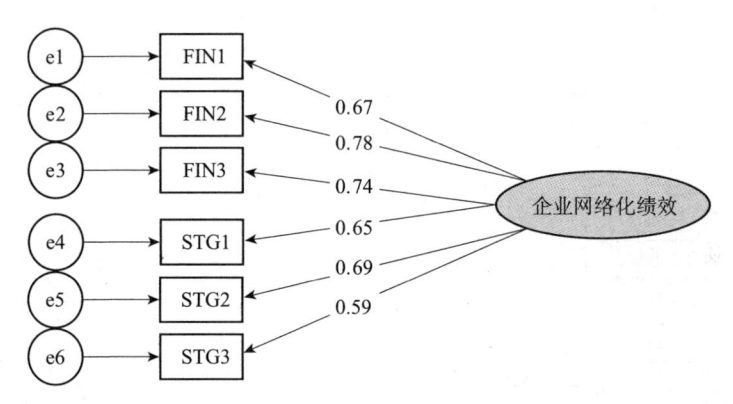

图 5.12　企业网络化绩效的验证性因子分析

在模型的违犯估计检验中,各因子的标准差都非常小,标准化系数值远小于标准值 1,综合以上数值可以认为该模型不存在违犯估计的可能。在模型的拟合优度指标中,$\chi^2/df=2.21<3$,GFI=0.934,AGFI=0.912,NFI=0.901,IFI=0.932,CFI=0.951,以上几个数值均高于理想水平的数值 0.9;RMSEA 的值是 0.055,低于 0.08,所以,可以认定企业网络化绩效的一阶因子模型的拟合度处于可以接受的水平。

此外,企业网络化绩效内部所有观察变量标准载荷系数均在 0.01 水平上显著(P=0.01),各单因子测量的 t 值都不小于 2,平均变异抽取量超过了临界值 0.5，以上数据说明企业网络化绩效的研究变量的会聚效度比较强。

三、模型研究与假设检验

（一）企业关系网络对企业网络化资源获取的影响

不考虑企业在网络化过程中绩效的变化情况，我们仅就企业关系嵌入形成的关系网络与网络中的资源获取进行分析。以验证性因子分析中各个变量所有测量条款的标准化系数为权重，对该变量所有测量条款的值进行加权平均可得到各个潜变量的度量值。因子分析的结构就是观察变量与内源潜变量之间的标准化参数值（箭头上的数值），即因子负荷值；回归分析结果等同于内源潜在变量与外源潜在变量之间的标准化参数值（箭头上的数值）。分析结果如图 5.13 和表 5.16 所示。

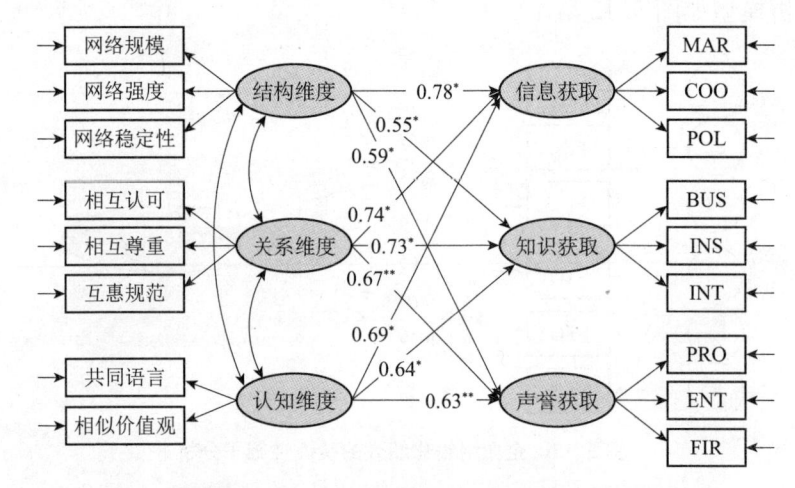

图 5.13　企业关系网络对企业网络化资源获取影响的关系模型

注：* 代表 $p<0.05$，** 代表 $p<0.01$。

从表 5.16 可以看出，χ^2/df 为 2.753，小于 3（3 是最高上限严格的标准）；GFI 的值为 0.921，AGFI 的值为 0.943，NFI 的值为 0.901，CFI 的值为 0.956，这些数值都大于验证性标准值 0.9。但是，结构方程模型的增值拟合优度指数 IFI 为 0.862，比可接受标准值 0.9 稍小，RMSEA 值为 0.073，小于最高上限 0.08，通过以上分析我们认为，本部分的结构模型是具有显著性标准的。

表 5.16　企业关系网络对企业网络化资源获取影响模型的拟合指标

χ^2/df	GFI	AGFI	NFI	IFI	CFI	RMSEA
2.753	0.921	0.943	0.901	0.862	0.956	0.073

除此之外，通过对输出结果的观测，企业关系网络的结构维度与企业网络化信息获取之间的标准化路径系数为0.78，P=0.032，且在5％上呈显著水平；结构维度与知识获取之间的标准化路径系数是0.55，P=0.043，在5％上呈显著水平；结构维度与声誉获取之间的标准化路径系数为0.59，P=0.027，在5％上呈显著水平。以上数据表明，企业关系网络的结构维度对企业网络化的信息获取、知识获取和声誉获取的影响关系成立。

如图5.13所示，企业关系网络的关系维度与网络化信息获取之间的标准化路径系数是0.74，P=0.043，在5％上呈显著水平；关系维度与知识获取之间的标准化路径系数是0.73，P=0.039，在5％上呈显著水平；关系维度与声誉获取之间的标准化路径系数是0.67，P=0.005，在1％上呈显著水平。以上数据表明，企业关系网络的关系维度对企业网络化的信息获取、知识获取和声誉获取的影响关系成立。

如图5.13所示，企业关系网络的认知维度与企业网络化信息获取之间的标准化路径系数是0.69，P=0.045，在5％上呈显著水平；认知维度与知识获取之间的标准化路径系数是0.64，P=0.012，在5％上呈显著水平；认知维度与声誉获取之间的标准化路径系数是0.63，P=0.005，在1％上呈显著水平。以上数据表明，企业关系网络认知维度对企业网络化信息获取、知识获取和声誉获取的影响关系成立。

通过以上分析不难发现，企业网络化的信息获取、知识获取和声誉获取三个中介变量对自变量的回归系数达到了显著水平，由此可以判断中介作用的第一个条件得到证实。

（二）企业关系网络对企业网络化绩效的影响

本部分对模型的分析中剔除了中介变量的影响，只考虑企业关系网络与企业网络化绩效之间的关系。与上面的分析类似，通过将该变量的所有测量条款的值加权平均得到各个潜变量的具体值，将确定性因子分析中各测量项目的标准化系数作为权重系数值。分析结果如图5.14和表5.17所示。

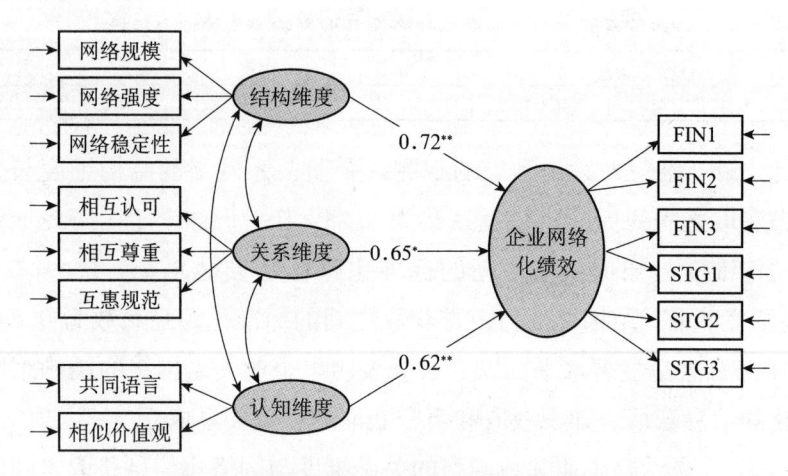

图 5.14　企业关系网络对企业网络化绩效影响的关系模型

注：*代表 p<0.05，**代表 p<0.01。

从表 5.17 中可以看出，χ^2/df 为 1.993 远小于标准值 3；其中，GFI=0.934，AGFI=0.919，NFI=0.946，IFI=0.923，CFI=0.918，都大于 0.9，RMSEA=0.034，小于上限值 0.08。该结果说明，企业关系网络与企业网络化绩效间关系模型拟合程度较好。

表 5.17　企业关系网络对企业网络化绩效影响模型的拟合指标

χ^2/df	GFI	AGFI	NFI	IFI	CFI	RMSEA
1.993	0.934	0.919	0.946	0.923	0.918	0.034

在图 5.14 中结构维度与企业网络化绩效间的标准化路径系数是 0.72，P=0.0043，在 1‰的水平上显著；关系维度与企业网络化绩效间的标准化路径系数是 0.65，P=0.048，在 5‰水平上显著；认知维度与企业网络化绩效间的标准化路径系数是 0.62，P=0.007，在 1‰水平上显著。对以上数据的分析可知，企业关系网络的结构维度、关系维度和认知维度对于企业网络化绩效的影响关系是成立的。也就是说，企业网络化绩效对 3 个维度的回归系数达到了显著水平，证实了中介作用的第二个必要条件。

（三）企业网络化资源对企业网络化绩效的影响

在本部分，我们剔除了模型中的自变量，即企业关系网络的影响，仅考虑企业网络中信息获取、知识获取、声誉获取与企业网络化绩效间的关系，关于权重系数的确定与前面类似。具体分析结果，如图 5.15 和表 5.18 所示。

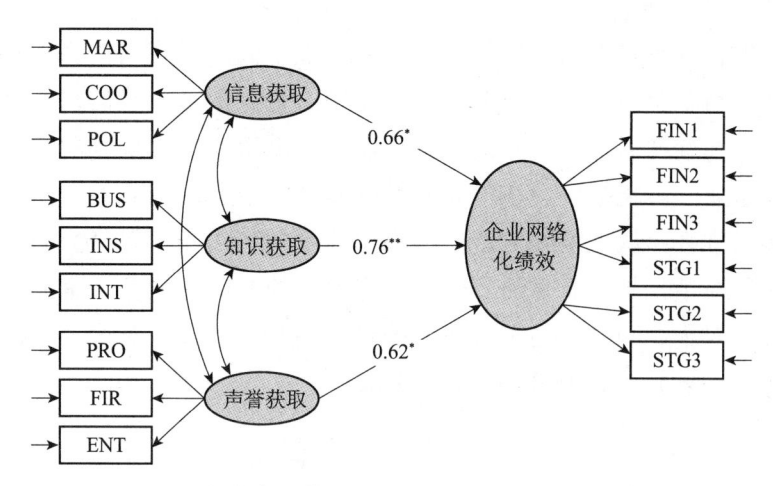

图 5.15　网络化资源获取对企业网络化绩效影响的关系模型

注：*代表 p<0.05，**代表 p<0.01。

表 5.18　网络化资源获取对企业网络化绩效影响模型的拟合指标

χ^2/df	GFI	AGFI	NFI	IFI	CFI	RMSEA
2.345	0.952	0.936	0.910	0.945	0.976	0.023

从表 5.18 中可以看出，$\chi^2/df=2.345$，低于标准值 3；GFI 的值是 0.952，AGFI 的值是 0.936，NFI 的值是 0.910，IFI 的值是 0.945，CFI 的值为 0.976，这些指标值均大于 0.9；RMSEA 的值是 0.023，低于上限 0.08。以上数据说明，企业网络化的信息获取、知识获取、声誉获取与企业网络化绩效之间的关系模型具有较好的拟合程度。

在图 5.15 中，企业网络化的信息获取与企业网络化绩效之间的标准化路径系数是 0.66，P=0.043，在 5% 上呈显著水平；知识获取与企业网络化绩效之间的标准化路径系数是 0.76，P=0.0048，在 1% 上呈显著水平；声誉获取与企业网络化绩效之间的标准化路径系数是 0.62，P=0.042，在 5% 上呈显著水平。从以上数据可以看出，信息获取、知识获取和声誉获取对企业网络化绩效的影响关系模型成立，作为自变量的企业网络化绩效对信息获取、知识获取、声誉获取的回归系数达到显著性水平。由此可以判定，信息获取、知识获取、声誉获取作为企业关系网络对企业网络化绩效的中介作用的第三个必要条件得到证实。

（四）企业网络化资源获取的中介效应及其检验

本部分将因变量同时对自变量和中介变量进行回归分析，并对中介作用模型进行拟合比较，得到最佳匹配模型。权重系数的确定与前文一致。在企业关系网络与企业网络化绩效的中介模型中，企业关系网络的结构维度、关系维度和认知维度通过网络化的信息获取、知识获取和声誉获取的中介作用间接影响企业网络化绩效。在中介模型的基础上，加入企业关系网络的结构维度、关系维度和认知维度对企业网络化绩效的直接作用路径。调整后的部分中介作用模型，是在原有部分中介作用模型的基础上删除了企业关系网络的结构维度对企业网络化的声誉获取的作用路径。下面，对这3个模型进行拟合比较，结果如图5.16和表5.19所示。

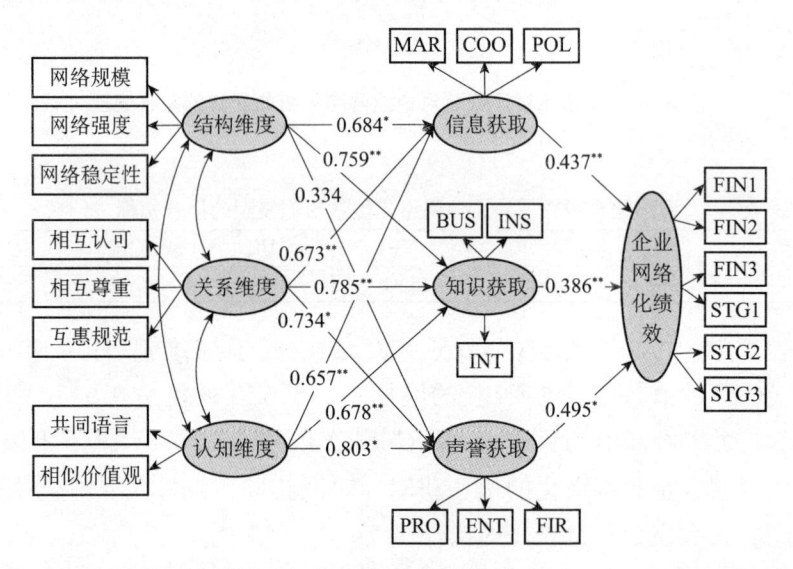

图 5.16 企业关系网络、资源获取与网络化绩效关系的中介模型

注：* 代表 $p<0.05$，** 代表 $p<0.01$。

表 5.19　　　　　　　中介模型的结构方程模型参数估计

作用路径	标准载荷系数	S. E.	C. R.	P.
结构维度—信息获取	0.684	0.175	5.565	0.046
结构维度—知识获取	0.759	0.135	4.636	0.001
结构维度—声誉获取	0.334	0.273	2.474	0.539
关系维度—信息获取	0.673	0.078	4.654	0.003
关系维度—知识获取	0.785	0.123	5.363	0.000
关系维度—声誉获取	0.734	0.036	6.456	0.032
认知维度—信息获取	0.657	0.052	7.385	0.000
认知维度—知识获取	0.678	0.232	5.363	0.000
认知维度—声誉获取	0.803	0.182	6.702	0.032
信息获取—网络化绩效	0.437	0.312	5.363	0.000

续表

作用路径	标准载荷系数	S. E.	C. R.	P.
知识获取—网络化绩效	0.386	0.363	7.763	0.000
声誉获取—网络化绩效	0.495	0.968	4.375	0.022

中介模型的拟合参数（p=0.005）

χ^2/df	GFI	AGFI	NFI	IFI	CFI	RMSEA
3.253	0.887	0.931	0.920	0.903	0.942	0.082

从图 5.16 和表 5.19 中可以看出，χ^2/df 为 3.253 小于最高上限 5，但大于更严格的标准 3；AGFI、NFI、IFI、CFI 的指标值分别为 0.931、0.920、0.903、0.942，均大于 0.9，GFI 值为 0.887，小于 0.9 的衡量标准；RMSEA 值为 0.082 略大于最高上限 0.08。以上数据表明，企业的关系网络与企业网络化绩效之间的中介模型拟合程度一般。

在中介模型的拟合检验中，结构维度与信息获取之间关系的标准化路径系数是 0.684，P=0.046，在 5% 上呈显著水平；结构维度与知识获取之间的标准化路径系数是 0.759，P=0.001，在 1% 上呈显著水平；结构维度与声誉获取之间的标准化路径系数是 0.334，P=0.539，统计检验不显著。关系维度与信息获取之间的标准化路径系数是 0.673，P=0.003，在 1% 上呈显著水平；关系维度与知识获取之间的标准化路径系数是 0.785，P=0.000，在 1% 上呈显著水平；关系维度与声誉获取之间的标准化路径系数是 0.734，P=0.032，在 5% 上呈显著水平。认知维度与信息获取之间的标准化路径系数是 0.657，P=0.000，在 1% 上呈显著水平；认知维度与知识获取之间的标准化路径系数是 0.678，P=0.000，在 1% 上呈显著水平；认知维度与声誉获取之间的标准化路径系数是 0.803，P 值是 0.032，在 5% 上呈显著水平。

企业网络化信息获取与企业网络化绩效之间的标准化路径系数是 0.437，P=0.000，在 1% 上呈显著水平；知识获取与企业网络化绩效之间的标准化路径系数是 0.386，P=0.000，在 1% 上呈显著水平；声誉获取与企业网络化绩效之间的标准化路径系数是 0.495，P=0.022，在 5% 上呈显著水平。根据中介作用的判定标准，因变量同时对自变量和中介变量的回归，中介变量的回归系数达到显著性水平，自变量的回归系数减少；当自变量的回归系数减少，但仍然达到显著性水平时，中介变量起到部分中介作用，即自变量通过中介变量影响因变量，同时也直接对因变量起作用。这也意味着，企业网络化的信息获取、知识获取和声誉获取在企业关系网络的结构维度、关系维度和认知维度与企业网络化绩效的关系中起部分中介作用。

(五) 实证结果

从结果看，首先，在企业关系网络的 3 个维度对企业网络化绩效的影响过程中，企业网络化的信息获取担任了部分中介的角色。结构维度与信息获取之间的标准化路径系数为 0.684，P=0.046，在 0.05 的水平上显著；关系维度与信息获取之间的标准化路径系数为 0.673，P=0.003，在 0.01 的水平上显著；认知维度与企业网络化信息获取之间的标准化路径系数为 0.657，P=0.000，在 0.01 的水平上显著。所以，企业关系网络的结构维度、关系维度和认知维度通过网络化信息获取的部分中介作用对企业网络化绩效产生影响。

其次，在企业关系网络的 3 个维度对企业网络化绩效的影响过程中，知识获取充当了部分中介作用。结构维度与知识获取之间的标准化路径系数为 0.759，P=0.001，在 0.01 的水平上显著；关系维度与知识获取之间的标准化路径系数为 0.785，P=0.000，在 0.01 的水平上显著；认知维度与知识获取之间的标准化路径系数为 0.678，P=0.000，在 0.01 的水平上显著。由此，企业关系网络的 3 个维度通过知识获取的部分中介作用对企业网络化绩效产生影响。

最后，声誉获取与结构维度之间的关系不显著。在关系维度和认知维度对企业网络化绩效的影响过程中，声誉获取充当了部分中介作用。关系维度与声誉获取之间的标准化路径系数为 0.734，P=0.032，在 0.05 的水平上显著；认知维度与声誉获取之间的标准化路径系数为 0.803，P=0.032，在 0.05 的水平上显著。关系维度和认知维度通过声誉获取的部分中介作用对企业网络化绩效产生影响，结构维度与声誉获取的关系不显著。因此，假设 H1、假设 H2 获得支持，假设 H3、假设 H6 部分支持，假设 H4、假设 H5 不支持。

从 CITC 信度分析、验证性因子分析到概念模型的结构方程分析等实证研究表明，企业通过关系嵌入形成的关系网络的 3 个维度的划分具有合理性。本章调查的 191 个企业样本的信度水平和效度水平都超过了标准值，因此可以将企业的关系网络划分为 3 个维度，并且，适用于以往相近并进一步完善的测量指标和测量条款，这为我们从关系网络视角研究企业的网络化行为提供了理论依据。

此外，企业关系网络中资源获取对企业网络化绩效的中介作用的影响通过结构方程得到了验证。在相关假设中，结构维度通过声誉获取对企业网络化绩效的影响假设没有得到验证，此外，除了通过声誉获取对企业网络化绩效产生正向影响的假设得到了部分验证，其余的假设均得到验证。进一步证实了企业拥有的关系网络对企业网络化绩效具有直接正向的影响，又能够通过信息获取、知识获取和声誉获取的中介效应间接影响企业网络化绩效。因此可以认为，企业与其合作伙伴间建立可以相互信赖的关系时，双方在企业价值观、前景及企业战略目标上保持相似的态度，并能够为了一致的价值观、愿景和目标做出努力和合作。共同的努力和合作能够在一定程度上降低企业的网络化运营成本和监督成本，帮助企业获得声誉资本，将企业的市场风险降低，降低不确定性，从而对企业的网络化绩效提升产生积极有利的作用，促进网络持续、健康地发展。

第六章

企业网络组织的嵌入风险与治理机制

企业网络组织的发展，离不开社会网络的网络关系和网络结构，嵌入网络在提供丰富可靠的信息来源（Coleman，1998），降低获取信息成本的同时，也可能产生一系列风险。因此，网络嵌入不适度性和信息共享程度高或低，都可能使网络组织出现发展不同步、不协调等问题。风险的存在，使网络组织产生整体效率低下和发展不稳定的问题。企业网络组织嵌入风险研究，对于提升企业自身、网络组织整体以及整个产业的竞争力都具有重要意义。鉴于风险在企业网络中的重要性，本章基于嵌入性视角对企业网络中的嵌入风险进行分析和研究，并提出一定的控制机制，对于企业个体和网络组织整体的发展，既有深刻的理论意义，又有重要的实践意义。

本章第一节我们将问题作为导向之源，采用扎根理论探究中国企业网络组织嵌入过程的风险，提炼出契约性风险、锁定风险、负互惠风险和传导性风险四类主要企业网络组织嵌入风险。尝试将扎根理论这种质化研究方法引入中国企业网络组织嵌入风险的研究领域，希望通过这种科学的研究方法获得新的研究视角和研究结论，为未来该领域的研究提供更好的平台。本节的创新之处在于，运用扎根理论规范的研究方法，以 S 公司为中心形成的网络为例进行研究，得出在信息共享程度不同的情境下，企业网络组织嵌入过程中的四类主要的嵌入风险。

本章第二节聚焦于含有嵌入关系的企业网络组织在发展演化过程中的稳定性问题。由于在实际运作过程中，中国市场环境较高的不稳定性与嵌入过程的复杂性，企业双边关系的时限取向通常较短（姜翰等，2008），多数企业集团、战略联盟与产业集群等网络化组织在成立之初关系较为融洽，但在嵌入过程中多存在关系松散甚至裂解的问题，造成企业网络组织整体运行效率低下与发展不稳定,因此,研究含有嵌入关系的企业网络组织在发展演化过程中的稳定性问题迫在眉睫。本节将含有明显嵌入关系的企业网络组织视为研究对象,通过建立单种群演化博弈模型,得到了企业网络组织演化过程中的演化稳定策略(ESS),通过分析影响 ESS 的敏感性因子,提出了影响企业网络组织稳定性的关键因素,并对企业网络组织嵌入过程中稳定性的控制机制进行了剖析,得到企业的关系嵌入和结构嵌入强度对网络稳定性的影响,并进一步在具体的治理机制方面提出建议。

第一节 企业网络组织的嵌入风险——基于 S 公司的案例[①]

一、基于 S 公司的研究设计

由于中国对企业网络组织嵌入风险的研究还不广泛,因此,应采取案例研究方式,深入分析企业网络组织嵌入过程中的风险。本章进行案例研究的目的是,归纳企业在嵌入网络组织过程中的风险,从而使得研究结论更加丰满充实,因此,笔者没有采取复杂的数理统计,而是通过访谈研究分析深层原因。此外,扎根理论对资料具有较强的依赖性,该研究方法要求从理论层次上描述现象的本质和意义,从而建立一个适合于资料的理论,案例的选取和资料收集也为后续进行扎根理论的分析奠定了良好的基础。扎根理论旨在从理论层次上描述现象的本质和意义,从而建立一个适合于资料的理论。扎根理论对资料具有较强的依赖性,因为案例的选取和资料收集是后续进行扎根理论分析的基础。

从个案中建立理论时,所选取样本应该具有独特性,其可能是用来重制之前的案例或是延伸现有理论(Eisenhardt,1989)。殷(Yin,1989)曾指出,进行单一案例研究时,所选择的个案要能够支持理论的前提假设且具有关键性或是揭露性。本章严格遵循这一宗旨,选择 S 公司作为案例研究的样本,进行扎根理论分析。该企业从创业之初,现在的 10 多年的发展历程中,

---

[①] 本节内容为韩敬稳在王丽楠的《基于扎根理论的企业网络组织嵌入风险研究》,天津财经大学硕士学位论文,2012 的基础上进行改写。

从企业规模、市场占有率、组织状况等方面具有典型的研究意义。①企业具有网络组织嵌入过程。S公司进行的经济活动和生产运作涉及供应链的各个环节，其生产、销售、资金运作、供应链协作及售后服务过程，均涉及嵌入性，具有代表性和广泛性。②企业成长过程具有普遍性。企业在其发展过程中要历经挫折与失败，网络组织嵌入过程也不例外，因为在企业网络组织嵌入过程中会面临合作伙伴的选择，网络组织中会面临信息不对称、资源锁定、资产专用性等问题。因此，选择S公司在其发展过程中不仅有受挫的境遇也有辉煌的业绩，尽管过程具有波动性，但最终成长为比较成熟的网络组织。将成长过程具有波动性的企业作为研究对象能更好地体现研究的一般性与普遍性，这也是本章选S公司作为案例研究对象的主要原因之一。③资料的完整性与准确性。一方面，我们凭借与S公司的伙伴式关系，通过对其进行实地考察、访谈，获得了丰富的一手资料；另一方面，S公司在其合作过程中，建立起自身的合作伙伴关系，我们基于此关系，也间接获得了大量的公开资料。

笔者在研究过程中得到了S公司的大力支持，采用实地调研的方式，对管理人员和员工进行访谈，收集第一手资料。在本章的研究设计中，主要遵循以下研究思路：首先，介绍公司发展历程；其次，通过前期访谈提纲的设计进行访谈、收集资料；最后，进行多次实地访谈。在该案例研究的过程中，进行初步的译码摘记，为下一步的扎根理论研究做好丰富的资料准备。S公司从初步创业到网络组织嵌入过程中，形成了以S公司为中心的网络组织，这样的研究案例具有一定的代表性。本章对公司的简介资料主要来自公司的访谈资料和网站信息。

（一）S公司简介

S公司成立于2001年，定位于设备与应用技术的研发与生产。公司在技术研发、知识水平及专业性方面有着高精尖的人才资源，产品涉及工程、机械等多个领域。几经发展变迁，S公司已经发展成为某设备领域的科研生产型企业。S公司的产品和设备在同行业中具有较高的口碑，其产品符合我国科技发展和技术创新的精神和宗旨。在其专注于提升核心技术水平的过程中，形成了以自身为中心的网络组织，网络成员涉及政府、企业、大学、科研机构等诸多资源。但是，随着公司的不断成长，合作多年的供应商要求提升原材料价格、一些关键技术人员流失及面临新的交易伙伴等事件的发生在某种程度上给S公司带来了一定的风险。

（二）S公司风险现象

1. 信息掌握不充分时签订契约所产生的风险现象

S公司创业后不久就面临资金紧缺的问题，但是，由于公司当时无固定资产因而无法提供抵押，并且由于与银行的信息不对称，很难通过银行贷款。在政府相关部门及政策的引导下，公司与某研究机构签订了合作协议，但该研究机构倾向于"点对点式"的经营，难以开展工业化生产，二者的合作并不顺畅。另外，S公司最初进行经济活动时，签合同前对一些企业的成本、费用情况也不是很清楚，对交易方的产品、技术水平和服务质量也只是听交易方口头描述和承诺，也有合作单位利用虚增的资本价值来占据更多的收益分配，甚至遇到采用包装劣质产品来取得价格优势等投机行为。导致合作失败后，S公司不得不重新寻找合作方，影响了生产进度，对客户的交货时间也因此推迟，产生了很大的影响。

2. 供应商要求提高原材料成本价格的风险现象

S公司致力于从多渠道寻找客户，并成为其供应商，有的合作长达十多年之久。但是，在合作多年之后，有些供应商要提高产品价格，比同类产品高出2%，由于企业设备的参数及规格都是按照客户设定的，倘若放弃购买该型号设备，意味着企业要支付更高的转换成本，所以尽管供应商提高价格，企业也被迫继续购买该设备。公司还曾为一个客户设计一套设备，该设备是为买方的特定订单设计的带有特殊性能的装备，临近交货时，对方却不再需要了，客户撤销订单就只能闲置，没有使用价值。倘若换作它用，也需要一系列的改进和设计，存在较大的成本。因此，该项投资做出之后，转换成本巨大，如果再把该资产改作其他用途就可能丧失全部价值或部分价值。

3. 人才流失、技术外溢的风险现象

S公司乐于请客户参观、交流、提供设备培训，与客户沟通、交流，以促进组织间相互学习。但由于对公司内部的员工没有过多严格的规定和限制，对一些关键人员也没有相关的保护协议，导致人才流失、技术外溢、核心知识溢出等事件频出，公司受到很大损失。比如，2006年，S公司接了一个项目，公司花费大量人力、物力设立出一套方案，并派两名工程师到现场进行调试、检测、保障运行，然而，两名工程师完成项目后带走了S公司的几张图纸和设计方案，被对方高薪挖走而相继辞职。

4. 信息传递出现偏差导致重新生产设备的风险现象

2009 年,经介绍成为南方某客户的设备供应商。S 公司通过电话与该客户进行交流,对设备的型号、规格、系数都按照其要求进行了设计和制造。当 S 公司按要求生产完 10 多台设备后,出于成本因素,在南方寻找了外包喷漆单位,将喷漆的具体要求告诉合作方,并要求其喷漆后按时送给客户。一个月后,因设备的漆脱落,该机构找到 S 公司,仔细检查发现在设备设计和漆的质量上没有任何差错,问题出现在气候上。S 公司以前都是经过数天暴晒后进行喷涂环节。虽然 S 公司在喷漆合同上注明天气晴朗时暴晒几天后进行喷涂,喷漆方也是按照该要求做的,但是,喷漆方理解的天气晴朗就是不下雨,尤其在南方这种气候下,晴天气候也是湿润的。最重要的是,由于与该喷漆方是初次合作,互动性较弱,没有考虑到气候这一重要因素,导致 12 台设备召回,造成了重大损失。

(三)数据收集

1. 设计访谈提纲(interview guidelines)

访谈提纲作为一种支持性的工具,访谈提纲设计的质量和访谈技巧可以增强访谈者对研究问题的记忆和引导访谈的方向,也是获得更多信息更好地进行研究的关键。本节访谈提纲的设计逻辑,如表 6.1 所示。

表 6.1   访谈提纲的逻辑设计示例

访谈主题	问题举例	目的	阶段
企业创业背景与经历	您是什么时候开始创业的?您与现在的供应商合作的时间有多长?	了解被访者的创业背景,以及与供应商的联系程度	"破冰"阶段 营造访谈气氛,建立访谈关系,唤起被访者对企业成长的记忆
交易活动中对企业不利的情境	竞争优势的核心技术目前发生过溢出的现象吗?在合作过程中对方存在技术创新、产品创新惰性吗?	了解企业中出现的影响企业发展情境的频率,以及对企业在发展过程中遇到风险状况的感知	"发展"阶段 展开对企业经济活动中存在风险的探讨
网络组织嵌入行为和影响	合作方之间的过分嵌入导致的"关系套牢",存在要求重新谈判或是重新签订契约的现象吗?	具体了解企业嵌入网络组织中的发展情况,以及嵌入过程带来的风险	"高潮"阶段 深入探讨

续表

访谈主题	问题举例	目的	阶段
风险和控制策略	根据您的经验有没有针对这样的风险采取一些防范措施呢？	了解风险的危害程度及企业对风险的抵御能力	"整合"阶段概括及提炼、总结和反思
开放问题	"对于刚才的讨论您还有要补充的吗"	被访者补充例子；访谈者补充追问某个问题	"收尾"阶段补充

资料来源：作者整理。

2. 实施访谈

鉴于对被访谈者时间宝贵性的考虑，我们先通过电话取得了联系，介绍研究的目的与主题，说明研究的意义并表达进行访谈的意愿。在取得被访谈者同意后，我们通过电子邮件的方式将我们的访谈提纲发送到受访者助理的邮箱，并和助理预约了访谈时间。预约是本节数据收集必不可少的一个程序：提前让被访者了解访谈的出发点与主题，促进被访者对企业交易过程中风险状况的回忆与总结，他们可以做好准备；此外，预约时间不仅能够保证被访者专心投入访谈中，而且给被访者一种尊重、专业的初始印象，可以增强被访者的合作意愿。

访谈主要在科研团队会议室和被访者的会议室中进行，我们事前准备好访谈所需要的资料和工具，在取得被访者同意后，我们对访谈内容进行了录音。访谈中所用对话技巧是顺利进行谈话的重要话术，也是获得研究所需资料的关键。访谈中所运用的技巧主要是参与性对话技巧，结合访谈实例，表6.2呈现出访谈中所用到的5个主要的对话技巧。

表 6.2 参与性对话技巧

对话技巧	定义	作用	实例
询问	通常以"是否""要不要"等词开头 封闭式	收集信息，澄清事实，缩小范围；避免谈话过度随意化	I：访谈者；P：受访者 I："企业在经济活动中共享的信息是否发生过流出现象？"
	通常以"什么""如何"等词开头 开放式	促使当事人做自我剖析，促进讨论的进行	I："听您刚才说在某业务中有一件您印象最深的事，是什么呢？"

续表

对话技巧	定义	作用	实例
鼓励	用"嗯""对啊"等词对受访者的谈话给予有选择性地重复	让受访者感觉被理解了；控制谈话的方向	P："即使对方提高价格，我也继续使用他的产品" I："继续使用？" P："对，因为我们的产品设计都是在该原材料的基础上进行的，……"
情感反映	着重将受访者的情绪用语言的方式反映给当事人	重点对受访者产生情绪变化的问题作出反应	I："这是企业加入网络中的不可避免的现象，我刚才看到您谈到该问题时也是苦笑地摇摇头" P："是啊，这个事实可能比较难改变"
摘论	将受访者的谈话内容综合整理，以访谈者理解的方式简明扼要地重复给当事人听	帮助受访者理清思路，提炼出交谈的重点	I："恩，您刚才提到的，由于当时企业的技术人员没有签订保密协议，以致后来发现其带走设计图纸，导致核心技术溢出也没有补救的措施了，我这样理解对吗"
自我开放	受访者在交谈中会主动表达一些对研究内容有帮助的事情	建立访谈者与受访者之间的关系，鼓励受访者进行自我剖析及畅所欲言	I："是吧，我也听说过，好多企业由于战略调整，前期的市场调研、产品研发等已投入的资源，不能回收的情况"

资料来源：作者整理。

进行扎根理论研究要求资料丰富。笔者运用上述参与性对话技巧对本章研究的案例——S公司进行了三次实地调研收集资料并运用扎根理论进行分析。

在第一轮调研中，通过实地考察进行一手资料获取。先与S公司总经理进行面谈，了解他们作为管理者对于公司风险的看法，并听其讲述创业及发展历程。此后，到实地进行考察，了解公司的生产、研发及销售部门，与各层级主管以及一线人员进行交谈，深入调查S公司的生产过程以及各层级主管对公司与外单位合作风险的认知。

开展第二轮调研之前，已在第一轮调研的基础上形成了一个结构框架。第二次调研主要是获得二手资料，其中，包括公司网站、相关书籍与杂志提供的相关资料和报道等，不仅很好地佐证了第一轮实地考察的相关问题，也为后续的补充调研奠定了基础。将第二轮调研获得的资料不断添加到框架中，扎根资料的丰富程度得到提升。由此，在本轮调研后，经整理分析，本书已通过译码摘记形成了对数据资料有组织的解释。①

在第三轮调研中，主要对比一手资料、二手资料的出入，进行了追踪补充访谈，以便更好地解释研究过程中的疑问。访谈方式主要是电话与电子邮件。由于扎根理论的研究是资料收集与资料分析同步进行，因此，在此阶段本节还将已进行译码的资料回馈给 S 公司进行协商，以更好地获得构念的效度。

本节经过上述 3 轮调研对初始资料的收集后，在撰写译码摘记的同时，已开始了译码的过程。本节遵循扎根理论的科学研究方法，将资料分解、检视、比较、概念化和范畴化。

二、基于扎根理论的企业网络组织嵌入风险

从国内外文献来看，目前所作的研究，主要以经济学、管理学、社会学为理论依据，分析企业网络组织中存在的风险及其对整体网络组织绩效的影响，运用实证方法对其风险进行评价，但是，利用质化研究对企业网络组织嵌入风险进行研究的文章相对较少。企业网络组织嵌入作为一个过程，又由于信息是不对称的，网络组织内成员间信息共享程度不当，因此，它需要对企业深入发掘相关资料，分析得出其企业网络组织的风险。

对于企业网络组织嵌入风险的研究相对不足，既有文献或只强调了企业风险的分类，或是在公司治理层面对风险进行研究，认为风险存在于企业经济交往活动中，或从网络结构方面探讨结点数对网络组织绩效的影响，认为网络组织中结点的进入与退出影响着网络的优化。可见，对于嵌入风险进行科学辨识的成果并不多见，特别是当我们观察一个企业时，往往主观地认为它可能存在哪些风险，缺乏科学地辨析企业嵌入风险的来源与因素。这就要求研究者要尽量舍弃文献演绎模式，利用归纳方法从现实现象中提炼出基本理论，从而逐渐创建和完善相应的理论体系，因此，扎根理论方法是一个相

---

① 纪春明. 基于扎根理论的网络组织协同行为特征分析. 天津财经大学硕士学位论文, 2009.

对合理的选择。

扎根理论的译码，是一种分析资料的过程。在上述初始资料的收集后，我们在撰写译码摘记的同时也开始译码的过程。根据扎根理论研究方法，其研究资料并非一次性收集完毕，而是在分析资料的过程中，根据需要随时进行追踪调研，进行资料补充。因此，扎根理论的资料收集与分析是同步进行的。

（一）嵌入风险的开放性译码

开放性译码是一个将所收集到的资料全部打散后，赋予其概念，然后，再以新的方式重新进行组合的操作化过程。[①]

研究者以开放的心态，在广泛收集资料的基础上，还要以概念的形式对访谈收集的数据和信息进行译码，通过不断地比较分析使结果精确化。

本章通过3次调研，尽可能地获取与网络组织风险有关的资料。严格遵从施特劳斯（Strauss，1997）提出的进行开放式登录的5项基本准则，在对资料进行逐字逐句分解的同时也不断地补充和完善摘记，通过使用被访者的原话、从文献中摘录概念或以直接命名概念的方式进行译码，然后再进行类属归纳。

1. 概念化

概念化资料就是把搜集到的资料逐字逐句逐段地进行分解，将资料转化为概念。在本章中，我们将搜集到的S公司相关资料予以分解，贴出175个标签；之后，将每一个标签所反映的现象进行摘要，为概念赋予奠定基础；最后，本章对上述标签指涉的现象赋予了103个概念。

2. 规范化

在该过程中，笔者通过对概念化语句间的语意关系进行分析，探求出不同概念之间的关联，为范畴化过程奠定基础。针对概念化赋予的103个概念，本章建构了103个表达概念的一级主题词。经过语句间语意的分析，这些主题词呈现出相关、同一、属分3种关系，如表6.3所示。

[①] 陈向明. 质的研究方法与社会科学研究. 教育科学出版社，2000：318～336.

表 6.3　　　　　　　　　　译码过程中的语意关系示例

	相关关系	同一关系	属分关系
内涵	指主题词在同一情境下发生或是从不同的视角进行解释具有相关性	指主题词表述同一个现象或事件，当多个主题词表述的是同一个现象，我们可以将其凝练成一个概念	指一个主题词在范围上可能囊括另一个或一组主题词
一级主题词组	$A_2-A_3-A_{24}$，$A_6-A_{26}-A_{92}$，$A_{10}-A_{36}-A_{40}$，$A_{12}-A_{13}$，$A_{14}-A_{49}-A_{50}-A_{51}$，$A_{15}-A_{16}$，$A_{17}-A_{30}$，$A_{21}-A_{29}-A_{33}$，$A_{44}-A_{53}-A_{65}$，$A_{52}-A_{63}$，$A_{57}-A_{82}-A_{83}$，$A_{64}-A_{87}$，$A_{80}-A_{102}-A_{90}-A_{95}-A_{103}$，$A_{97}-A_{98}$	A_4-A_5，$A_7-A_8-A_9$，$A_{11}-A_{35}$，$A_{18}-A_{32}-A_{46}-A_{48}$，$A_{37}-A_{38}$，$A_{43}-A_{47}$，$A_{54}-A_{55}-A_{93}$，$A_{62}-A_{66}-A_{69}$，$A_{67}-A_{71}-A_{81}-A_{84}$，$A_{72}-A_{73}$，$A_{79}-A_{91}$，$A_{85}-A_{23}-A_{86}-A_{88}$，$A_{89}-A_{94}-A_{99}-A_{100}-A_{101}$	$A_1-A_{19}-A_{22}-A_{31}-A_{68}$，$A_{20}-A_{74}-A_{78}-A_{25}$，$A_{42}-A_{61}-A_{27}-A_{34}$，$A_{51}-A_{59}-A_{45}-A_{56}-A_{70}-A_{41}-A_{60}$，$A_{58}-A_{77}-A_{96}-A_{75}-A_{76}$
示例	A_{90}（喷漆脱落）、A_{95}（重新进行生产）和 A_{103}（信息扭曲后的损失）从三个不同的角度描述了信息失真带来的传导性风险	如 A_{85}（成员联系偶然）、A_{23}（企业、中间商及客户间偶然结识），两者均具有成员间互动性不强，联系不紧密的同一关系	如 A_{75}（新成员进入，争夺资源）是 A_{76}（恶性竞争风险）中的一种，前者包含于后者
意义	形成范畴的重要来源与依据	作为范畴化的一种来源	为下一步的主轴译码奠定了基础

资料来源：作者编制。

3. 范畴化

概念化过程是从逐一识别每个有价值现象的目的出发，对资料中可能成为现象的内容全部进行了标识，从而获得庞大的概念群的过程（Strauss A., J. Corbin, 1997），即借助主题分析将看似与同一现象有关的概念凝结成一类。在范畴化的"组配"过程中，我们抽出具有同一关系或相关关系的主题词，分析其所代表的概念是否指涉同一现象，依据该概念组合关系聚拢成范畴（韩炜，2008）。而具有属分关系的主题词，为主轴译码的"典范模型"分析提供依据。在范畴化过程中，本章提炼出了 61 个范畴（$AA_1 \sim AA_{61}$），即二级主题词。

本部分我们针对企业网络组织的契约性风险、锁定风险等嵌入风险进行了开放性译码。

（二）嵌入风险的主轴译码

开放性译码完成之后，本章形成了由 61 个范畴，即二级主题词组成的一大类"主题词族"。在主轴译码过程中,按照前述扎根理论的研究方法,借助译码"典范模型"分析现象的条件、脉络、行动/互动的策略和结果,将各个范畴联系起来,将主题词族细分并提炼出主首词,并深入挖掘每个主首词(主范畴),最终将资料重新组合到一起。

本章开发出4个主范畴,即契约性风险、锁定风险、负互惠风险、传导性风险。

1. 主范畴一———契约性风险

主范畴一的典范模型,见表6.4。

表6.4　　　　　　　　　　　主范畴一的典范模型

因果条件	现象	
契约不完备(AA_{13})	契约性风险(AA_{20})	
因果条件的性质	"契约性风险"的特征面向	
企业的成本、费用认知度不高(AA_{11})	企业经营状况的认知度	不高(AA_{11})
企业的产品、技术水平、服务质量、熟悉程度不高(AA_{15})	产品、技术等质量披露	不足(AA_{15})
企业讯息传递少(AA_{12})	信息共享程度	低(AA_{12})
市场拓展、渠道建立资源投入不足(AA_{49})	后期合作中资源投入量	不足(AA_{49})
产品、服务质量欺骗(AA_{16})	产品、服务的真实水平	低(AA_{16})
产品、技术创新惰性(AA_{51})	产品、技术创新性	低(AA_{51})
合作双方贡献孰多孰少无法分清(AA_{48})	合作中对双方付出努力程度的界定	模糊(AA_{48})
"契约性风险"的行动脉络		
契约性风险是契约不完备产生的结果。契约不完备按时间点来划分,可分为契约签订前契约不完备和契约签订后契约不完备。契约签订前契约不完备是在下述条件下产生的:在契约签订之前双方的经营状况、财务状况及产品质量水平的认知程度不高,信息共享程度低。契约签订后不完备是在下述条件下产生的:双方签订契约后,由于契约的不完备,在资源投入、实际提供的产品质量和服务水平方面都存有投机行为,此外,在合作过程中,核心技术的丢失,在产品技术等创新方面存在搭便车行为,无法清晰按贡献度分享收益,在契约不完备条件下,信息共享程度低,产生了契约性风险。然后:		
中介条件	行动/互动策略	
信息的共享性(AA_{21}) 搜寻成本高(AA_{14})	交流(AA_{23}) 市场调研(AA_{36}) 监督机制(AA_{59})	
结果		
隐瞒信息、"搭便车"		

资料来源:作者整理。

通过上述典范模型，我们将"契约性风险"这一主范畴与其他副范畴间关系的本质展现出来，构想出了主范畴、副范畴间的假设性关系。这种假设关系的建立，是思考它们各自所指涉的抽象名词，即范畴之间是否存在某种关系（韩炜，2008）。[①] 当假设关系建立以后，还要用资料中的故事去验证，来证实能否支持假设关系或否定假设关系。为此，本节建立了证据链，如图 6.1 所示，验证典范模型中范畴间的关系。在这条证据链中，组织的嵌入性是一个重要条件。

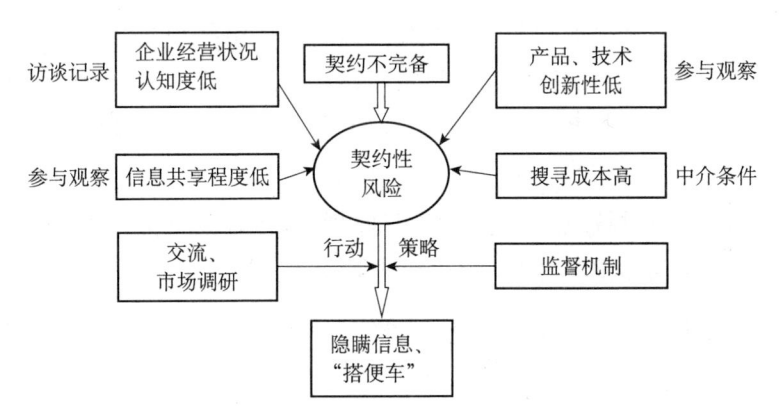

图 6.1 主范畴一的证据链

资料来源：作者整理。

在访谈中得知：S 公司在成立之初，对合作伙伴的选择更多的是依靠总经理的个人关系，（a_{27}）与企业进行交易时，在签合同之前，对有的企业的成本、费用等情况掌握也不是很清楚，（a_{28}）也没有过多地向 S 公司介绍有关企业的信息，（a_{29}）对交易方的产品、技术水平和服务质量也只是听交易方口头上描述和承诺。（a_{30}）S 公司由于企业初创，面临一些资金问题，（a_{31}）没有经济储备，面临财务压力，（a_{32}）进行市场调研或是通过收集企业完备信息来降低这些投机主义行为会导致搜寻成本和监督成本增加，（a_{33}）也在一定程度上使得交易成本上升，（a_{34}）因此，S 公司在信息掌握情况较低的情况下，签订了契约，（a_{35}）在契约签订后发现，有的企业利用虚假的诚意来获取 S 公司的信任，（a_{36}）利用虚增的资本价值来占据更多的收益分配，（a_{37}）也通过采用华丽外表包装劣质产品来取得价格优势等机会主义行为。（a_{38}）

---

① 韩炜. 基于扎根理论的企业战略定位探讨. 现代财经，2008（10）.

随着互联网等新技术的出现改变了企业产生、组织和竞争的方式（Teece，1997）、市场和产业秩序。创业企业可以嵌入网络，从而获得组织功能的发育，获得外界的社会资本和经济支持（朱振坤，金占明，2009）。嵌入网络中的企业，可以从外界学习和取得技能或服务，通过给可靠的合作伙伴传递广泛的信息带来信任，以及增加获取潜在资本的可能（Morse，Fowler & Lawrence，2007）。但是，由于信息共享程度不高，在交易活动过程中也会出现一些情况，有别于企业进行合作的初衷。

信息的共享性和企业的搜寻成本高，是企业网络组织契约性风险产生的中介条件。企业通过自身的背景、市场定位、符合国家产业政策等优势资源从科委等单位获得技术支持和产业发展方面的信息，（a_{39}）获得其引导，利用项目授权、科技型基金等引导方式激励企业开展相关研究。（a_{40}）对一些企业研发出的产品、技术等科技成果公平、公正地进行评审，并将符合国家产业政策和有利于科技发展的关键项目纳入政府重点扶植的范畴。（a_{41}）在政府的引导下，公司与天津某中心签订了合作协议，（a_{42}）但由于签约前双方接触较少，掌握的情况不是很充分，在合作过程中发现，两者在战略思路上表现出不一致性。（a_{43}）该合作方倾向于一家一户"点对点式"的经营，较难开展工业化生产。（a_{44}）而S公司主要不是进行参数的研究，而是保证参数的实现，（a_{45}）并且公司能够开展规模生产，（a_{46}）因此，二者很难开展合作。（a_{47}）

因此，S公司通过政策的引导，与相关中心进行合作，但由于最初双方互动性不强，掌握的生产和战略方面的信息也不是很充分，因此，面临一些合作难以顺利展开的风险。

契约的签订具有时点性，在具有嵌入型风险的网络中，当企业形成嵌入关系时，成员间的信息共享程度低，无法识别其他企业的真实禀赋而导致与低劣条件的企业形成合作风险，在进行交易活动时，很可能会失去其具备的具有竞争优势的核心技术，从而在网络中处于不利地位，隐含着发生失信爽约等机会主义行为的风险。公司文件与访谈记录显示，S公司致力于开发并提升应用技术，（a_{48}）所以在具体业务中，公司仅对产品进行设计和装配，零部件外包生产。（a_{49}）但在外包的过程中，发现产品的焊接出现问题，（a_{50}）而在合作之初合作方在技术参数设计和品质保证方面给予了充分的承诺，（a_{51}）可是，在合作过程中却发现质量上存在很大缺陷，（a_{52}）公司不得不重新寻找合作方，（a_{53}）不仅影响了该批设备的设计进度，更推迟了交货时间，造成了不好的影响。（a_{54}）吸取这次教训后，

S公司领导对契约签订给予了高度的重视。(a_{55})

因此,契约签订后的产品质量偏低、技术水平偏差,对企业的生产和在网络中的影响是极为重大的,它影响企业的价值创造,组织间的合作发展。合作方的选择极其重要,但是由于共享的信息较少或是共享程度较低,嵌入网络中的合作伙伴的行为有时也存在很大的不确定性。从以上资料来看,信息共享程度低,扩大了信息的不对称性,导致签订的契约不完备,不但给企业带来直接的损失,还对企业所嵌入的网络中的价值创造产生了很大的影响。

2. 主范畴二——锁定风险

主范畴二的典范模型,见表 6.5。

表 6.5　　　　　　　　　主范畴二的典范模型

因果条件	现象
资产专用性（AA_{10}）	锁定风险（AA_{30}）
因果条件的性质	"锁定效应"的特征面向
很难轻易转换合作伙伴（AA_{25}） 对原材料的依赖性（AA_{60}）	重要合作关系套牢的可能性 资源依赖程度	大（AA_{28}） 高（AA_{60}）
要求重新谈判或是重新签订契约（AA_{31}）	契约中途更改的可能性	存在（AA_{27}）
经济活动中已投入不能回收的"沉没成本"（AA_{38}）	沉没成本的产生的可能性	存在（AA_{38}）
过度专业化或技术等遭受侵害或缺失（AA_{26}）	技术专业化的程度	高（AA_{35}）
较高的转换成本或退出成本（AA_{32}）	转化成本或退出成本的损失	大（AA_{32}）
"锁定风险"的行动脉络		
锁定风险是在下述条件下产生的:处于网络中供应链的上下游,双方致力于长期合作,致力于发展和维持合作关系,资产专用性使交易双方相互依赖,具有不可调换性,互动程度高,面临着机会主义的威胁,在较高的资产专用性的条件下,组织企业很难轻易转换合作伙伴,在关系套牢的情况下,企业不得不继续先前的合作活动。然后:		
中介条件	行动/互动策略	
转换成本（AA_{32}）	放弃合作,果断退出（AA_{19}） 扩大网络组织边界,增强网络组织活力（AA_{22}）	
结果		
显性要挟行为（AA_{29}）		

资料来源:作者整理。

在访谈中,S公司介绍其经营理念,即公司负责产品设计与最终的装配环节,中间的零部件则采取外包方式,(a_{56})但核心的技术始终掌握在S公司手中。(a_{57})S公司从多渠道寻找客户和供应商,并成为了这些厂商的供应商。(a_{58})S

公司在最初设计时，（a_{59}）要将设计方案融入厂商的相关设计中，以便他们将总体设计图和客户商讨，得到客户认可后进行规模化生产，（a_{60}）网络组织成员间信任程度高，互动性强。（a_{61}）S公司的供应商的选择中，也趋向于选择产品及服务质量好、成本低的合作伙伴。（a_{62}）网络组织成员间因为不可分割的互补性资源整合在一起，出现了网络组织产生的重要影响——协同效应。然而，也伴随着另一种效应的出现——锁定效应。网络组织产生的资源更具有稀缺性和难以模仿性，导致单个企业锁定在网络中，以及成员之间的相互锁定。

转换成本在这一过程中作为中介条件，发挥着不可或缺的作用。在资源依赖程度较强的情况下，企业进行资源的中断或是重新获取，会产生较高的转换成本。通过访谈得知，S公司是本着寻求品质保证、品牌具有一定美誉度这个标准寻求供应商，签订契约。（a_{63}）在合作伙伴中，有的合作长达十多年。（a_{64}）S公司表示，在企业的供应链中，公司倾向于选择国际知名的供应商的产品。（a_{65}）公司认为，选择知名品牌除了保证质量外，还可以减少维修成本。（a_{68}）S公司会与网络成员进行积极合作，产品系数参照供应商的零部件规格进行设计，并规模化生产和推广。（a_{69}）但是即使在合作多年之后，有些供应商要求提高产品价格，比同类产品高出2%，（a_{70}）由于企业设备的参数及规格都是按照其设定的，（a_{71}）倘若放弃购买该型号设备，意味着企业要支付极高的转换成本，（a_{72}）所以尽管供应商提高价格，企业也被迫继续购买其设备。（a_{73}）结果是企业被锁定在该合作关系中。（a_{74}）转换成本是企业从一个供应商转换到另一个供应商时所必须付出的代价。它可能使用户被锁定在原有组织或系统中，反映了顾客被供应商锁定的程度。从转换成本的角度来看，当存在巨大的转换成本时，也就意味着用户被锁定了，因而很难从一个系统（买方）转移到另一个系统（买方）。一般认为，由于转换成本的存在，早期的决策是非常关键的，是竞争的焦点，用户可能由于现在的选择而在日后的经济活动中陷入特定买方的锁定之中。因而，由于网络组织的外部性，企业趋向于选择较大规模的成功的网络。

由锁定产生的"要挟"行为，是一种普遍的经济现象。"要挟"行为是剥夺他人的专用性准租的一种后契约机会主义行为（Klein，S. Kozlowski，1996）。"要挟"行为产生的根本原因，是契约的不完全性（Teece，J. David，1976）。S公司在信息共享程度低时，具有资源优势的一方会占据主动地位，其为了追寻更大的经济利益，会做出违背一直遵守的共同规范，使得交易对方在合作中被迫接受不利于自己的契约或是使得自身投资贬值，导致交易方面临成本损失。

S公司与其供应商之间由于在合作过程中信息共享程度低，导致面对供应商的要求没有任何防备，不能及时地进行公司战略或是设备设计的调整。鉴于对其原材料的依赖以及拒绝接受要求会遭受更大的转换成本的损失，因此，面临供应商要求提高成本价格的要挟行为，并且这种要挟是显性的，是供应方出于对利润的追逐而单方实施的行为。因此，在企业网络组织中，成员间彼此依赖程度越高，越可能被"显性要挟"。

面对上述典范模型中的关系，我们要回到资料中进行验证。首先，构建如图6.2所示的证据链。

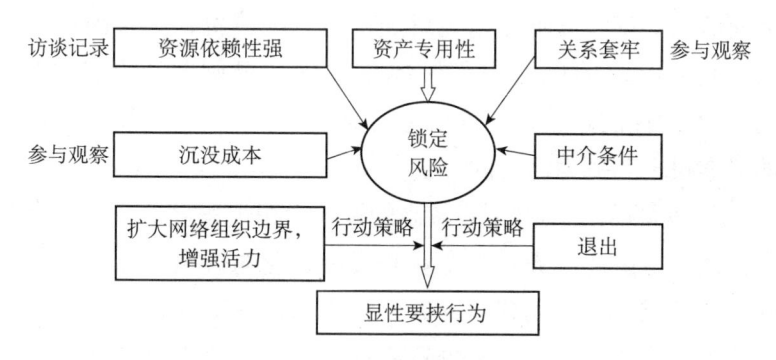

图6.2 主范畴二的证据链

资料来源：作者整理。

规则一经形成就很难打破，其原因是由于惯性。而在经济活动中，也存在这种现象。它具有长效性，改变它是很困难的。人们关于这种现象的一切理论，都可以用"锁定"来解释。

企业间具有互补性资源，尤其当资源对其中一方是必不可少的关键资源时，锁定效应随之产生。因为该资源在经济活动或是生产过程中是必不可少的，对企业的经济活动起着至关重要的作用。

在访谈中得知，公司曾为一个客户设计出一套设备，该设备是按买方的特定订单设计的带有特殊性能的装备，（a_{75}）但当交货时，客户要求修改或重新设计。（a_{76}）针对该客户的具体参数设定的这套设备，（a_{77}）被拒收后不再具备使用价值。（a_{78}）若换作他用，也存在较大的成本。（a_{79}）即该项投资做出之后，如果改作其他用途就可能丧失全部价值或部分价值。（a_{80}）无论是更改用途还是重新设计，对S公司都会造成很大的成本损失。

由图6.2可知，转换成本贯穿在这条锁定效应的证据链中，这是因为转换成本对于企业的重要性以及企业对其的重视，产生了锁定的风险。上述谈话中的现象,也归结为"功能性锁定"。之所以将其归结为功能性锁定风险,是因为存在着特定用途且很难移作他用的资产,它不能从现有的用途中退出而转到其他收益较高的用途中去,也不能从其他类似的生产要素中获得补充。

"专用性"依赖于网络组织而存在,面临被其他组织成员机会主义行为侵蚀的风险,在谈判中往往处于被动地位,一旦与组织相分离,其市场价值会迅速贬值。正如资料中提到的,S公司倾注全力设计的一套设备,被紧紧"锁定"在该客户的要求下,一旦结束合作或是退出该网络组织,将面临沉没成本。S公司的应用技术专用性资产投入越高,越容易被一方套牢,由于与参与方之间信息共享程度低,越发增加了对方的投机行为。因此,专用性投资面临加大交易成本的机会主义倾向以及增加可剥削租金的风险(王雎,2006)。资产专用性的存在,使得事先的竞争被事后的垄断所取代,导致专用性资产的"准租金"攫为己有的机会主义行为(王莉,石金涛,2006)。郝斌(2010)从模块化的角度解释了在较高的资产专用性程度下,组织企业很难轻易转换合作伙伴,由此形成核心企业对成员企业的锁定,从而提高了模块化组织内部的交易成本。缪匡华(2007)也指出,在交易活动中,资产专用性高,在信息不对称的情况下,提供专用资产的一方会面临"准租金"被侵占的风险,机会主义行为(自利的行为或欺骗性的行为)使交易成本更高。因此,资产专用性成为企业网络组织嵌入风险的重要因素之一。

3. 主范畴三——负互惠风险

主范畴三的典范模型,见表6.6。

表6.6　　　　　　　　　　主范畴三的典范模型

因果条件		现象
利己行为（AA$_{40}$）		负互惠风险（AA$_{47}$）
因果条件的性质		"负互惠风险"的特征面向
知识信息溢出（AA$_{42}$） 核心技术水平溢出（AA$_{42}$） 新企业进入,争夺资源（AA$_{41}$）	知识、技术溢出的可能性 新企业进入,竞争加剧	存在（AA$_{42}$） 加剧（AA$_{46}$）
"负互惠风险"的行动脉络		
负互惠风险是在下述条件下产生的：互惠性是指企业网络组织中成员间彼此相互信任、进行信息共享、相互依靠的程度,互惠行为促进了核心能力的形成和企业绩效的改善,但是出于利己行为,进行恶性竞争或是导致溢出效应,产生一些负互惠行为,然后；		
中介条件		行动/互动策略

续表

因果条件	现象
信任程度（AA_{39}）	协调机制（AA_{38}）
	学习机制（AA_{52}）
结果	
溢出风险（AA_{44}）和恶性竞争	

资料来源：作者整理。

在访谈资料中，我们能够验证上述典范模型中的关系。首先，构建如图6.3所示的证据链。

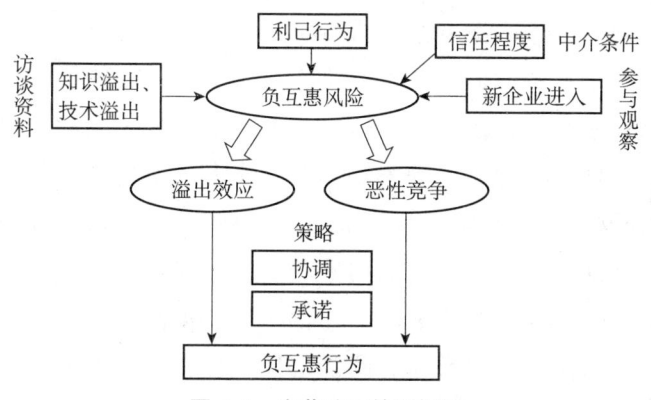

图 6.3 主范畴三的证据链

资料来源：作者整理。

公司之间的信息、知识交流是企业间长期稳定发展的互动策略。访谈中我们发现，S公司某客户筹备建设一个大项目，并交由S公司设计，然后将设计图融入客户整体设计图中交由顾客认可，充分进行成员间的信息共享和互动。（a_{81}）这类客户群体选择合作伙伴的标准更多的是服务质量、价格优惠和有效沟通三方面。（a_{82}）为此，S公司曾搞过两次设备使用培训，（a_{83}）请对方到现场进行参观、（a_{84}）与S公司内部技术人员交流，（a_{85}）S公司不仅提供培训的教材，（a_{86}）开展服务型营销，（a_{87}）还将自己公司的技术人员介绍给客户，（a_{88}）大家相互学习交流经验。（a_{89}）公司虚心听取客户问题的反馈，多次与客户进行沟通，（a_{90}）进而采取充分调研与试验的方式，获得有助于改善自身设备和技术的信息和数据。（a_{91}）这种交流方式不仅促进了专业化知识的转移，还可以进行知识的重组和创新。（a_{92}）S公司和客户通过合作达到互惠。（a_{93}）用户、供应商和制造商之间进行很好的交流，这种机制使网络中组织成员间的联系更加紧密。

信任程度是负互惠风险产生的中介条件。在企业网络组织成员合作过程中，一方面，通过与优质的公司进行知识分享而获得租金；另一方面，网络中的成员是理性的经济人，在利己动机的驱动下，组织间知识、技术的交流也伴随着另一种行为——负互惠行为产生。

据 S 公司总经理讲述，这种不愉快的事情在企业的发展过程中真实地发生过。2006 年，S 公司接了南方一个项目，（a_{100}）公司花了半年时间，花费大量人力、物力设立出一套方案，（a_{101}）并派出两名工程师南下到现场进行安装、调试和检测。（a_{102}）然而，两名工程师回来之后相继以家事不便和身体有恙为由辞职。（a_{103}）公司觉得两名职工平时工作态度和业绩很不错，发齐了工资还额外给了些福利。（a_{104}）但在 2008 年一次同行业交流活动中得知，此两人均被该客户高薪挖走，（a_{105}）还带走了 S 公司的几张图纸和设计方案。（a_{106}）当时出于对员工的关怀和对合作方的信任，（a_{107}）公司对自身员工没有过多严格的规定和限制，（a_{108}）对一些关键人员也没有相关的保护协议，（a_{109}）导致公司受到很大的损失，造成技术外溢、核心知识溢出等后果。（a_{110}）发生这种事情，源于员工和合作方获得高额利益的动机，更重要的是公司与员工以及公司与合作方间的信任程度较高，但网络组织成员在利益的驱使下，没有遵循网络组织中共同的规范。（a_{111}）这就是企业网络组织嵌入过程中产生的"负互惠风险"。

S 公司总经理回忆时说到，在 S 公司最初形成网络时，企业有自己固定的供应商、销售商、承包商，客户源也固定，（a_{116}）在这样一个稳定的网络环境中，企业没有竞争压力和创新动力，（a_{117}）此外，网络成员间强关系的存在，使得组织间各个企业都与固定的伙伴存在重复关系，形成了一个封闭的小规模网络，（a_{118}）导致了外部新的信息或异质信息不能进入网络，（a_{119}）网络组织僵化，也降低了网络组织在不确定的外部环境中的适应性和抗风险能力。（a_{120}）

随着 S 公司的逐渐扩大，一些企业认识到与 S 公司合作可以获得更丰厚的利益时，（a_{121}）开始加入网络中开展交易活动，（a_{122}）引发成员之间相互争夺资源和市场的行为，（a_{123}）结果不仅无法获得丰厚的收益，（a_{124}）还抑制了企业自身规模的扩大和效率的提高，（a_{125}）削弱了合作过程中的创新动力，从而影响了网络组织整体效率的提高。（a_{126}）S 公司在进行经济活动中，没有明晰地规定在合作过程中双方的付出程度，（a_{127}）对资源投入量的多少、技术创新主动性程度等也没有严格地界定，（a_{128}）但 S 公司意识到网络组织中有的企业更多的是依赖合作中可以共享的资源，（a₁₂₉）很少进行创新，（a₁₃₀）一些新的知识和信息不能被吸收和运用，（a₁₃₁）此外，企业之间更多的是效仿行为，（a₁₃₂）因此，企业在长期的合作过程中缺少创新。（a₁₃₃）市场竞争越来越激烈，（a₁₃₄）S 公司也意识到网络组织稳定的重要性，（a₁₃₅）于是，开始选择优质的伙伴进行合作。（a₁₃₆）与此同时，也注重人才的创新培养，为员工提供参与重要国际技术交流会的机会，（a₁₃₇）为员工增加各种培训机会。（a₁₃₈）

4. 主范畴四——传导性风险

主范畴四的典范模型见表 6.7。

表 6.7　　　　　　　　　　　主范畴四的典范模型

因果条件	现象
信息传递性（AA₅₅）	传导性风险（AA₅₉）
因果条件的性质	"传导性风险"的特征面向
产品设备所需要的气候条件（AA₅₃）	外界环境影响程度	大（AA₆₁）
网络成员联系偶然（AA₅₄）	合作关系的强度	弱（AA₅₄）
合作伙伴间共享的信息（AA₃₄）	信息共享程度	高（AA₃₄）
企业自身和中间商及客户间的熟悉程度（AA₅₇）	网络成员间的整体互动性	不强（AA₂₄）
信息传递的准确程度（AA₅₈）	信息传递的真实性	低（AA₆₀）
"传导性风险"的行动脉络			
传导性风险是在下述条件下产生的：在网络中，各结点企业相互连接和作用，对通过它的信息具有相应的决策能力。在结点企业合作的同时，也会产生"冲突性"或"非均衡性"。网络结构中的特定交易活动中，获得共享的信息，但由于结点企业间互动性不强，使得成员往往会按照自己的认识对网络内的信息进行理解和传递，从而产生信息失真和信息扭曲的风险。尤其，当某一结点处于具有相对优势的地位，具备较强的控制力和协调能力时，其风险会从某一结点出发，通过特定的交易或合作过程对企业网络组织内的其他结点产生影响，进而对整个企业网络组织具有较大影响。然后：			
中介条件	行动/互动策略
互动频率（AA₅₅）	增强互动 适度嵌入（AA₄₃）
结果	
信息失真和信息扭曲	

资料来源：作者整理。

在这条证据链中，合作伙伴中的信息传递性是传导性风险产生的重要条件。访谈资料显示，S 公司与地方相关政府部门和企事业单位有很好的合作关系，地方相关政府部门拥有较多的资源，在其中起到了重要的作用。（a₁₃₉）

S公司所形成的网络中,网络成员不断增多,网络规模不断扩大。(a_{140})S公司经地方相关政府部门介绍,成为多个重要部门的供应商,(a_{141})而且保持了持续的合作。2009年,经地方相关政府部门介绍,又作为南方一客户设备的供应商。(a_{142})于是,S公司通过电话的形式与该客户充分交流,(a_{143})对设备的型号、规格、系数都按照其要求进行设计和制造。(a_{144})由于S公司专注于应用技术和产品设计,其他环节外包。(a_{145})S公司生产完该批设备后,计划通过外包完成喷漆。(a_{146})倘若使用合作多年的喷漆单位,待喷完之后运到南方还需要一段时间。(a_{147})于是,S公司决定在南方寻找一合作单位,(a_{148})经人介绍,联系到一家喷漆单位,(a_{149})将喷漆的具体需求完全告知对方,(a_{150})要求其喷完之后送到订货方。1个月后,订货方找到S公司说设备的漆全部脱落,(a_{151})S公司马上派人到现场检查,同时和喷漆方取得联系,(a_{152})经过仔细检查发现设备设计和漆的质量没有任何差错。(a_{153})后来发现,问题出现在气候上。(a_{154})S公司以往设备喷漆都是经过数天暴晒后才进行最后的喷涂环节,(a_{155})虽然S公司在合同上注明天气晴朗时暴晒数天后进行喷涂,喷漆方也是按照该要求做的,(a_{156})但是,喷漆方理解的天气晴朗就是不下雨,而在南方的气候环境下,晴天气候也是湿润的。(a_{157})最重要的是,由于与该喷漆方是初次合作,(a_{158})互动性较弱,(a_{159})没有考虑到气候这一重要因素,(a_{160})造成了重大损失。S公司召回整批设备,重新生产,(a_{161})交由一直合作的北方1家喷漆厂进行喷涂,然后运给南方客户。(a_{162})

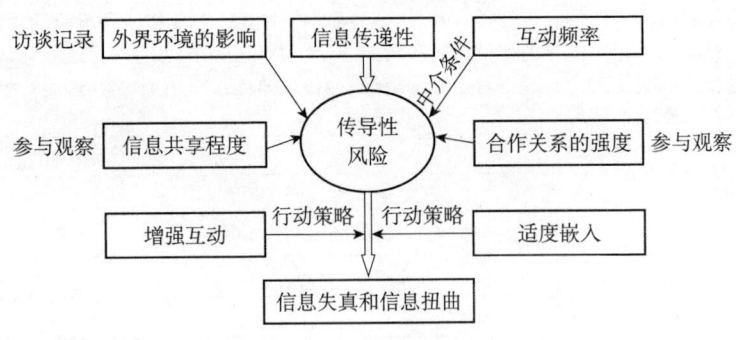

图6.4 主范畴四的证据链

资料来源:作者整理。

互动频率是传导性风险产生的中介条件。总经理感叹道,经过这次教训后,深深意识到,合作伙伴之间进行紧密联系和互动的重要性。由此可见,网络中成员间的互动是进行成功合作的关键因素，企业网络组织中存在诸多资源和信息，信息共享程度高，然而成员间联系程度不高或是部分成员间进行交流，将会于信息传递过程中出现信息失真或信息扭曲，使得网络组织成员在运作过程中受到很大阻碍，甚至出现成员间信任度下降，网络成员退出的风险，使得网络组织的稳定性受到很大波动。

由于网络中各个结点之间的相互利益关系的存在，信息具有传递性，使得风险在结点间具有传导性。在 S 公司的生产经营活动中，与合作伙伴间联系不足，互动性较弱，使得合作伙伴对共享的信息和网络规范的认识存在滞后性和随机性。由此产生的信息失真和信息扭曲，将会于某一特定的合作过程中在网络成员间进行蔓延和传导，使得网络成员受到损失，从而也对整个网络组织的经济活动产生影响。

可见，企业网络组织的嵌入性，使得风险的流动性和传导性客观存在。[①] 组织成员间弱嵌入性使得组织内联系程度弱，互动性不强，传递的信息和资源也存在失真现象。

以上分别对企业网络组织嵌入风险的各个范畴以及典范模型进行了分析，表 6.8 对上述分析进行了总结。

表 6.8　　企业网络组织嵌入风险的主范畴和典范模型

典范模型	主范畴"契约性风险"	主范畴"锁定风险"	主范畴"负互惠风险"	主范畴"传导性风险"
因果条件	契约不完备	资产专用性	利己行为	信息传递性
现象	契约性风险	锁定风险	负互惠风险	传导性风险
脉络	信息共享程度低时签订契约	资源依赖程度高	互信程度强，进行信息共享	共享信息传递的真实性
中介条件	信息的共享性；信息搜寻成本高	转换成本	信任程度	互动频率
行动策略	交流、市场调研、适时的契约调整、建立学习和监督机制	放弃合作；扩大企业网络组织边界，增强网络组织活力等	协调机制信用承诺	适度嵌入进行互动
结果	隐瞒信息、"搭便车"	显性要挟行为	溢出风险和恶性竞争	信息失真和信息扭曲

资料来源：作者整理。

---

① 夏喆. 企业风险传导的机理与评价研究. 武汉理工大学士学位论文，2007.

（三）嵌入风险的选择性译码

选择性译码是把概念化过程中尚未发展完备的范畴补充完整的过程。该过程要选择核心范畴，并系统地和其他范畴进行联系，然后验证其间的关系。经过了长时间的资料搜集与分析整理工作，我们要建构一个扎根理论的模型。但并不是要发展一个全新的理论，而是借助先前统合的过程提炼出目标案例的风险状态。

1. 故事线及其核心范畴

在做主轴译码时，我们已经开发了4个主范畴，它们各自的性质和面向，以及由资料所呈现的典范模型中涉及的因果条件、脉络等五个方面都系统地表明了主范畴与副范畴之间的关系。这些更加丰富的资料，为选择性译码奠定了基础（Strauss A.，J. Corbin，1997）。当我们思忖这些资料表达什么意义时，先试图勾画出一个能够扼要说明全部现象的核心——故事线。

（1）故事线。

分析了上述资料后，下一步我们要进行统合，从资料中摘出一条故事线，借以把现象中的核心部分予以概念化，从而形成后续的核心范畴。

在本案例中，沿着主范畴的指引，塑造的故事线如下：

故事主要是关于S公司从创业到发展至今，其嵌入企业网络组织过程中存在的风险现象。S公司成立之初，由于初创背景及自身技术的限制，信息搜寻是有成本的，因此，S公司对所选择的供应商和客户的状况、技术和知识水平等了解和掌握的信息不完备，搜寻的信息较少，在信息共享程度较低的情况下，契约的签订具有不完备性，导致在合作中，发现合作伙伴的财务状况、服务质量、技术水平等出现隐瞒信息和"搭便车"行为等，给S公司自身的利益和发展带来不利影响，因此存在契约性风险。随着S公司的壮大，企业网络组织的边界也不断扩大，其合作伙伴、供应商、客户等越来越多，S公司根据拟定出的标准进行层层筛选，在众多备选中选中最中意的合作伙伴进行合作与互动。在S公司成长的过程中，与供应链上的一些外协加工商以及外购件的生产商、科研院校等都形成了长期、稳定的合作关系。在嵌入的企业网络组织中，随着关系强度的加大，关系越来越紧密，涉及多领域的技术合作、技术应用等经济活动，双方致力于长期合作，在客户与供应商相互依赖、产品及服务质量相互影响的情况下，由于信息的不对称性，造成结果的不确定性，锁定风险也随之发生。企业网络组织中的成员在长期联系的过程中，积极进行合作和互动，但网络成员是理性的经济人，在利己动机的驱动下，会造成网络内共享的知识、技术溢出，此外，一些追逐利润最大化的企业也会全力进入网络中，从而发生争夺资源和抢占市场等恶性竞争现象。在网络组织中信息快速传递的过程中，成员面对组织内共享的信息，会有选择地接受和传递，也不可避免地要受到外界环境等因素的干扰，从而使得成员间传递的信息出现信息扭曲或失真。信息具有传递性，在传递过程中会出现信息强度或信息真实性的变化，失真的信息给企业网络组织成员及整个网络组织带来不利的影响。

由以上风险因素可以看出，故事的首要议题是在信息共享程度低或程度高的情境下，S公司在所嵌入的网络组织中存在哪些嵌入风险。

（2）核心范畴。

经确认，上述故事线能够代表扎根资料所呈现的现象，我们需要把这种描述转化成概念，即用分析式的语言来分析整个故事。本着凝练S公司嵌入风险的目的，在主轴译码过程中抽象出的4个主范畴内，每个范畴都代表各自的特征，均不能包容上述故事线。同时，考虑到四个主范畴均源自于不同的风险源，在信息共享程度不同的情境下，涉及嵌入性的特征，构成了企业网络组织嵌入过程。此外，由前面的译码过程可知，嵌入风险是主范畴的关键因果条件，能够较好地诠释整条故事线。因此，基于以上考虑，本章将全部现象归结为"嵌入性风险"，并使其作为核心范畴。

2. 发展范畴的状态

（1）发展范畴的性质和面向。

完成由描述到概念化的过程。无论核心范畴或是一般的范畴，都需要就其性质加以发展。在前面的译码过程中，我们已经多次进行了这样的工作，这里我们还需就核心范畴进行深入地发展。就"基于嵌入风险"来说，它有两个主要的性质和面向：一个是嵌入性，另一个是信息共享程度，如表6.9所示。前者按照其程度大小，从弱到强面向上有所变化；而后者根据信息共享程度，在低与高之间有所改变。为此，我们依据核心范畴的性质与面向，发展出如下概念关系：

表6.9　　　　　　　　　　核心范畴的性质与面向

性质	面向范围
嵌入性	弱—强
信息共享程度	低—高

资料来源：作者编制。

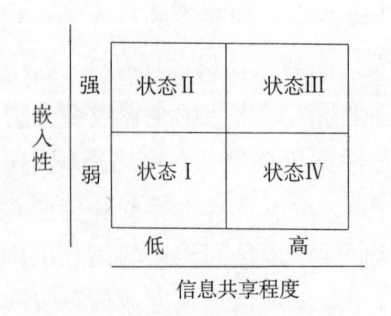

图 6.5　基于核心范畴性质的关系

资料来源：作者编制。

（2）范畴与信息共享程度及嵌入性的关系。

为了使理论更具普适性，我们借助"嵌入风险"这一核心范畴彼此相关的性质和面向，欲挖掘出不同的形态，根据图6.5，我们发掘的4种企业网络组织嵌入风险状态，分别为：

状态Ⅰ．当信息共享程度低，嵌入性较弱时的风险状态；

状态Ⅱ．当信息共享程度低，嵌入性较强时的风险状态；

状态Ⅲ．当信息共享程度高，嵌入性较强时的风险状态；

状态Ⅳ．当信息共享程度高，嵌入性较弱时的风险状态；

本章认为，基于核心现象所形成的四种状态后，将系统地凝练出资料中的范畴。在此，我们将对应上述状态对本章中发展出的4个主范畴逐一进行分析，最终得出4个主范畴与状态在一定程度上呈现出的对应关系。

①状态Ⅰ——契约性风险。在分析主范畴契约性风险时，我们了解到，契约性风险主要是在进行经济活动过程中，企业在签订契约前和契约签订后产生的行为。契约签订的时点划分为签约前契约不完备和签约后契约不完备，并且企业网络组织中信息共享程度较低时，不对称的私人信息可能是无法验证的。企业在参与经济活动中，签订契约是经常发生的商业行为，以规定各自的权利和义务，但由于信息掌握的充分程度不同，一般而言，正式契约是不完备的。同时，企业网络组织的契约是一项集体的缔约活动，因此，难以做到事前的完全理解与一致，契约签订也是不完备的。交易的当事人在执行契约行为之前，也通过说谎、隐藏信息等机会主义行为为自己争取更多的利益和占据有利的地位，这些行为使交易者陷入契约性风险之中。

在本案例中，以Ｓ公司为中心，通过相关机构等形成一个生产研发网络，在生产研发上进行合作。在主轴译码过程中我们还发现，信息共享程度低，在契约签订之前，不难发现在 S 公司和相关中心进行经济活动时，存在不清楚对方的产品质量、服务质量、技术水平等情况，或合作方故意隐瞒相关信息的行为。因此，信息共享程度低。在契约签订之后，公司在进行联合研究项目开发、扩展合作计划以及双方围绕特定交易的运作中，由于研发项目的独特性，无法确切地保证所需资源的数量，即使能够确定资源投入量，也无法准确地计算出各方在合作中的贡献，因此，信息共享程度低又为合作过程中各方发生冲突埋下了隐患。环境的不确定性和市场的多变性，形成了新的竞争与合作环境，进一步加剧了信息共享程度不高的状况，扩大了信息不对称性。同时，交易方的信誉度与动机也不能清晰地掌握，因此可能存在其采取一些有利于自身效用的自私行为。比如，存在资源投入不足、实际提供的产品质量和服务水平方面存在缺陷等投机行为。此外，由于内外环境的不确定性，企业各方在合作过程中，成员更多地依赖共享网络资源，而在产品、技术等方面缺乏创新，产生"搭便车"等投机行为。综上可知，较低的信息共享程度在合作过程中产生了一系列风险。

在企业执行一项合作计划时，双方围绕特定交易目标进行运作，在这一价值创造过程中通过释放单边潜在控制利益来扩展双边的关系投资。因此，在如今重视外部资源的竞合时代，嵌入网络组织中是企业进行经济活动的客观要求，涉及生产运作的诸多方面，如寻找原材料供应商、项目研发等，企业为了更好地进行生产运作，获得效用的最大化，无不进行着嵌入行为。出于进行经济活动的需求，嵌入也对组织间信任提出了更高的要求。对企业而言，面对市场的不确定性和信息的不对称，企业间信息传递程度较低，产品、技术等质量披露也存在不足，S 公司最初嵌入企业网络组织中，与合作企业联系密切程度较低，合作更多的是出于完成当前任务的需要，彼此互动性较弱。由于信任的程度较低，双方在分享信息和解决问题方面也存在不足，因此，没有充分利用网络机会和资源，嵌入性较弱。信息共享程度低、嵌入性较弱、契约的不完备导致的契约性风险，是企业网络组织嵌入过程中面临的风险之一，具体分析框架见图 6.6。

②状态Ⅱ——锁定风险。在进行主轴译码中，锁定风险主要表现为"显性要挟行为"，在企业嵌入的网络中通过持久的互动和紧密的联结，依赖合作过程中的资源进行交易活动，产生了锁定行为。这里，也将对锁定风险进行分析。

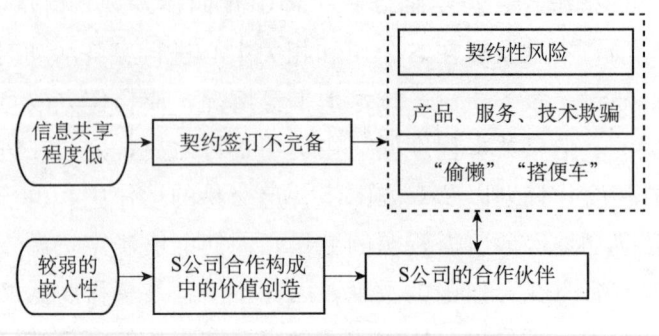

图 6.6 状态 Ⅰ——契约性风险的分析框架

资料来源：作者绘制。

"显性要挟行为"的产生，是出于特定的企业网络组织中会面临交易方的"讨价还价"的机会主义行为的威胁。"显性要挟行为"是 S 公司发展到目前较成熟时期面临的 1 种风险，S 公司在企业网络组织中具有较强的嵌入性，与交易方具有强联系，在网络中也处于核心地位，这种风险的出现对于 S 公司来说也是不可避免的。S 公司在整个企业网络组织嵌入过程中具有较强的嵌入性。首先，S 公司在发展过程中，欠缺某些"专有性资源"，如银行机构拥有的"专有性"资源、某公司拥有的原材料，这些资源被 S 公司所依赖，进行着长期互动，处在网络的强联系中。其次，S 公司在逐步发展的过程中，在技术方面不断创新，在产品设计方面，提供的一些关键资源，不断提升产品的性能使其更好地应用到市场上。最后，与供应商共同解决合作过程中出现的问题，共享网络中的机会。S 公司的这种强嵌入性也使其与网络之外的其他供应商联系比较偶然，自身的网络边界比较小，由此可见，S 公司在网络嵌入过程中具有较强的嵌入关系。

专用性是契约是否稳定的重要因素（Williamson，1983）。随着 S 公司的发展，其业绩、财务状况、产品及服务水平已经在行业内有比较高的认可度，拥有了较成熟的"专有性"技术资源。S 公司的供应商也看好 S 公司专业的技术水平和行业的认可度以及广阔的市场前景，S 公司当初选择供应商看中的是对其国际品牌和对质量的高度信任。S 公司由于长期以来在该设备的零件供应上只选用这 1 家供应商，而且市场上认可度较高的产品几乎都是按照这一家供应商提供的原材料进行设计研发而成的，但对其生产状况方面的信息掌握情况较少，信息共享程度较低，供应商提升成本价格的信息之前也没有任何迹象。S 公司面对此专用性资产，只有被迫接受提高价格，由此带来原材料成本较大幅度的上升。S公司已经意识到组织中存在"要挟行为",倘若为了规避"要挟"行为的风险而降低自身专用性资产投资,将会限制自身技术创新和发展,也会造成企业网络组织整体价值创造效率的下降,对整个企业网络组织都将产生很大的威胁。随着网络内成员的逐渐成熟,S公司与多家企业在重复交易的基础上形成了长期合作、互相依赖、相对稳定的网络组织形式,这些组织成员之间的交易活动大多都是长期的重复性交易。但S公司意识到在这种互动下,成员更多地依赖于该网络组织中共享的资源,很少进行创新或是从网络外引入新的知识和信息来补充到网络组织中进行知识的更新,由此扩大了组织成员的依赖性,所产生的影响只能是过度的关系密集带来的资源过度依赖,缺少新信息的获取,整个企业网络组织结构僵化,网络组织失去活力。因此,网络中S公司由于信息共享程度低,且在资产专用性的情况下不得不面临"显性要挟行为"。

网络中成员不能完全观测到其他成员的全部行动和努力程度,因此,网络成员之间信息共享程度低。S公司在进行经济活动中,尤其是进行合作研发时,由于研发本身的性质,没有确定的研发流程和资源耗散系数等,使得在合作过程中,没有办法明晰地规定合作过程中双方的贡献程度,对资源投入量多少、技术创新主动性程度等也没有严格的界定,正是信息共享程度不高,使得S公司嵌入的网络组织中存在"显性要挟行为",组织成员锁定在封闭的网络结构中,阻碍网络与外部资源和信息的共享,成员越发形成创新惰性,这不仅不利于企业自身的生存和发展,也对网络组织整个价值链运作产生不利的影响。因此,在信息共享程度低的情况下产生了"锁定风险",见图6.7。

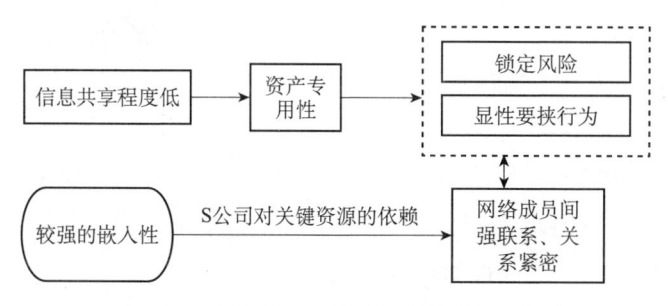

图6.7 状态Ⅱ——锁定效应的分析框架

资料来源:作者编制。

③状态Ⅲ——负互惠风险。在 S 公司嵌入的网络组织中，两个以上的成员在同一价值链中处于不同环节而形成相对稳定的分工关系和协作关系，进行着重复的交易过程。在交易过程中，S 公司相对于其他组织成员具有一些"专有性"创新技术资源，对其他供应商、客户等合作伙伴，从技术交流到技术指导、现场培训等，在交流与"干中学"过程中进行着市场交易，S 公司在网络组织中处于核心地位，由于自身资源和实力较强，容易突破单边界限向网络组织中发展，网络组织成员间进行着交换、生产和分配活动。网络组织成员间互动与交往的频率较高，网络中的企业彼此重叠的程度较大，网络整体依赖度较高。因此，S 公司具有较强的网络嵌入性。在本章负互惠嵌入风险的研究中，主要从恶性竞争和溢出效应两个方面来分析。

"恶性竞争"是指，某个产业由于进入的企业过多，已经使许多企业甚至全行业处于低利润甚至是负利润的状态。在 S 公司所嵌入的网络中，更多的企业为了共享组织资源进入网络中来，企业网络组织成员进行分工与协作，S 公司作为该网络组织中的中心企业，在知识交流、技术培训等方面起着领先作用，成员间信任程度高。合作伙伴之间进行很好的协调，信息共享程度高。而当企业意识到嵌入网络中可以获得更丰厚的利益时，越来越多的企业加入该网络中，这些新加入的成员往往缺乏创新，过度依赖网络组织中既存的资源，由此引发了成员之间相互争夺资源和市场的行为，不仅无法获得丰厚的收益，还抑制了企业自身的规模扩大和效率的提高，削弱了网络的创新动力，从而影响了企业网络组织整体效率的提高。

由于 S 公司掌握着一些"专有性"创新技术资源，对其供应商和客户等进行技术交流、培训指导，因此，成员间有着较强的信息共享，进行一项有同一目标的核心市场交易。但是，信息共享程度高更多地体现在交易方之间，双方信任度较高，S 公司内部也秉承信任人才的理念，正是囿于过度信任才发生了 S 公司供应商停止原材料供应及 S 公司内部技术人员自立门户的事情，网络中的成员如今成为 S 公司的竞争对手，导致技术人员流失、关键技术溢出现象，使得 S 公司遭受很大损失，其核心竞争力也受到很大冲击。因此，信息共享程度高，强嵌入性时产生了负互惠风险，见图 6.8。

④状态Ⅳ——传导性风险。信息是企业网络组织中不可或缺的重要资源，网络组织中的成员会积极搜寻对自己有价值的重要信息，而由于外界环境因素的影响或是成员自身的认知水平和理解能力的不同使得信息在传递过程中发生

变化。就 S 公司所处的行业而言，S 公司精于装配流程，以外包的形式完成一些非核心环节；在进行产品创新、技术研发方面，S 公司与其他企业进行相关技术参数的设定；政府"中介"职能的介入也为 S 公司提供了广阔的社会资源，并进行了长期的密切合作；S 公司与原材料供应商和制造商、零售商等供应链上的各个结点企业在产品要求和设计上进行沟通和交流合作，将各种生产、销售、库存数据和信息进行交换与共享。因此，这种条件下，信息共享程度高。

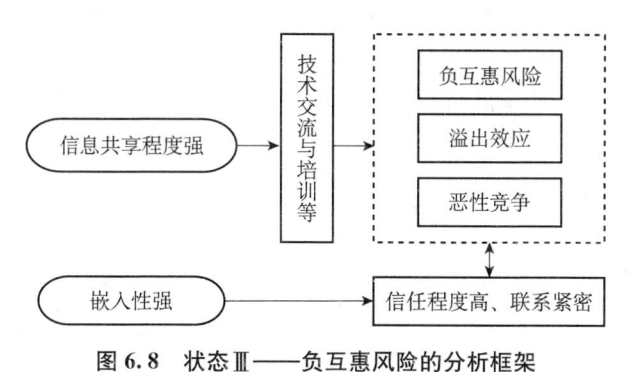

图 6.8　状态Ⅲ——负互惠风险的分析框架

资料来源：作者绘制。

在 S 公司的嵌入型网络组织中，S 公司占有较多的社会资本，不仅可以获得更多网络成员的信息，也能够吸引网络其他成员合作伙伴的一些信息和资源。此外，随着以 S 公司为中心的网络组织的逐渐完善，更多的伙伴加入该组织中成为其中的一员。但是，对于新加入的成员，无论从信任度还是彼此的熟悉程度上都存在不确定性，因而，在这种状况下，企业网络组织成员间的合作关系强度较弱。网络成员整体互动频率低，主要表现在结点企业的供需环节、内生产环节和最后验收环节。结点企业在各自运作过程中由于外界环境的不确定性、联系的偶然性和随机性，使得彼此熟悉程度和互动程度不高，因此，组织成员间的关系紧密程度不高，彼此的信任程度还有待进一步提升，在最初的经济活动中互动性较弱，信任程度不高，具有较弱嵌入性。

企业网络组织中，成员间是合作伙伴关系，某一结点企业传递的信息会对合作过程中其他结点企业产生影响，进行信息传递且信息在传递过程中会发生变化，如信息的真实性和信息强度。信息失真或扭曲导致的传导性风险，可能给网络中的结点以沉重的打击。网络中新加入的成员对网络组织的规范在认知和执行上存在一定的滞后性，对企业网络组织中共享的信息有自己的认识和理解，又由于与网络成员间的联结程度不高，因而会将共享的信息按照自己的意识进行加工和选择性接收后再传递给其他网络成员,由此带来信息的准确程度下降和失真。此外,也不排除个别企业为追求自身利益最大化而损害其他结点企业的利益,从而传递错误信息。因此,S公司在嵌入性较弱的情形下,基于信息的传递性,产生了传导性风险,见图 6.9。

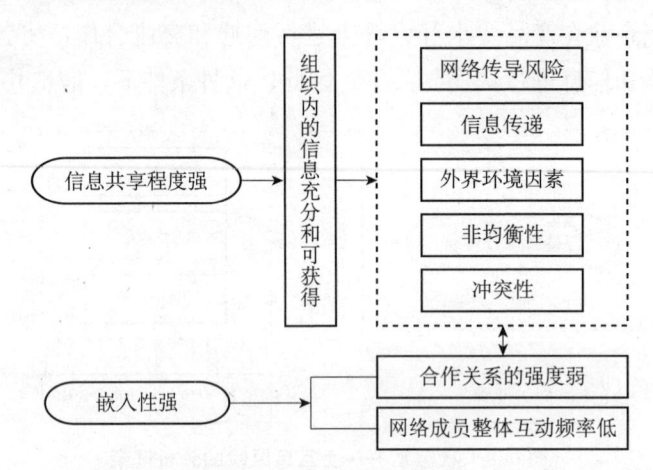

图 6.9 状态Ⅳ——网络传导风险的分析框架

资料来源:作者绘制。

在指认出基于核心现象所形成的 4 种状态后,发掘出 4 种风险现象与之对应的关系,即状态Ⅰ为契约性风险;状态Ⅱ为锁定效应风险;状态Ⅲ为负互惠嵌入风险;状态Ⅳ为传导性风险。每种风险的特性为:

状态Ⅰ当信息共享程度低、嵌入性弱时,企业网络组织嵌入风险主要表现为契约性风险;

状态Ⅱ当信息共享程度低、嵌入性强时,企业网络组织嵌入风险主要表现为锁定风险;

状态Ⅲ当信息共享程度高、嵌入性强时,企业网络组织嵌入风险主要表现为负互惠风险;

状态Ⅳ当信息共享程度高、嵌入性弱时,企业网络组织嵌入风险主要表现为传导性风险。

三、嵌入风险的控制机制

前文得出企业网络组织嵌入过程中 4 类主要嵌入风险,这些风险在一定程度上削弱了网络组织的整体优越性，使网络组织处在嵌入风险之中。本节在运用扎根理论对以 S 公司为中心的企业网络组织进行分析的基础上，提出"适度嵌入"机制、激励机制和信任机制来有效地规避嵌入风险或是将嵌入风险降至最低程度，进而有效地提升网络组织的运作绩效。

（一）适度嵌入机制

嵌入性较弱主要会产生契约性风险和传导性风险，嵌入性较强时主要风险为锁定风险和负互惠风险。这些风险在一定程度上影响了网络组织的整体优势，因此，需要一个机制使得企业网络组织嵌入性适度。孙国强和石海瑞（2011）认为，企业过度嵌入会使网络组织产生负效应，为了实现网络组织正的协同效应，企业网络组织要保持"适度嵌入性"，这样网络组织才能获得较高的绩效。企业网络组织嵌入过程中：一方面，实现适度的关系嵌入。嵌入性弱，发挥不出网络组织的优势，提升不了网络成员的自身竞争力，面对激烈的竞争，弱嵌入会使得网络成员间的信任过低，传递出的信息扭曲或是失真，契约签订不完备，致使优质有价值的信息无法在企业成员之间进行良好的传递；但也要避免过度嵌入，过度嵌入会使得企业固定在网络之中，受到要挟行为或是产业知识溢出的风险，也会由于企业网络组织内冗余的信息使企业自身失去活力。因此，降低网络中核心企业的中心性，使得网络中的权利不完全集中于某个结点。在 S 公司形成的嵌入网络中，面对某些关键零部件，主要权利在供应商手上，面对供应商的要挟行为，网络组织面临"脆弱性"和不稳定性。孙国强（2011）指出，适度嵌入性要求增加其他结点企业的中心性，避免带来锁定风险。另一方面，也要实现适度的结构嵌入。适度的结构嵌入是指，合理优化网络结构，要求网络中非核心结点企业降低对核心企业的过度依赖程度，从而增强自身的适应性，在一定程度上降低了企业网络组织锁定风险。此外，面对网络组织嵌入过程中的传导性风险，需要限制网络结点的数量。琼斯和赫斯特里（Joness, Hesterly, 1997）在研究中提出限制网络结点数量的观点，因为网络规模大，需要协调的关系就会增加，从而导致合作关系的质量下降及合作强度削弱。网络规模增大，也会给网络控制机制带来负面影响。[①] 此外，不利于信任的建立和持续，也可能使溢出

---

① 阮平南，田秋. 基于绩效的战略网络中结点数量的研究. 情报杂志，2010，29（S7）.

效应等负互惠风险加剧，挫败企业继续搜索的积极性和削弱资源共享意识。

适度嵌入机制旨在建立一个良好的企业网络组织状态，增加组织成员互动频率，促使成员间努力合作，降低网络组织嵌入风险。企业网络组织高效发展，组织成员也从中获益，形成一个良性循环。

（二）激励机制

在企业网络组织嵌入风险的分析中，不难发现存在偷懒、"搭便车"、隐瞒信息等现象，进而产生契约性风险。因此，为了限制网络组织嵌入过程中的投机行为，建立一个激励机制是必要而有意义的。激励机制的建立，能最大限度地防止网络组织成员中机会主义行为发生的可能性（彭正银，2003）。尚永胜（2006）也从企业集群的角度提出，健全集群内的激励机制和约束机制，以此来减少机会主义行为产生。激励机制的建立，主要体现在价值共享和声誉两方面。企业不可能具备其经济活动所必要的全部能力，所以，企业网络组织内存在着资源依赖关系与价值创造。网络组织中的成员依赖其他成员的资源，以较少的成本获得组织内共享价值的权利，这是网络组织中存在的一种"搭便车"行为。激励机制的建立能刺激组织成员调整自身的产品和服务结构来满足其他成员的不确定性要求，它激励组织成员选择最佳的路径和采取最有效的方法来解决冲突，进行组织间的经济活动，发挥共享资源的效能，实现组织内知识创新和价值的共同创造。激励机制鼓励成员间"讲真话"，按照共同的价值创造提供支付比例的形式对组织成员的贡献进行补偿（罗中伟，2000）。声誉机制通过提供有关成员的信任度和意愿度两个方面的信息来减少行为的不确定性，这样增强了网络中成员间互动的有效性（卢福财，2005）。在不完全信息条件下，引入声誉机制能够促成机会主义者的守约行为。[1] 由此可见，激励机制的建立，加快了信息的传递速度和知识传播的范围，保证组织内成员间信息共享的权利，有效减少了交易过程中的机会主义行为。声誉交易理论研究表明，声誉是企业一项重要的资产，对参与人的行为具有隐性激励与约束作用。由于自身能力和网络环境等，网络中的结点表现出网络地位、影响力的差异。网络中心结点由于自身的优势、在网络中的地位和作用，在合作伙伴的选择过程中拥有较大的权利（如选择权和控

---

[1] 王玲. 基于博弈论的供应链信任产生机理与治理机制. 软科学, 2010, 24 (2): 56-59.

制权），并在合作过程中对合作伙伴实行监管。因此，从结构嵌入分析表明在密集的网络中，由于存在多方监督，违反规范的行为很容易被组织成员发现，其声誉很容易在圈子内传播。一旦被发现，就能导致其他成员企业不再和该成员企业合作，从而有效抑制了"偷懒""搭便车""隐瞒信息"等机会主义行为。声誉信息在各个结点之间的传播，形成声誉信息流和信息网络，不仅有效地减少了信息扭曲和信息不对称，降低了交易成本，也促使企业间充分进行知识共享。通过声誉形成对合作伙伴的激励，有效地减少了合作过程中的契约性风险，约束了结点的不规范行为，进而对网络的形成起到保障作用。

（三）信任机制

信任在企业网络组织中是一种软激励。网络组织可依靠关系信任的作用防止交易风险（Uzzi，1997），但过多的信任与过少的信任一样会产生机会主义行为。本节以 S 公司为中心形成的网络组织，在嵌入过程中，由于过度信任内部员工和供应商产生了技术溢出等负互惠风险。可见，信任应适度，当信任超过一定程度，它对机会主义行为将从抑制变成促进，因为过多的信任会弱化监督，从而增加机会主义行为发生的概率（寿志钢，苏晨汀，周晨，2007）。因此，需要建立一种信任机制，使得信任扎根在网络组织中，成为除了权力和价格以外的另一种重要的机制（Braddach，Eccles，1989）。从嵌入性视角看，建立信任对网络组织风险有着重要的控制作用（Larson，1993）。成员之间的相互约束和信任，促使组织内的成员相互学习和沟通，建立起一种超越利益的信任关系，有效地防止了偷懒、"搭便车"等机会主义行为的发生，保证了网络组织的稳健发展。在网络的运作过程中，通过结点间的长期互动提升了信任，在组织内形成了共同的利益观和长期的互惠观。当该信任机制促使结点间更加相互依赖时，一方自然会深入理解对方的运作情况，从而摒弃暂时的短期利益，形成长期的合作关系，促使和保证了网络的稳定运转。

信任使企业，一方面，独立完成任务；另一方面，也会考虑网络整体利益，为合作伙伴提供所需要的便利，避免信息共享程度低。技术创新中成员间的信任程度，是合作成败的关键因素。[①] 合作成员间的信任，成为知识转移的完整性与合作成功与否的关键因素之一（Peng，Shenkar，1997）。因此，

---

① 邢晓柳. 区域创新网络中基于知识共享的企业合作创新风险分析. 科技进步与对策，2010（10）：31.

信任和获得有价值的信息共享保障了合作伙伴间的信息能够连续沟通，避免了"搭便车"行为（易法敏，2009）。当存在二次信任时，网络成员违背网络规范的机会主义行为会受到其他所有成员的惩罚，增加了实施机会主义行为的成本，因此，有效地抑制了网络组织成员实施机会主义行为的可能性（寿志钢，苏晨汀，周晨，2007）。在联系强度高、嵌入性强的网络组织中，建立信任机制，可以增强网络组织内成员对共同规范的一致性认识，减少传导性风险的发生。

第二节 嵌入视角下企业网络组织的稳定性与治理机制研究

前文在对网络嵌入的治理机制研究中，着眼于嵌入风险，使用扎根理论的质化研究方法，结合S公司的案例，凝练出4种嵌入风险状态，并针对存在的风险提出具体的控制机制，以提升网络组织效率和网络组织整体竞争优势。本节考虑到目前普遍存在的网络组织中嵌入关系松散、易裂解的现实问题，研究企业网络组织嵌入过程中合作稳定性的控制机制，力求为中国企业网络组织的运作过程提供可供选择的控制方案，提高网络组织的稳定性，进而提升整体网络的运行效率。

从研究方法上，考虑到企业网络系统类似于生物系统，会随着外部环境的变化以及内部结构的调整不断演进变化，网络中的企业在不确定的外部环境约束和个体有限理性的限制下不断进行合作竞争，初始阶段未必能选择最优策略，而是通过每一阶段的试错、模仿、复制进行策略的调整直至最终达到一种均衡（韩敬稳等，2012）。企业的这种进化过程和演化博弈论的思想一致，因此，企业网络组织中的企业在每一阶段重复地进行博弈便构成了演化博弈模型。

一、演化博弈与演化稳定策略

（一）演化博弈论的基本思想

博弈论，英文为game thoery，是研究决策主体的行为发生直接相互作用时候的决策以及这种决策的均衡问题的,从经济学意义来看,即指当一个主体(如一个人或一个企业)的选择受到其他主体(其他人或其他企业)的影响,而且反过来影响到其他主体选择时的决策问题和均衡问题,所以从这个意义上说,博弈论又被称为"对策论"。

一般情况下人们提及的博弈论指,源于冯·诺依曼(Von Neumann)与摩根斯坦恩(Morgenstern)经过纳什(Nash)进一步发展而来的传统博弈论,其理性基础为"完全理性"的假设。一方面,要求行为主体在确定的环境中或不确定的环境中始终以追求自身利益最大化为目标,并且,在交互作用的环境中具有完美的预测能力和判断能力;另一方面,不仅要求行为主体自身具备完美理性,还要求他们互相信任对方的理性,有"理性的共同知识"(common knowledge of rationality)。然而,很多情形下进行决策的行为主体只能表现出"有限理性"而很难满足以上"完全理性"的假设。"有限理性"由西蒙(Simon)在《管理行为》一书中首次提到,指行为人"意欲追求完全理性,但只能有限达到"。在"有限理性"的假设下,将行为主体的情绪(如追求公平)、有限预见力、学习等扩充到传统博弈论中,即形成了当前流行的行为博弈论。行为博弈论主要针对以下 3 个方面对传统博弈理论进行补充和修正。一是社会性偏好(如,偏好公平的道德责任与报复心理)对博弈行为人决策的影响;二是思维的有限性对推理步骤产生约束而导致的对博弈行为人决策的影响;三是有关人们如何通过经验学习来优化策略选择的理论(如,演化博弈理论、经验加权吸引力(EWA)学习理论、信念学习理论等)。

演化博弈论是研究人们如何通过经验学习来优化策略选择的理论,认为现实中个体仅有有限理性,个体的最优决策是通过个体间模仿、学习和突变等动态进化过程来实现的。因此,演化博弈论是把系统的动态演化过程和博弈分析结合起来的一种理论,目前已经成为分析经济现象演化的一个重要手段,并逐渐发展成为经济学的一个新领域。

演化博弈论的基本思想是,由于经济主体的有限理性,经济主体不可能正确地知道自己所处的利害状态,通过模仿最有利的战略逐步演化下去,而最终达到一种均衡状态。在这样的指导思想下,支付盈利高的战略的人数比率逐渐上升。演化博弈论的分析框架根据实际情况而有所不同,通常假定博弈中存在多个参与者,可以有限也可以无限,每一轮博弈的参与者都是从中随机抽取出来的,通过实施博弈规则,获得相应的支付。上述过程在离散时间或连续时间下不断重复进行，演化博弈就是研究在上述博弈过程中，参与者群体如何进行最优策略的选择和调整，是否存在某个稳定的均衡点，均衡点如何解释以及存在多个均衡点的情形下均衡的路径依赖有什么特点，在这样的演化过程中有没有战略突变的路径，其影响如何。

通常在演化博弈模型中，我们假设参与者是某个类似于人类、植物、动物等的生物种群的代表。参与者策略的适应度（成功繁殖演化的增长情况）用每个参与者获得的支付来衡量。每个参与者的行动都是被程序化了的行为模式。参与者可能采取的行为模式有继承和突变两种来源。继承是指，每个参与者都采取和他父母相同的策略，除非他是突变者。博弈所有的策略，包括突变策略称为行动集。也就是说，对任一行动集中的策略 s，必定会有参与者继承该策略，在给定其他所有参与者策略选择的模式下，假设某一突变的策略 a 生物适应度的增长超过与策略 s 相联系的生物适应度的增长，那么，a 的继承者的繁殖要超过 s，最终 a 的继承者将主宰这个种群。即适应度更高的策略将主导整个种群，而非最适应环境的策略将被更好的策略所替代。这个基本理论既可以用于动物、植物等生物体的演化分析，也可以用于有限理性的人类的行为演化分析，因此，演化博弈理论越来越广泛地被应用于社会经济系统中稳定策略的分析。

（二）演化稳定策略（ESS）

演化稳定策略是指，假如该策略种群中出现小部分的策略突变者，该突变策略在下一轮博弈中获得的期望支付低于非突变策略的期望支付（我们暂时不考虑在同一时间内种群中的突变者采取多个不同行动的情况）。

我们考虑所有博弈参与者（不包括突变者产生的）采取统一行为模式的情况，并且不包含随机因素。也就是说，我们仅考虑单一纯战略均衡。

策略要求每个策略突变者获得的期望支付小于每个正常未突变策略的期望支付，这样策略突变者会逐渐消亡。因为假如突变策略获得的策略支付大于正常未突变策略的期望支付，那么，按照生物进化的思想，该突变策略将渐渐主宰该种群；假如他们获得的策略支付等于正常未突变策略的期望支付，则他们将维持现状，既不会增多也不会消亡。这里给出的演化稳定策略排除后一种情形，他要求突变者必须慢慢消亡。

以下用 u 表示策略支付，用 p 表示策略种群中的突变者所占比例。先考虑采取策略 s 的突变者（即策略 s 是突变策略），在随机匹配中，它遇到一个采取行动 s*（即策略 s* 是原策略）的生物体的概率大约是 1—p，（假设群体的数量很大，所以，我们认为突变者占剩余种群的比例等于它占整个种群的比例），而它与采取策略 s 的突变者博弈的概率是 p，因此，采取突变策略 s 的期望支付是：

$$(1-p) u (s, s^*) + pu (s, s)$$

类似地，采取原策略 s* 的期望支付是：

$$(1-p) u (s^*, s^*) + pu (s^*, s)$$

若使得突变策略逐渐消亡，被驱逐出种群，必须满足条件：

$(1-p) u (s, s^*) + pu (s, s) < (1-p) u (s^*, s^*) + pu (s^*, s), \forall s \neq s^*$

由此，我们得到演化稳定策略严格的定义：

策略 s* 称为演化稳定策略，如果存在某个策略 $\bar{s}$，对所有的 $s < \bar{s}$，使得 s* 满足：

$(1-p) u (s, s^*) + pu (s, s) < (1-p) u (s^*, s^*) + pu (s^*, s), \forall s \neq s^*$

一般考察某一动态系统的演化过程变化，我们都会关注演化稳定策略以及参数变化对演化稳定策略的影响。

二、企业网络组织合作状态演化的博弈模型与 ESS 策略

（一）演化博弈模型的建立

我们研究的对象是从现实产业中抽象出来的含有嵌入关系的企业网络组织，模型的基本假设如下：

假定企业 1 和企业 2 分别代表组织中可能产生合作关系的企业，它们之间的合作将为各自带来一定的收益，同时维护该合作关系需要一定的成本支出，而选择背叛合作的行为虽然可为企业带来一定的机会主义收入，但同时由于企业网络中含有嵌入关系，背叛也会通过嵌入在网络中传播，为企业带来损失。下文要用到的符号意义如下：

b：合作的交易成本；

c：对方背叛而自己维护合同的额外损失；

d：采取背叛行为的机会主义收入；

δ：背叛行为通过嵌入关系在网络中传播，给企业带来的损失。

基于以上假设，企业1和企业2的基本博弈支付矩阵，如表6.10所示。

表6.10 合作企业的支付矩阵

		企业2 合作	企业2 背叛
企业1	合作	(a−b, a−b)	(a−b−c, d−δ)
企业1	背叛	(d−δ, a−b−c)	(0, 0)

类似于生物系统在自然界的演化，企业网络组织也随着内部结构的调整和外界市场环境的变化而不断演进。鉴于市场环境的不确定性和企业决策的有限理性，企业群体在合作的每一阶段重复地进行博弈便构成了演化博弈模型。该模型中群体的复制者动态地被假定为，某种策略的增长率依赖于他的适应度，产生更高收益的策略具有更高的增长率。

假设在时间 t 时，企业1采取合作的比例为 p，企业2采取合作的比例为 q，于是有：

企业1：

采用合作策略的适应度：

$$\pi_1^{合} = q(a-b) + (1-q)(a-b-c)$$

采用背叛策略的适应度：

$$\pi_1^{叛} = q(d-\delta)$$

平均适应度：

$$\pi_1 = p\pi_1^{合} + (1-p)\pi_1^{叛}$$

企业2：

采用合作策略的适应度：

$$\pi_2^{合} = p(a-b) + (1-p)(a-b-c)$$

采用背叛策略的适应度：

$$\pi_2^{叛} = p(d-\delta)$$

平均适应度：

$$\pi_2 = q\pi_2^{合} + (1-q)\pi_2^{叛}$$

由复制方程，企业1采取合作策略的数量增长率为：

$$\frac{dp}{dt}/p = \pi_1^{合} - \pi_1$$

同理，企业 2 采取合作策略的数量增长率为：
$$\mathrm{d}q/\mathrm{d}t / q = \pi_2^{合} - \pi_2$$

这样，两企业合作策略的复制者动态方程联立得到一个二维非线性动力系统：
$$\begin{cases} \mathrm{d}p/\mathrm{d}t = p(1-p)[(c-d+\delta)q + (a-b-c)] \\ \mathrm{d}q/\mathrm{d}t = q(1-q)[(c-d+\delta)p + (a-b-c)] \end{cases}$$

上述二维非线性动力系统随着时间 t 不断演化，其演化过程中有定态和暂态两种不同状态。所谓定态指，系统在某时刻到达后如无外力驱使将不会改变的状态或会反复回归的状态集，所谓暂态指，系统可以到达但不借助外力将不能保持或不能回归的状态集。系统的定态决定其本质属性，它由所有状态变量对时间的导数为 0 的点组成，称为平衡点，表明系统处于平衡状态。因此，令上述动力系统中 dp/dt=0，dq/dt=0 可得：

定理 6.1 上述二维非线性动力系统的平衡点为 (0, 0)，(0, 1)，(1, 0)，(1, 1)，$\left(\dfrac{c+b-a}{c-d+\delta}, \dfrac{c-a+b}{c-d+\delta}\right)$。

（二）系统的演化稳定策略（ESS）

本部分我们将对系统平衡点的稳定性进行分析。由非线性系统的局部线性化处理方法，按泰勒公式将上述二维动力系统展开得：

$$\begin{pmatrix} \mathrm{d}p/\mathrm{d}t \\ \mathrm{d}q/\mathrm{d}t \end{pmatrix} = \begin{pmatrix} \partial \dot{p}/\partial p & \partial \dot{p}/\partial q \\ \partial \dot{q}/\partial p & \partial \dot{q}/\partial q \end{pmatrix} \begin{pmatrix} p \\ q \end{pmatrix} + 高次项$$

略去高次项，得到系数矩阵：

$$\begin{pmatrix} \partial \dot{p}/\partial p & \partial \dot{p}/\partial q \\ \partial \dot{q}/\partial p & \partial \dot{q}/\partial q \end{pmatrix} =$$

$$\begin{bmatrix} (1-2p)[(c-d+\delta)q + (a-b-c)] & p(1-p)(c-d+\delta) \\ q(1-q)(c-d+\delta) & (1-2q)[(c-d+\delta)p + (a-b-c)] \end{bmatrix}$$

其特征根为：

$$\lambda_1, \lambda_2 = \dfrac{\left(\dfrac{\partial \dot{p}}{\partial p} + \dfrac{\partial \dot{q}}{\partial q}\right) \pm \sqrt{\left(\dfrac{\partial \dot{p}}{\partial p} + \dfrac{\partial \dot{q}}{\partial q}\right)^2 - 4\left(\dfrac{\partial \dot{p}}{\partial p} \cdot \dfrac{\partial \dot{q}}{\partial q} - \dfrac{\partial \dot{p}}{\partial q} \cdot \dfrac{\partial \dot{q}}{\partial p}\right)}}{2}$$

实部为正的特征根的数目，被称为系数指标。根据系数指标对定态点的稳定性理论，指标为 0 的定态是吸引子，系数维数为 n 的定态是排斥子，系数维数在 0～n－1 之间的定态是鞍点。根据克雷斯曼（Cressman，2002）对于双种群、双策略的双矩阵演化博弈，判定上述平衡点是否为 ESS，只要证明动态复制系统的平衡点是否为吸引子即可。由此我们得到：

定理 6.2 上述二维非线性动力系统各平衡点的稳定性如下：

（1）当 $a-b-c<0$，$a-b<d-\delta$ 时，（0，0）点为 ESS，即企业双方均选择不合作策略为系统最终的演化稳定策略，（1，1）点不稳定，（0，1）点和（1，0）点为鞍点。

（2）当 $a-b-c>0$，$a-b<d-\delta$ 时，（1，0）点和（0，1）点为 ESS，即企业双方一方合作，另一方选择机会主义行为不合作，为系统最终的演化稳定策略，（1，1）点和（0，0）点不稳定。

（3）当 $a-b-c>0$，$a-b>d-\delta$ 时，（1，1）点为 ESS，即企业双方都选择合作的机会主义行为是最终的演化稳定策略，（0，0）点不稳定，（0，1）点和（1，0）点为鞍点。

（4）当 $a-b-c<0$，$a-b>d-\delta$ 时，（0，0）点和（1，1）点为 ESS，即企业双方都选择合作和都选择不合作的机会主义行为均为系统的演化稳定策略，（1，0）点和（0，1）点不稳定。

证明：当 p，q 中任一值为 0，1 时，易得：

$$\lambda_1=\frac{\partial \dot{p}}{\partial p}=(1-2p)[(c-d+\delta)q+(a-b-c)]$$

$$\lambda_2=\frac{\partial \dot{q}}{\partial q}=(1-2q)[(c-d+\delta)p+(a-b-c)]$$

于是：

当 $a-b-c<0$，$a-b<d-\delta$ 时：

（0，0）点：$\lambda_1<0$，$\lambda_2<0$，系统的系数指标为 0，故该点为演化稳定均衡点；

（1，1）点：$\lambda_1>0$，$\lambda_2>0$，系统的系数指标为 2，故该点不稳定；

（0，1）点和（1，0）点：$\lambda_1 \cdot \lambda_2<0$，故此两点均为鞍点。

其他 3 种情形通过计算特征根的符号，均可类似得证。

三、促进企业网络组织合作稳定性的控制机制分析

由定理 6.2 所揭示的系统各平衡点稳定性的结果可以看出，合作过程中各项支付的相对大小决定了系统的动态演化结果。（合作，合作）为系统的演化稳定策略、（不合作，不合作）为系统的不稳定策略是企业网络组织理想的合作状态。企业网络组织稳定性视角下的企业网络治理，即通过调整敏感量的大小促使企业网络组织达到该稳定状态。因此，由定理 6.2 我们得到以下与网络治理有关的结论。

命题 6.1 企业网络组织中成熟的学习机制是保持网络组织稳定性的重要保障。

（不合作，不合作）成为企业网络系统演化过程中企业的不稳定策略的充分条件为 $a-b-c>0$，显然，使 a 足够大是企业网络治理的方向。

a 指企业双方合作的收益，可用关系租金刻画。关系租金经由企业之间的合作产生。从收益属性上看，主要分为垄断性租金（理查德租金）、创新性租金（熊彼特租金）、互补性租金和整合性租金 4 类（吴淼等，2002）。一方面，由于有价值的生产要素往往存在固有的供应紧张状况，表现为要素资源的稀缺性，因此合作产生的关系性资产的稀有程度决定了该租金的大小。如新产品开发过程中或新技术企业创业过程中，某技术或设备的稀缺性和新产品的稀缺性决定了该类关系租金的大小。另一方面，革新者的创新是创新性租金（熊彼特租金）产生的根源，这种租金是动态性的租金，企业的创新行为会激发该租金的产生，而跟随者的模仿又使得租金大幅度降低甚至消失，若企业能建立创新性的合作关系，在被模仿之前就能为其带来创新性租金。此外，企业之间的合作本身蕴含着互补属性，能够使得新技术企业利用其他企业的资源而为自身谋利，创造互补性收益从而为企业带来互补性租金；最后，恰当的合作还具有整合企业资源的价值，为企业带来整合性租金。

综上所述，企业合作资源的稀缺程度、创新程度、互补程度、整合程度等性质决定了企业合作所获关系租金的大小。而企业制定恰当合作战略的能力，来源于网络治理过程中的学习机制。学习机制根据不同的划分标准，有按照知识性质划分的显性知识和隐性知识的学习，也有按照组织学习来源划分的探索式学习与利用式学习。网络组织中的企业在合作过程中通过不同学

习机制的相互补充作用，不断积累合作经验，通过整合网络中以及探索网络外各种稀缺或创新或互补的资源，使组织合作获得尽可能多的关系"租金"，以增强企业网络组织合作的稳定性。

命题 6.2 保持企业间适度的关系强度有利于维持企业网络组织的稳定性。

（不合作，不合作）成为企业网络系统演化过程中企业的不稳定策略的充分条件为 $a-b-c>0$，显然，使 b 和 c 足够小是企业网络治理的方向。

b 指维护合作关系的成本支出，可用交易成本刻画。"交易成本"是新制度经济学中重要的基础概念，从应用上讲，它修正和补充了主流经济学，对许多传统经济学中无法解释的实际问题给出了完美解释，从理论上看，它实现了方法论上的新突破，可以作为制度起源和变迁的基本分析工具。不过文献研究发现，由于分析对象和分析角度的不同，对微观交易成本的构成至今没有统一的解释，结合本章的研究对象，我们认为菲吕博腾等（Furubotn et al.，1997）对微观交易成本来源的解释与企业网络组织中交易成本的产生来源相符。他们认为，微观交易成本来源于使用市场的费用、企业内部发号施令的费用以及与某一政治制度的运作和调整相关的费用，即市场性交易成本、管理性交易成本与政治性交易成本（Furubotn et al.，1997）。其中，市场性交易成本包括，合约缔结前的费用，如，搜寻信息的费用；合约缔结中的费用，如，谈判费用和决策费用；合约缔结后的费用，如，监督费用和合约义务履行费用。管理性交易成本包括，建立、更改或维持组织设计的费用，如，企业基于合作关系而进行的专有性资产投资；组织运行过程中产生的费用，如，企业基于合作关系而产生的诸如代理的费用、信息管理的费用等以及半成品滞留的费用、在企业内运输的费用等。在企业网络组织成员的合作过程中，以上两种类型的交易成本都有涉及，由于本章的研究对象为处于相同社会环境下的企业网络组织，故暂不考虑政治性交易成本。

以上所述微观交易成本的大小，与网络中企业间的关系强度大小密切相关。这主要是因为较强的企业间关系强度能降低信息的不对称性。如较强的企业间关系强度由于信息不对称程度较低而能降低合约准备费用（信息搜寻费用等）、决定签约的费用（谈判费用等）以及合约缔结后的费用（义务履行的费用等）等市场性交易成本；另外，信息不对称性较低的企业之间在管理上也容易取得互补性效果，可以降低一定的信息管理费用等管理性交易成本。

这样，交易成本变量 b 会随着企业间关系强度的增强而减少，是合作企业间关系强度的减函数。欲增加企业网络系统的稳定性，使 b 尽可能小即保持企业间关系强度足够大。

c 指对方背叛而自己维护合同的额外损失，关系强度较高的企业之间相互依赖性必然很强（如进行的专有性投资较大），这样一方背叛带给合作方的损失必然较大。因此，变量 c 会随着企业间关系强度的增加而增大，是企业间关系强度的增函数。欲增加企业网络系统的稳定性，使 c 尽可能小即保持企业间关系强度足够小。

变量 b 和 c 都是维持企业网络系统稳定性的关键变量，同时，又都是企业间关系强度的敏感变量，纵观两个变量与企业关系强度的关系不难得出，过强或过弱的企业间关系强度都不利于企业网络组织的稳定性，保持企业间适度的关系强度才能使得 b+c 尽可能小。在 a 确定的情况下，保持 a−b−c>0，使（不合作，不合作）为企业网络系统演化过程中的不稳定策略。

命题 6.3 在企业网络的嵌入关系治理下，企业的结构嵌入强度与企业网络组织的稳定性密切相关。

企业网络组织的治理从形式上可分为两大类，一类与格兰诺维特（Granovetter，1985）提出的经济活动的社会嵌入性相关，称为企业网络的嵌入关系治理，这类治理建立在人际关系的基础之上，通过社会关系的制约形成特定的价值观和道德观，促使大家履行承诺，以免破坏自己的声誉；另一类治理具有外生性，称为外部治理，指企业网络之外的各种机构参与的治理（陈艳莹等，2006）。

企业网络组织在演化过程中，（合作，合作）策略成为企业最终的演化稳定策略，标志着企业网络系统达到理想的稳定状态。模型分析表明，该状态实现的充分条件为 a−b>d−δ。显然，使 a，δ 足够大、b，d 足够小是企业网络治理的方向。4 个敏感因子中，d 指企业采取背叛行为的机会主义收入，是企业网络治理中的不可控因素；a 和 b 的分析方法和分析结论为命题 6.1 和命题 6.2，不再赘述；δ 指企业的背叛行为导致的惩罚，和企业网络组织的治理形式有很大关联。

嵌入关系治理存在于任一企业网络组织中，是企业网络组织天然具有的治理模式，其治理作用产生于声誉的传播之中。在该治理模式下，企业网络中每个成员的所作所为会通过层层的人际关系纽带在网络内部扩散传播，企业一旦在合作过程中采用机会主义行为背叛合作,其行为就会在网络中快速传播。而以系统为特点的结构嵌入是使行为的信息与声誉进行交流的作用渠道(Gulati,1999),因此结构嵌入程度越高的企业,其相关信息扩散和传播就越快,其遭受的事后惩罚就越大,即惩罚因子 δ 越大。在其他因子不变的情况下,有利于 $a-b>d-\delta$ 的实现,出现(合作,合作)的演化稳定策略。这也可以解释为什么处于结构洞位置的企业更易于寻求到稳定的合作伙伴,同时拥有更多结构洞的松散型网络能导致网络成员间更多稳定的合作,使网络成员在社会资源获取上的竞争优势愈加明显。

命题6.4 恰当的外部治理机制——"信息公开"机制和"事后惩罚"机制的引入,有利于保持企业网络组织的稳定性。

"信息公开"机制是一种公开的监测机制,指由外部治理机构定期对企业在合作中的行为进行相应的信息披露。这样,即便企业潜在交易对象的结构嵌入程度较低,企业也可以借助该机制知晓潜在交易对象历史交易的表现。因此,无论合作企业在网络中结构嵌入程度的高低,其源于声誉传播而可能遭到的事后惩罚是一样的,借助信息披露机制,从外部调节了惩罚因子 δ 的大小,有效地阻止了企业的背叛行为,有利于企业网络组织保持合作的稳定性。

"事后惩罚"机制指,借助外部力量对企业成员"背叛合作"的行为实施外在惩罚。引入这类外部治理机制之后,企业成员"背叛合作"的行为不仅受到"声誉传播"导致的惩罚,还要额外受到治理机制下的惩罚,最终加大了惩罚因子 δ 的大小,同样有利于保持企业网络组织合作的稳定性。

第七章

基于关系传递的结构嵌入演化案例研究

结构嵌入形成与演化是社会网络研究中的重要问题。古拉蒂（Gulati，1999）[①] 提出的网络研究的五个关键问题中的"为什么会形成网络？""网络是如何变化和演化的？哪些是影响网络演化的内在因素和外在因素"？都对此有所体现。而关系传递作为一个体现多方主体互动的概念，可以成为研究结构嵌入演化动态过程的合理化窗口。那么，关系传递是如何影响关系嵌入和结构嵌入，并将两个维度的嵌入联系在一起的？它会对结构嵌入演化的哪些因素产生怎样的影响？这些是嵌入性和社会网络研究中值得进一步探讨的问题。

关系传递是以动态视角研究结构嵌入的合理化窗口。本章以关系传递为视角，选取一家具有典型性的机械工程企业为样本，动态剖析了关系传递对结构嵌入演化要素产生的作用。通过探索性单案例研究发现，基于关系传递会形成产品销售与人力资本的双重嵌入，双重嵌入之间通过对关系质量的提升而相互促进；主体联结、资源需求和任务导向是关系传递的三种驱动因素，前者和后两者推动下的关系传递分别以社会关系的扩展和经济关系的累积为起点，形成社会关系与经济关系的互构；结构嵌入的整体演化路径为关系传递的关系再传递的整合，关系资产差异性会对企业的具体联结路径产生影响；企业通过关系传递与再传递形成在多中心网络中的核心企业优势和结构洞优势。为了不囿于单个案例企业，本章对多重嵌入的普适性以及关系传递与结构洞的悖论关系进行了扩展性分析，并基于研究结论对中国企业运用关系传递与再传递，合理化利用关系资本，发挥相应的网络优势提出了相关建议。

---

① Gulati R. Network Location and Leaning: The Influence of Network Resources and Firm Capabilities on Alliance Formation. Strategic Management Journal, 1999, 20 (5): 397 - 420.

第一节 研究设计与案例介绍

一、研究方法与案例企业的选取

(一) 探索性单案例研究方法的选取

作为一种重要的质性研究方法,案例研究已成为社会学、心理学、经济学、管理学等社会科学研究中的重要工具。与问卷调查、实验研究等其他研究方法相比,案例研究具有以下优点:研究者能够以更开放的心态来看待研究中获取的大量资料与数据,以及资料与现有文献之间的矛盾,从而有助于构建新理论;案例研究过程即是测量有关工具和对假说进行反复检验的过程,因此案例研究能够以更容易获取的测量工具和更容易证伪的假说来检验理论;案例结论直接来自于经验证据,是对现实的客观反映,因而研究结论更具有现实有效性。[①] 这也正是本章选择案例研究方法对基于关系传递的结构嵌入演化机理进行研究的原因所在。

单案例研究和多案例研究是案例研究设计的两个主要类型,相对于多案例研究而言,单案例研究适用于对广为接受的理论进行批驳或检验、对某一极端案例或独一无二的案例进行分析、对代表性案例和典型性案例进行分析、研究启示性案例以及研究处于两个或多个不同时间点的纵向案例。[②] 本章采用单案例研究方法进行分析,原因在于该方法适用于全新的或现有理论不足以解释的领域,[③] 比多案例研究更容易细致而深入地进行案例跟踪调研和演

[①] Eisenhardt K. M. Building Theories from Case Study Research. Academy of Management Review,1989,14 (4):532-550.

[②] Yin R. K. Case Study Research: Design and Methods. Thousand Oaks, CA: Sage Publications, Inc.,2009.

[③] Eisenhardt K. M. Building Theories from Case Study Research. Academy of Management Review,1989,14 (4):532-550.

化分析,[1] 从而提炼出解释复杂现象的理论和规律（Eisenhardt, Graebner）。[2]

对于本章所要研究的关系传递及其对结构嵌入演化的影响问题，相关的研究比较匮乏，无法充分阐释相关构念之间的复杂关系，主要表现为以下三点：

第一，嵌入演化是一个动态过程，而现有文献大多以静态视角研究嵌入的状态属性和影响效应，忽视了结构嵌入的流动性特征作为最早出现于社会学研究中的概念，嵌入性已经延伸到很多学科领域，在经济学、心理学、管理学等的研究中得到普遍运用。随着对嵌入性研究的不断深入，关系嵌入、结构嵌入、认知嵌入、文化嵌入、环境嵌入、政治嵌入等相关概念涌现。

纵观学者们对嵌入性的研究，相关研究主要集中于以下三个方面，一是探讨嵌入性对企业行为与绩效的影响，如伍兹（Uzzi）研究了社会嵌入性对企业获得金融资本及其成本的影响，实证研究结果表明，在二元关系层面，借款企业可以通过社会关系获取较低的贷款利率；而在网络层面，如果企业能够将市场交易关系与银行关系网络相整合，就可能获得较低的贷款利率。[3] 二是运用强弱关系理论、社会资本理论、结构洞理论等工具性理论对嵌入性进行深化分析。如大多数学者支持企业之间的联结关系越强，获取的资源越丰富，尤其在面对环境变化和不确定性冲击时，强关系更有利于组织嵌入既定的网络中（Krackhardt）;[4] 肖和崔（Xiao, Tsui）认为，在高度忠诚的组织中，起到桥梁作用的结构洞占据者拥有更多的职业机会更有助于其嵌入其他网络中。[5] 三是通过对嵌入性内涵的扩充对其进行泛化研究，如，哈林恩和托恩罗斯（Halinen, Tornroos）在研究商业网络演化时提出关系依赖观，[6]

---

[1] Buckley P. J., Jeremy C., Tan H. Reform and Restructuring in Chinese State-Owned Enterprises: Sinotrans in the 1990s. Management International Reviews, 2005, 45 (2): 147 – 172.

[2] Eisenhardt K. M., Graebner M. E. Theory Building from Cases: Opportunities and Challenges. Academy of Management Journal, 2007, 50 (1): 25 – 32.

[3] Uzzi B. Embeddedness in the making of financial capital: how social relations and networks benefit firms seeking financing. American Sociological Review, 1999, 64 (4): 481 – 505.

[4] Krackhardt D. The Strength of Strong Ties: The Importance of Philos in Organizations. Networks and Organizations: Structure, Form, and Action. Harvard Business School Press, 1992.

[5] Xiao Z., Tsui A. S. When Brokers may not Work: the Cultural Contingency of Social Capital in Chinese High-Tech Firms. Administrative Science Quarterly, 2007 (52): 1 – 31.

[6] Halinen A., Tornroos J. A. The Role of Embeddedness in the Evolutoin of Business Networks. Scandinavian Journal of Management, 1998, 14 (3): 192 – 203.

认为嵌入是指企业与各种网络建立的关系以及对各种网络的依赖,并把业务嵌入划分为时间嵌入、空间嵌入、社会嵌入、政治嵌入、市场嵌入、技术嵌入6种,大大扩充了嵌入性的内涵。再如,赫斯(Hess)在新经济地理学和新产业区理论中提出空间嵌入、地理嵌入的概念,也具有扩大嵌入性内涵的特点。[1] 这些研究丰富了嵌入性的内涵,促进了相关研究的深化,但是大多采用静态视角,缺少对嵌入性的动态审视。

第二,关系传递具有延续性,通过关系传递建立联结的主体有可能作为中间方促进新的关系传递形成,现有文献大多忽略了对这种持续进行的关系再传递的研究。关系传递描述的是人们在长期互动中形成的一种人际关系,[2] 已有学者指出中间方的传递效应。桑恩(Thune)认为,通过第三方或中介将企业介绍给新的网络伙伴,可以促进嵌入式网络联结的形成。[3] 谢恩和凯布尔(Shane,Cable)也认为,通过某些间接关系,中间人可以使行为期望从现有的关系向新的关系转变,逐渐形成网络。[4] 然而,这些研究仅关注了某一时间段中单一中间方的关系传递作用,尚未将关系传递看作一个动态持续的过程,也未关注中间方身份的传递性。

第三,关系传递与再传递情境中的结构嵌入演化包含涉及多方主体的关系建构,这是大多关注两方关系互动的现有研究所无法充分解释的。长期以来,对企业间关系的研究大多着眼于两方关系,如对关系嵌入的研究,主要是关注关系联结的双方。然而,三方关系才是构成企业网络组织的基本单元。将关系传递与结构嵌入结合在一起进行研究还比较匮乏,只有少数研究散见于现有文献中。并且,这些已有研究大多只是发现和指出关系传递在结构嵌入中的作用,没有深入剖析产生作用的内在机理,以及其中涉及的多方主体。

可见,以关系传递为切入点动态研究结构嵌入演化是现有理论无法完全阐释清晰的,存在一些有待探索提炼之处,本章的研究对象和研究现状与探索性单案例研究的特点和思路是相符的。

---

[1] Hess M. "Spatial" Relationships? Towards a Conceptualization of Embeddedness. Progress in Human Geography, 2004, 28 (2): 165-186.

[2] Granovetter M. S. Economic Institutions as Social Constructions: A Framework for Analysis. Acta Sociologica, 1992, 35 (1): 3-11.

[3] Thune T. University-industry Collaboration: The Network Embeddedness Approach. Science and Public Policy, 2007, 34 (3): 158-168.

[4] Shane S., Cable D. Network Ties, Reputation, and the Financing of New Ventures. Management Science, 2002, 48 (3): 364-381.

（二）案例企业的选择

依据单案例研究选择极端案例、典型案例或启示性案例（Yin）的标准，[①] 本章选取 T 工程有限公司（简称 T 公司）作为目标企业进行研究。之所以选择该企业进行案例研究，原因在于以下几个方面：

第一，该企业销售和创新网络的构建过程中存在大量关系传递现象，为本章有关关系传递的研究提供了合适的现实情境，是具有典型性和代表性的企业。在产品销售方面，T 公司非常重视已有客户对带来新客户的作用，在客户等级划分时，将带来新客户的数量作为最为重要的划分标准之一。通过已有客户的中间方作用和关系传递效应，T 公司逐渐构建起跨越多个省区市的销售网络。在技术创新方面，与相关科研机构或企业的合作也大多是由中间人介绍而推动形成的。如在最初发展西部地区市场时，由于西部土质的特殊性，施工所需的 W 机器及技术需要进行相应的调整和创新。T 公司最后选定与 H 研究院建立合作关系，一方面，是因为 H 研究院对于西部土质和施工设备有更丰富的研究成果，能够协助共同解决技术创新的难题；另一方面，是因为老客户对 H 研究院的引荐。

第二，由于机械工程企业的特点，以及 T 公司在施工和销售相互促进方面的新颖理念，该企业的关系传递带动了产品销售和人力资本的双重嵌入，并且，双重嵌入的这两种经济行为之间有一定的内在相互作用，因此，作为案例企业具有一定的独特性和新颖性。由于 W 机器在我国兴起的时间还不长，掌握相关操作和技术的人员还比较匮乏，因此，在 W 销售的同时提供相关的技术指导和技术人员参与，能给顾客带来更好的用户体验。对此，T 公司抽调施工公司的技术人员组成施工团队，以人力资本投入的方式，给予客户相应的技术帮助和指导，并在此过程中充分了解 W 机器的使用情况，有针对性地进行产品研发与技术创新，形成了创新理念。

第三，该企业在关系传递及再传递的作用下，跨层次的社会资本、价值链和委托代理链发生了相应改变，并对关系类别和网络结构产生了较大影响，这种情境展示了关系传递及相关构念之间复杂的因果关系，对关系传递和嵌入演化的研究具有启示性。这些复杂构念之间的关系是现有嵌入性、社会网

[①] Yin R. K. Case Study Research: Design and Methods. Thousand Oaks, CA: Sage Publications, Inc., 2009.

络、社会资本等理论无法解释清楚的，T公司在关系传递的作用下不仅构建了销售网络和创新网络，其社会关系结构、委托代理链条、价值链关系等都发生了很大变化，这为研究复杂构念的关系提供了合适的情境，可以得到与先前研究不同的启示性命题与结论。

第四，该企业在本行业中处于较领先水平，先后参与了多项大型项目建设，具有一定的行业代表性。T公司从21世纪开始进入施工领域，同时，购进多台大型W机器并大量引进长期从事施工管理的优秀人才。W施工公司，坚持质量、速度、服务理念，业绩逐年增长，质量得到了客户的肯定和好评，获得了良好的经济效益。

第五，本研究团队与该企业建立了紧密联系，进行了包括访谈、实地观察等方面的动态跟踪调研，有利于数据的获取和分析，进而得到启示性结论。本研究对该企业的动态跟踪调研已持续3年时间，自2013年12月开始，共进行8次集中的资料收集。由于本案例研究既需要企业层次也需要个体层次的数据，因此，访谈对象涵盖公司高管团队、中层管理者、W产品俱乐部的负责人以及企业员工。本研究的阶段性成果和研究草案也反馈至T公司，并对该企业实践起到了一定的指导和借鉴作用。这使得本研究团队与该企业形成了良好的合作关系，对资料和数据的获取提供了便利条件。

二、研究设计的要点

按照研究目的的不同，案例研究可分为解释性案例研究（因果性案例研究）、描述性案例研究和探索性案例研究。解释性案例研究（因果性案例研究）用于阐释现实中某些事物之间的因果关系事物发展过程中的因素之间的因果关系；描述性案例用于对一些现象的状态或演变过程进行描述和展示；而当现有的知识基础不足，事物之间的因果关系不够明确、因果联系复杂多变，可获取的研究文献无法形成完美的理论假设时，则需要采取探索性案例研究。按照殷（Yin）阐述的具有"探索性"色彩的案例研究需要阐述的问题，[①] 本章在研究设计时主要关注的三个问题包括探索什么、探索的目的是什么、判断探索成功的标准是什么。

---

① Yin R. K. Case Study Research: Design and Methods. Thousand Oaks, CA: Sage Publications, Inc., 2009.

（一）探索什么？——界定研究问题

案例研究最适合回答的是为什么和怎么样的问题，案例研究设计的第一步就是要准确分析要研究的问题。[①]

本章要研究的科学问题是企业怎样形成企业间网络？在企业网络的形成过程中，结构嵌入是如何形成和演化的？关系传递在其中起到怎样的作用？这些问题的性质与案例研究适合回答的问题属性是相契合的。通过对相关文献的回顾，这些问题是现有理论无法充分阐释的，因此属于探索性问题。

对于这些问题的回答，会涉及个体、企业、网络等多个不同的分析层次。①个体层次。作为涵盖创业者、管理者、员工等个体的集合，企业的任何生产经营活动都是基于个体动机与行为而进行的。个体的人际互动贯穿于企业成立与发展的全过程，也是影响企业社会网络形成与构建的最基本单位。企业间关系的构建有相当一部分是由自然人主体推动的，这些主体成为关系传递中的中间方；②企业层次。本章要研究的关系传递和结构演化问题，是针对企业主体而言的。企业是本章案例研究中最直接的分析单元。③企业间网络层次。随着关系传递与结构嵌入演化，企业逐渐嵌入于与企业主体共同构成的社会网络组织之中，因此，网络层次也是本章研究问题会涉及的一个较为宏观的层次。

在以上问题的探索过程中，其实存在一个隐含的科学问题，即关系嵌入与结构嵌入之间的关系。关系嵌入和结构嵌入最早由格兰诺维特（Granovetter，1985）提出，并在1992年进一步解释，逐渐在后续研究中得到普遍认同和广泛使用，成为嵌入性理论中最基本的两个概念。关系嵌入指，单个行为主体的经济行为嵌入于与另一个主体的互动关系中，[②] 被其中的互惠性原则、认同的需求以及规则性期望所影响，[③] 是以双边关系为基础的、动态的、连

[①] Yin R. K. Case Study Research: Design and Methods. Thousand Oaks, CA: Sage Publications, Inc., 2009.

[②] Granovetter M. Economic Action and Social Structure: The Problem of Embeddedness. American Journal of Sociology, 1985, 91 (3): 481–510.

[③] Granovetter M. Economic Institutions as Social Constructions: A Framework for Analysis. Acta Sociologica, 1992, 35 (1): 3–11.

续的过程。[1] 不同于关系嵌入是对关系网络的微观结构，结构嵌入是对关系网络的中观解构，[2] 是指群体中主体之间通过第三方进行间接联结，并形成以系统为特点的关联结构，[3] 关注的是组织关系从双边到三方的转化。从关系嵌入和结构嵌入的概念内涵可以看出，二者之间是密不可分的，结构嵌入的形成是基于关系嵌入而进行的。因此，本章在企业网络和结构嵌入的形成和演化分析中，会涉及对二者之间关系的探讨。

（二）探索的目的是什么？——明确研究目标

通过研究得出一个简洁的、可验证的、逻辑清晰连续的理论框架，是案例研究方法要达到的目标。[4] 这一理论框架的价值体现在是从个别事实出发向一般理论演进，并且是对现有理论的突破。

本章进行探索性案例的研究目的是从个案中归纳出理论，探索基于关系传递的结构嵌入演化的规律。研究目标的创新性体现在，通过一个启示性单案例企业在构建企业网络中的独特做法，得出探索性结论。对于结论的普适性，本章在基本的案例分析之外进行了扩展性分析和多案例研究，探讨相关规律的一般性。

通过探索性单案例研究对理论的归纳，本章的总体研究目标是提炼结构嵌入演化的要素，以及这些要素在关系传递作用下的演化机理，从而得到启示性结论，丰富嵌入性、社会网络、社会资本等理论研究，并为企业优化社会关系结构、合理利用社会资本、构建社会关系网络提供有益的参考。

（三）判断探索成功的标准是什么？——建立信度和效度

作为实证性研究中的一种，检验实证研究质量的 4 个指标对案例研究同

---

[1] Gulati R., Sytch M. Dependence Asymmetry and Joint Dependence in Interorganizational Relationships: Effects of Embeddedness on a Manufacturer's Performance in Procurement Relationships. Administrative Science Quarterly, 2007, 52 (1): 32-69.
[2] 黄中伟，王宇露. 关于经济行为的社会嵌入理论研究述评. 外国经济与管理, 2007 (12): 1-8.
[3] Granovetter M. Economic Institutions as Social Constructions: A Framework for Analysis. Acta Sociologica, 1992, 35 (1): 3-11.
[4] Pfeffer J. Organizations and Organization Theory. Marshfield, MASS: Putman, 1982.

样也是适用的。内在效度（internal validity）指变量之间因果联系的可信度，主要探讨因果关系，不用于探索性案例，因此，本章对于判断探索成功的标准主要考虑以下三个指标，如表 7.1 所示。

第一，建构效度（construct validity），指测量的准确性，即变量测量的内容与构念的含义是否一致。依据殷（Yin，2008）的观点，本章主要通过以下策略来提高案例研究的建构效度：从针对不同层次人员的调研访谈、实地观察，以及公司文件、网站信息、W 产品俱乐部资料、工程机械行业分析报告、有关 T 公司的评论等多种渠道获取企业的数据，并对不同来源的数据进行相互交叉印证。通过对案例要研究问题的推导，找到可以支撑的相关数据资料，再反思如何提出问题可以挖掘更丰富的资料，以及通过哪些环节可以找到相关资料，从而形成一系列的证据链。在阶段性调研报告和最终研究报告形成之后，请访谈对象及其他资料提供者阅读并检验数据的真实性。

第二，外在效度（external validity），指将案例研究结论推广到其他企业情境中的适用程度。实际指的是，能否从案例分析中探寻出具有普适性的一般规律，能否提炼出具有可归纳性和概括性的理论。本章一方面，借鉴了嵌入性、社会网络等理论的相关研究；另一方面，进行了扩展性分析，对双重嵌入或多重嵌入的普适性，以及关系传递与结构洞优势的悖论关系进行了进一步探讨，以提高研究的外在效度。

第三，信度（reliability），指结果的一致性、可靠性和稳定性，主要考察研究设计是否具有可复制性，如果按照先前步骤进行研究，能否得到相同的结果和结论。本章通过建立案例研究草案和案例研究资料库，以及"背靠背"编码的方法，降低研究的错误和偏见，进而保证研究的信度。通过对数据的整理和编码形成案例研究资料库，以备重复检验和研究。本研究成立了包括多名研究人员的案例研究小组，由研究小组中的成员以"背对背"方式，在全面整理和通读访谈记录和二手数据的基础上，分别进行初始编码。对于意见不一致之处，由研究小组全体成员在进一步调研的基础上进行讨论并形成最终结果。

表 7.1　　　　　　　　　　判断探索成功的标准

指标	案例研究策略	本章的案例研究设计
建构效度	采用多元证据来源	从针对不同层次人员的调研访谈、实地观察以及公司文件、网站信息、W产品俱乐部资料、工程机械行业分析报告、有关T公司的评论等多种渠道获取企业的数据，并对不同来源的数据进行相互交叉印证
	形成证据链	通过对案例要研究问题的推导，找到可以支撑的相关数据资料，再反思如何提出问题可以挖掘更丰富的资料，以及通过哪些环节可以找到相关资料，从而形成一系列的证据链
	要求证据提供者核对案例研究报告	在阶段性调研报告和最终研究报告形成之后，请访谈对象及其他资料提供者阅读并检验数据的真实性
外在效度	用理论指导单案例研究	借鉴嵌入性、社会网络等相关理论研究
	通过重复、复制的方法进行多案例研究	进行扩展性分析，对双重嵌入或多重嵌入的普适性，以及关系传递与结构洞优势的悖论关系进行进一步探讨，以提高研究的外在效度
信度	采用案例研究草案	建立案例研究草案和案例研究资料库，以备重复检验和研究
	建立案例研究资料库	成立包括多名研究人员的案例研究小组，由研究小组中的成员以"背对背"方式，在全面整理和通读访谈记录和二手数据的基础上，分别进行初始编码。对于意见不一致之处，由研究小组全体成员在进一步调研的基础上进行讨论并形成最终结果
内在效度	不用于探索性案例	

资料来源：参考 Yin R. K. Case Study Research: Design and Methods. Thousand Oaks, CA: Sage Publications, Inc., 2009.

三、数据收集与分析过程

（一）数据收集

本章综合运用访谈录音和文本、内部文件（行业、企业、W产品俱乐部等多层面）、外部文献（网络、媒体、期刊）等多重数据收集方法，收集了公司文件和网站信息、W产品俱乐部资料、工程机械行业分析报告、有关T公司的评论等公司内外部资料。由于T公司的W产品俱乐部在关系传递中起到了关键性的平台作用，因此通过对俱乐部负责人深度访谈、查找俱乐部章程等内部资料和有关媒体报道，以及直接观察俱乐部会议和活动等方式尽可能多地收集了 W 产品俱乐部的相关资料。在此基础上，建立了涵盖多元化数据的案例资料库。一方面，多样的数据来源可以保证资料的丰富性，对于全面细致地回答与关系传递和嵌入演化相关的"如何""为什么"等探索性问题提供了素材和依据；另一方面，多元的收集渠道可以提高研究的信度和效度，访谈资料、内外部文档、直接观察等多种数据的汇总对照和交叉验证可以形成证据三角形，保证数据的真实性及结论的说服力。基于数据资料库进行研究以提炼相关命题，并通过访谈问题设计、具体支持数据、假设性命题提出等多个环节之间的循环参照，建立完整的证据链。

数据最主要的来源，是对企业的调研和深度访谈。访谈自 2013 年 12 月开始，共进行了 8 次，平均每次访谈时间为 90 分钟，访谈对象包括公司高层领导、涉及产品销售和施工工程的中层管理者、W 产品俱乐部的负责人。每次访谈的采访者为 2~3 名，其中，一名主要负责访谈的整体进度和具体提问，另外 1~2 名采访者在征得受访者同意的情况下，以录音和文本方式进行记录。主要通过以下方式保证数据的丰富性和可靠性：

第一，访谈结束 24 小时内，会结合笔记和录音对访谈内容进行整理，并输入电脑以 word 格式保存。在内容整理过程中，有疑问之处及时与受访者联系确认。研究过程中与受访者保持密切的联系，形成的阶段性成果和案例草案及时反馈给相关资料的提供者，请他们帮助核对数据的准确性和分析的合理性，从而保证数据分析的可靠性。

第二，研究人员和访谈人员具备扎实的理论功底，掌握嵌入性、社会网络等领域的相关知识。创新知识和突破理论的基础是对现有知识和理论的熟练掌握和深刻认识，这是解释案例企业情境中各种复杂现象和分析多个构念之间因果关系的重要前提。熟练掌握相关领域的理论，才能在访谈中提出合适的问题，并在访谈结束后进行合理的解释。

第三，在访谈过程中，注重导向性问题与开放式讨论相结合。通过导向性问题和轻度指导的谈话方式使访谈围绕研究主题进行，提高访谈效率；而开放式讨论可以使受访者畅所欲言，保证数据不受调研人员先入之见和既定看法的影响。与验证假设目的的访谈不同，本研究的探索性目的访谈设计的问题大部分是开放性的，不预先设置过多的具体内容和结构。在少量导向性问题和整体研究范围的基础上，跟随访谈对象的回答寻找与主题有关的新的视角和问题。

第四，每次访谈都会根据上次访谈发现的新问题和访谈后的讨论分析来设计提纲。使问题随着访谈的推进而逐渐深入，从最初对企业整体状况的了解，到涉及关系传递和结构嵌入问题较宽泛的探讨,再聚焦到关系传递情境下结构嵌入演化具体若干问题的深入挖掘。在不断推进研究深度的同时,注意研究进程的暂时性回退。随着访谈过程中对问题的理解不断加深,研究进程有可能退回到上一阶段,在对先前问题进行修改完善后,重新进行访谈并分析访谈资料。

(二) 数据分析

数据分析类似于定量数据研究中的因子分析,[1] 目的在于从大量的定性数据中提炼主题。而这些通过数据分析提炼的主题正是关系传递情境下结构嵌入演化的关键性因素,是案例分析和理论构建的基础、数据分析师构建理论的基础,而数据分析过程中非常重要的一个部分就是要进行数据编码。编码是搜集数据和形成解释这些数据的生成理论之间的关键环节,编码形成的代码是初始理论的要素,并用于指引后续的数据搜集。[2] 本章的数据编码借鉴了扎根理论的编码技术,数据编码和分析主要包括以下步骤:

第一,开放式初始编码。这是扎根理论编码的第一阶段,要为数据的每个片段、句子或词进行命名。由于探索性研究和扎根理论研究的开放性,在初始编码过程中要对数据可能分析出的理论方向保持开放的态度,尽量摒弃原先的概念和预设的理论导向,从而激发新思考和新观点。本章的研究由研究小组中的 2 名成员在全面整理和通读访谈记录和二手数据的基础上,分别独立进行初始编码,得到 701 个条目。这些条目尽可能贴近数据,反映数据的内涵。条目的形成并不针对访谈中所有的片段、句子和词,对不重要的冗余信息进行了必要的删除。由于知识背景、理解能力和兴趣点的差异,成员之间的开放式编码存在差异。对于意见不一致的条目,由研究小组全体成员讨论确定条目的去留和分类,最终保留 573 个条目。

第二,通过与"经济行为嵌入社会关系"的嵌入性本质命题以及相关理论的对接,对初始编码的条目进行分类。如果不考虑嵌入性相关理论,有些条目单从概念而言不属于同一类别,例如,关系质量与产品销售、人力资本看似不是同一层面的概念。然而,基于间接关系的中间人能为企业提供判断

---

[1] Lee T. W. Using Qualitative Methods in Organizational Research. Beverly Hills, CA: Sage Publications, Inc., 1999.

[2] 凯西·卡麦兹. 建构扎根理论:质性研究实践指南. 边国英译. 陈向明校. 重庆大学出版社, 2009.

潜在合作方情况的有关信息，从而提升企业间的关系质量，[①] 而关系质量正是产品销售和人力资本投入两种经济行为相互促进的原因，因此将这些概念归为同一类。

第三，解析和整合不同类别的相关概念，提炼出对应的核心范畴。例如，产品销售、人力资本投入是 T 公司嵌入社会关系中的两种主要经济行为，体现了嵌入的主体是什么；关系质量则解释了嵌入的主体之间如何相互影响，因此，可以范畴化为结构嵌入演化的主体。通过各个类别条目概念的范畴化，形成4个研究主题，见表7.2。

表 7.2　　　　　　　　　　　数据来源编码

编码的范畴（要素）	相关概念	受访者例句或事例	在资料中出现的次数
主体	产品销售、人力资本投入、关系质量	我们会对缺乏 W 产品施工技术的企业提供技术人员支持，从而使这些企业增加了对公司产品的了解和信任，产生购买意愿	129
客体	经济关系、社会关系	通过提供价格优惠、技术帮助等方式，我们逐渐与客户建立起朋友关系，双方的商业合作和支持也会进一步推进	98
路径	关系整合、关系资产专用性、目标式嵌入、偶发式嵌入	公司对 TD 工程项目的承接，是由之前在 XB 施工项目中结识的 ZT 企业的项目经理介绍而来的，并在此项目中整合了 WJ 等公司的相关资源	187
效应	核心企业优势、结构洞优势	"当销售网络逐步构建起来之后，网络中的企业都有可能为我们带来新的客户和资源"	159

资料来源：根据访谈记录等数据资料整理。

通过对表7.2中4个受访者例句和实例的分析，可以展现数据编码分析的具体过程。[①] "我们会对缺乏 W 产品施工技术的企业提供技术人员支持，从而使这些企业增加了对公司产品的了解和信任，产生购买意愿"。技术人员的支持表明了 T 公司在人力资本方面的投入，其他企业在接受 T 公司技术支持后对企业产品的信任感提升，是企业间关系质量提升的体现，进而产生的购买意愿则表示产品销售这一嵌入主体的产生。从而形成了人力资本投入——关系质量提升——产品销售的行为逻辑，将嵌入主体的两方面以及相互促进的主要原因整合在一起，共同构成结构嵌入演化中主体这一要素。

[①] Fernandez R. M., Weinberg N. Sifting and Sorting: Personal Contacts and Hiring in a Retail Bank. American Sociological Review, 1997, 62 (6): 883-902.

② "通过提供价格优惠、技术帮助等方式，我们逐渐与客户建立起朋友关系，双方的商业合作和支持也会进一步推进"。其中的朋友关系指的是，T公司情感导向的社会关系，商业关系与合作体现的是工具导向的经济关系，共同构成结构嵌入的客体。③ "公司对某工程项目的承接，是由之前在XB施工项目中结识的ZT企业的项目经理介绍而来的，并在此项目中整合了WJ等公司的相关资源"。销售经理的这句话主要体现了演化过程中的关系整合，而这是T公司会与哪家企业建立联结的一个重要原因，说明了为什么是与这家企业而非其他企业合作，因此范畴化为路径这一要素。④ "当销售网络逐步构建起来之后，网络中的企业都有可能为我们带来新的客户和资源"。与T公司联结的企业可以带来丰富的社会资本，体现了随着关系传递和结构嵌入演化，企业逐渐处于网络中心位置而获取的优势。其他一些例句编码为结构洞优势，都是结构嵌入演化对企业产生的影响，因此，共同范畴化为效应这一要素。

四、案例企业介绍

T公司是集某产品研发、生产、销售于一体的专业制造公司，设立了专门从事系列产品设计方案的科研机构，注重引进优秀的管理人才，具有现代化的生产制造能力，产品达到国内先进水平。公司将诚信、双赢作为生产经营原则，在企业经营活动中关注对企业外部资源的整合和运用，重视与其他企业和组织的合作共赢，与诸多国内外大型企业建立了长期业务往来。通过多年来在工程机械行业的诚信经营，与很多业主和施工单位建立了良好的合作关系，并掌握了丰富的施工信息资源，先后参与了大批有影响力的工程施工。

（一）行业背景

近年来，中国某行业总产值呈现稳定高速的增长态势，占GDP比重日益增加。随着某类产品的不断细分，中国的该行业已经形成了不同类别和规格型号的产品，基本能够满足国内市场的需求。然而，与发达国家的同行业相比较而言，仍然存在很多亟须解决的问题。这些问题主要表现为行业各子产品发展不平衡、行业标准欠缺、企业盈利水平较低、品牌效应不明显、产品同质化程度高、产品缺乏核心竞争力、全球市场的竞争力不足等。

从整体发展势头上来看，某类产品需求和增长幅度会受到投资趋势的影响。根据中国现状和发展趋势，该行业虽然在不同的时期会呈现不同的发展状况，其中的各个细分市场也会不均衡发展，但总体而言未来仍会有较快发展。其中，W设备和技术逐渐成为广泛使用的产品。W设备在我国的使用仅有10余年时间，一些大型项目对W的使用带动了大型同类企业对W的研发。在此背景下，我国的W研发技术不断提升，产品型号不断细分完善，呈现出跨越式发展态势。

（二）经营状况

虽然W设备在使用上具有很多其他设备不具备的优势，但其价格昂贵，增加用户的投资成本，对企业的资金实力有比较高的要求。在认识到这种供需双方矛盾的基础上，T公司引入了全新的设备营销模式。在设备租赁的基础上进行金融租赁，使资金困难的施工单位可以通过融资租赁取得设备的使用权，在承担的施工任务完成以后再付清设备货款，获得设备的所有权。如果工程完工后，施工用户不愿意获得所有权，可以将设备退回，仅按照设备使用时间交纳设备租赁费用即可。这种设备租赁与金融租赁相结合的模式降低了施工用户的资金压力，也为T公司带来了更好的收益。在这种全新的营销模式中，公司成立的W产品俱乐部起到了为客户提供信息，促进企业间交流和沟通的平台作用。

（三）成长前景

W产品的环保和高效等优势使其适合我国大部分地区的用户使用条件，是用户使用中最为理想的机械设备，且已在众多大型项目得到普遍认可。因此，T公司作为W设备的研发、生产和销售企业，具有较好的成长前景。

随着中国改革开放的深入和市场经济的发展，城市公共设施、港口码头机场、铁路公路交通、水利电力设施的全面施工建设对工程设备有更大的市场需求。然而，W的产品标准、技术、规范都不够成熟，有很大待提升的空间。这对T公司等企业既是挑战，又提供了企业发展的方向和机遇，对W产品的生产、销售和施工技术都提出了较高的要求。在产品研发生产方面，借鉴国外先进的产品功能进行研发创新，避免中国W产品同质化严重的问题，并针对我国各地区施工特点开发新产品，研发和生产新的机型；在产品销售方面，考虑W产品的高投入和高成本，创新营销模式，树立更柔性化的销售理念；在施工技术方面，致力于施工工法的研究，学习和借鉴先进的工艺，并帮助和指导客户进行施工工艺的学习和提升。也正是在这种背景下，T公司形成了创新的销售理念，以及金融租赁与设备租赁相结合等一系列相应措施。

（四）W产品俱乐部的平台作用

T公司在销售网络的构建过程中非常重视现有客户的信息传递作用，销售业务的扩展在很大程度上都是通过现有客户带来新的客户而实现的。公司成立两年后建立了W产品俱乐部，抽调经验丰富的管理人员对客户进行多方面帮助与服务，贯彻创新经营理念，协助销售部门提高销售量。W产品俱乐部促进了企业、施工单位、客户之间的信息交流，该业务的拓展可以间接为总公司每年增加数百万元的利润。

通过俱乐部这样的组织形式来集结多方技术、设备、人员等资源，提高对大工程的承接能力，激励已有客户为企业带来更多的新客户，使这样一个特殊的顾客群形成"点—线—面"的联结，从而获得共同发展。

第二节　案例分析与理论构建

对于演化的研究，一直以来最常用的思路可以称之为演化的阶段观，即通过将演化划分为若干阶段来展现事物演化的动态过程。本章在案例研究的过程中，提出演化研究的一个新思路——演化的要素观，即提炼出演化中最重要的因素，并对这些要素的动态变化过程进行逐一研究。之所以提出这种研究思路，原因在于阶段观的优点虽然显而易见并被广泛采用，但也存在着一定的弊端。当演化过程涉及较多存在交叉关系的因素，而且这些因素的动态变化不是同步进行的时候，往往难以通过截取某些时间点来划分阶段的方式进行深入研究。对于本章的案例企业，一方面，其结构演化是一个多方关系互动，包含很多因素非同步演化的复杂动态过程；另一方面，将其演化阶段刻画为网络图示，仅能展现其中的节点和关系联结情况，无法充分揭示深层次的演化规律，这也正是本章采用演化要素观的原因所在。

演化要素的提炼和分析需要注意以下几点：一是选取的要素应该是最为关键的因素，只有这样才能把握演化过程的本质；二是要素要全面，应该能够涵盖演化过程的重要因素,从而避免研究有失偏颇;三是在分别对各要素动态分析的基础上,还要通过理论模型或分析将这些要素整合在一起,以形成对演化过程的整体性认识。基于以上考虑,本章通过数据编码分析提炼出主体、客体、路径、效应4个要素概念,分别对这4个方面的演化进行了深入剖析,提出相关命题并通过理论模型将4个要素的分析整合在一起,从而揭示关系传递情境下案例企业的结构嵌入演化机理。

一、主体:基于关系传递的产品销售和人力资本的双重嵌入

在T公司的生产经营活动中,关系传递的现象普遍存在且至关重要,贯穿于企业从新创到逐渐发展成熟的全过程。公司的发展历程可以看作通过关系传递累积社会资本,构建企业社会网络的过程。在这些关系传递中,T公司的角色作用不尽相同,有些是以T公司作为中间方,使施工公司与客户建立联系;也有些是以客户作为中间方,使T公司与新的客户建立销售关系。然而,无论T公司在关系传递中是中间方还是合作方,都通过关系传递获取了更为广泛的社会联结和资源。

在关系传递的过程中,T公司组建的W产品俱乐部发挥了重要的桥梁作用。通过提供W产品市场分析、前景预测、工艺更新、常见故障处理经验等信息,提供24小时热线咨询服务以及设备日常维修保养知识培训,吸引客户加入俱乐部成为会员。俱乐部为会员建立设备使用档案进行连续跟踪服务,并会定期组织会员进行一些技术交流活动及娱乐联谊活动,从而为施工公司、T公司及客户等搭建相互认识和交流的平台。T公司第一台W产品的购买客户就是俱乐部的会员,而这些客户可以将良好的产品使用体验传递给其他人。来自于信任关系的销售推荐会产生更高的收入,企业家和中间人之间的人际信任和期望,有可能转移到第三方(例如,新客户)。[1] 俱乐部在进行客户等级划分时,将带来新客户的数量作为划分的标准之一,也体现了对关系传递的激励作用。作为集研发、制造、销售及施工于一体的工程机械企业,T公司的关系传递是一种双重传递,体现了产品与服务的统一。由于W产品在中国的大量应用只是在近些年,相关的技术培训和工法研究比较匮乏,很多客

---

[1] Castilla E. J., Hwang H. & Granovetter E. et al. Social Networks in Silicon Valley. In Lee C. M., Miller W. F. & Hancock M. G. et al. (Eds). Stanford, CA: Stanford University Press, 2000.

户缺少技术人员。针对这一问题，T公司抽调施工公司的技术人员组成施工团队，以人力资本投入的方式，给予客户相应的技术帮助和指导。对于没有购买设备的会员客户，公司也会投入人力资本，提供设备操作、维护维修、工艺方法等方面的技术服务，以及针对特殊地质施工的技术指导，并提供T公司在施工技术方面最新的研究成果。这些得到优质服务的客户，在接受技术指导和帮助的过程中，对T公司的产品也有了进一步了解，从而会在下一步的购买中将T公司的W产品作为首选。这与公司的销售理念相契合，体现了关系传递带动下产品销售与人力资本的双重嵌入。

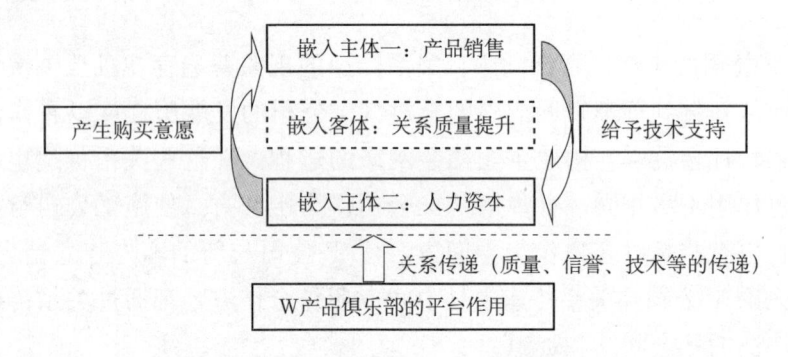

图 7.1　关系传递作用下的双重嵌入

资料来源：作者绘制。

"经济行为嵌入于社会关系"[①] 是社会嵌入性的本质命题，T公司产品销售与人力资本的双重嵌入是针对主体的双重性而言的。两重主体的嵌入并非独立存在，而是相互影响和促进的关系。二者之间的相互促进是通过对嵌入客体，即社会关系的影响而产生的。具体来说，其中一个主体的嵌入使T公司与客户公司的关系质量得以提升，从而对另一个主体的嵌入产生推进作用，如图7.1所示。嵌入主体的两个方面，即产品销售与人力资本投入不一定同时，往往是先后进行的。产品的销售不仅体现了关系的传递，也传递了质量、品牌、信誉，使客户公司对T公司的认可度提升，双方的关系质量得到提升，再加上客户相关技术的欠缺，人力资本的嵌入成为必然；而人力资本的投入，更是传递了技术、服务、责任，使客户产生购买意愿，产品销售关系也就自然建立起来。

由此，本章提出命题1：基于关系传递会形成产品销售与人力资本的双

[①] Granovetter M. Economic Action and Social Structure: The Problem of Embeddedness. American Journal of Sociology, 1985, 91 (3): 481~510.

重嵌入，双重嵌入之间通过对关系质量的提升而相互促进。

二、客体：不同驱动因素下关系传递形成的社会关系与经济关系的互构

在 W 产品俱乐部的平台作用下，关系传递存在于 T 公司、施工公司、客户公司等多个不同层面的主体之间，主体联结、资源需求和任务导向，[①] 是推动案例企业关系传递的三种不同因素。主体联结推动的关系传递是因自然人主体的联结而形成，如 T 公司的销售有相当一部分是由其总经理的人际关系带动的，这些人际关系既包括原先诸如亲缘、地缘等的非经济关系，也包括在工作过程中形成的经济关系。自然人主体人际关系带动下的关系传递，成为 T 公司企业层面社会关系网络构建的微观基础。资源需求推动的关系传递基于企业对于设备、技术、人员等各种企业成长性资源的需求，如 MD 公司就是在有设备购置需求时，通过 NS 公司传递的良好产品服务体验了解到 T 公司产品的情况，进而与 T 公司建立了购买关系。而任务导向推动的关系传递是以特定任务的完成为目的而形成的，往往会基于互补的任务而形成新的关系联结，[②] 如 PY 公司在购买了 T 公司的设备后，由 T 公司介绍施工公司去协助完成施工任务。

由于主体联结推动的关系传递始于自然人的联结，因此要经过社会资本的跨层次转化，才能将个人层面的社会资本转化为企业层面的资源，形成企业间的关系缔结。道格拉斯·诺斯曾说过，从人格化交换到非人格化交换的转变，是世界经济发展中的关键性制约因素。组织间的联结常常嵌入组织的管理者或所有者的个人关系中，包括友谊关系的个人联结是企业间业务关系构建的基础。[③] 社会资本的跨层次转化正是社会关系非人格化的过程，其中的自然人主体主要是企业的董事长、总经理及其他管理人员。因为这些自然人主体相比一般员工，更关注企业的生存与发展，更有以个人人际互动带动企业间链接的意愿。访谈中从个人层面到企业层面的社会资本转化，绝大多数都是由总经理、销售经理等管理人员带动的。可以说，主体联结推动的关系

[①] Hakansson H. Industrial Technology Development: A Network Approach. London: Croom Helm, 1987.

[②] Vissa B. A Matching Theory of Entrepreneurs' Tie Formation Intention of Economic Exchange. Academy of Management Journal, 2011, 54 (1): 137 – 158.

[③] 马汀·奇达夫，蔡文彬. 社会网络与组织. 王凤彬，朱超威等译. 中国人民大学出版社，2007.

传递实质也是促使人格化关系与非人格化关系相融合,自然人社会网络与企业社会网络相契合的过程。资源需求和任务导向推动的关系传递始于企业在资源、任务等方面的经济需求,建立联结的企业之间资源和任务往往是互补的,因为社会资本的获取更倾向于互补性的双方。[1] 资源需求和任务导向推动的关系传递会带来相应委托—代理关系的重构和价值链的重组。例如,T公司投入人力资本为客户提供施工指导和技术服务,就与客户公司形成了委托—代理关系,关系传递的持续进行使得委托—代理关系错综复杂。而施工任务的承接也会使T公司与客户企业在价值链中占据的环节发生相应的变化,多条价值链交织在一起。

可见,主体联结推动的关系传递以企业和个人层面情感导向的社会关系为起点,而资源需求和任务导向推动的关系传递以企业的经济关系为起点。企业的社会关系和经济关系不是截然分开,而是紧密相关、相互重合的。社会关系是企业在各个活动领域、各种关系的总和,体现了人或组织相互作用的本质。经济关系是企业社会关系的核心部分和利益体现,是社会关系中涉及经济利益的关系。二者是相互部分内生的关系,既存在因社会关系导致经济关系的出现,也存在于经济关系中形成社会关系的情况。正如斯密几百年前所阐述的,内生于经济行为的经济关系本身就是社会关系和社会结构产生的基础。T公司高管在访谈中谈道:"作为厂家,会通过为客户提供优惠的价格,对客户进行施工工艺技术方面的帮助等方式,逐渐与客户建立朋友关系。公司会为俱乐部会员提供工程信息,减少设备中间间歇时间,增大设备使用率。在承接工程后,也会引荐之前的客户一起参与。通过双赢促进公司与客户之间的相互合作和支持。这种类似朋友的客户也会将企业的有关信息告诉他的朋友,为企业带来新的客户"。以上表述正是对T公司在关系传递过程中社会关系与经济关系不断延伸并形成互构的形象阐释。

由此,本章提出命题2:主体联结、资源需求和任务导向是关系传递的3种驱动因素,前者和后两者推动下的关系传递分别以社会关系的扩展和经济关系的累积为起点,形成社会关系与经济关系的互构。

---

[1] Paul S. A. Social Capital: Maturation of a Field of Research. Academy of Management Review, 2014, 39 (4): 412-422.

三、路径：整体演化路径与具体联结路径

从整体演化路径来看，T公司的结构嵌入演化大致要经过三个阶段。①有合适的企业作为关系传递的中间方，推进新的关系嵌入形成。T公司总经理在访谈中提到，在构建一个地区销售网络的最初时期，T公司会通过1个客户与20～30个客户建立销售关系。②由于企业间互动的普遍存在，关系传递具有延续性。通过先前传递建立联结的企业，亦可以成为中间人进行关系的再传递，带来新的关系联结。关系传递形成了关系嵌入，而关系的再传递为企业网络结构的初步形成提供了可能。正如T公司地区销售网络大约会经过3～4个层层递进的关系传递，才逐渐构建起初步框架。③除了关系再传递带来的企业社会关系相关者边界的延伸，结构嵌入的演化还需要将关系嵌入联结在一起的整合机制。因为很多关系传递往往是同时进行的，形成很多零散的关系嵌入，要将这些关系嵌入联结在一起就需要相应的关系整合机制发挥作用。例如，通过关系传递与T公司建立联结的LQ公司，为T公司带来WK公司等多个客户企业，从而通过关系再传递将这些关系嵌入整合到T公司的社会关系相关者范围。而某些平台的构建可以起到促进关系整合的作用，T公司的W产品俱乐部就是一个将零散的关系嵌入整合为结构嵌入的有效平台。在新的地区进行业务拓展时，T公司举办的产品展示会也相当于一个区域性的整合平台，公司会邀请当地10～20个潜在客户参与，为之后的关系联结和传递发挥桥梁作用。当然，这些潜在客户的邀请往往也都是基于先前客户的关系传递而进行的。

如图7.2所示，T公司通过a企业与b企业、c企业建立联结，形成关系嵌入。又通过b企业、c企业的关系再传递，分别与d企业、e企业和f企业、g企业建立联结，如此传递下去，逐渐形成初步的网络结构。进一步地，T公司可以通过h的关系传递和i的关系再传递作用，与i、j建立联结，而i、j也可通过T公司与d建立联结，从而将原本存在关系联结但与T公司无直接联结的i、j、k整合到T公司的关系网络中，形成结构嵌入。可见，关系嵌入是结构嵌入演化过程中的一个重要组成部分，这与关系嵌入和结构嵌入的概念内涵是相一致的。以双边关系为特征的关系嵌入加总在一起，构成了以大量交叉复杂关系集合为特征的社会关系网络。结构嵌入作为比关系嵌入更宏观的概念，可以看

作是关系嵌入集合的整体性结构,因此结构嵌入形成与演化的分析过程中,关系嵌入是必要且关键的。图 7.2 中的 a—b、c—g、h—i 等都是先前存在的关系嵌入,通过一定的整合机制联结在一起形成结构嵌入。

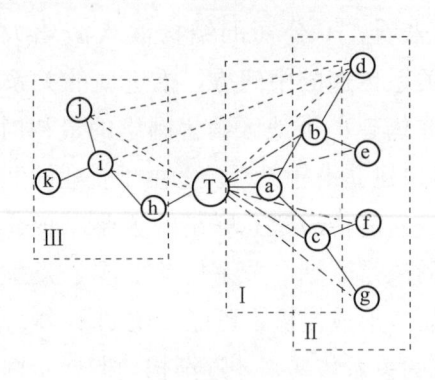

图 7.2　结构嵌入的整体演化路径

注:图中实线代表传递前存在的关系联结,虚线代表传递后形成的关系联结。

资料来源:作者绘制。

由此,本章提出命题 3:结构嵌入的整体演化路径为关系传递(形成关系嵌入)——关系再传递(形成初步的网络结构)——关系整合(形成结构嵌入)。

从具体联结路径来看,案例企业既有随机性较大的偶发式嵌入,也有经过比较和选择的目标式嵌入,类似于奇达夫和蔡文彬(2007)[①] 对于目标引导和偶得两种网络成长路径的划分。而以哪种方式嵌入,是由关系资产的差异性决定的。通过对 T 公司及其客户企业的访谈可知,当没有明确的资源需求和施工任务时,T 公司也很愿意通过现有关系的传递结识更多的企业,以挖掘更多的潜在客户。这种关系嵌入的形成是偶发式的没有事先预设好的联结目标,并且这些企业对其而言的关系资产并不明确,差异性较小。而当关系资产差异性较大时,企业则会有目的性地建立联结关系。对此,T 公司的总经理在访谈中举了两个例子:"在 JC 施工的公开招标中,符合相关资格要求的只有两家企业,而另一家企业与 T 公司相比缺少相关施工经验。最终,我们因为具备 TH 的施工经验承接了这一项目"。ZQ 在负责某项目,需要购买 W 产品时,对比了多家企业的情况,最后,因 T 公司的 W 产品进行过同等难度的项目,而选择了我们的设备。相比较而言,主体联结推动的关系传递大多是情感导向基于自然人联结而形成的,往往是偶发式的嵌入路径,而资

[①] 马汀·奇达夫,蔡文彬. 社会网络与组织. 王凤彬,朱超威等译. 中国人民大学出版社,2007.

源需求和任务导向推动的关系传递承载着企业在资源和任务方面的目的性，大多是工具性的联结，沿着目标式的嵌入路径而形成。

由此，本章提出命题4：关系资产差异性会对企业的具体联结路径产生影响，差异性越小，越会形成偶发式嵌入；差异性越强，越会形成目标式嵌入。

四、效应：多中心网络的两种优势

通过关系的传递与再传递及关系整合，企业所处的社会关系边界不断延伸，片段式的关系嵌入组合为系统化的结构嵌入，企业网络形态逐渐形成。由于关系的传递会在一定程度上受到地域的影响，T公司的销售和施工网络呈现出多中心特征。目前，企业的经济社会关系遍及18个省区市，主要集中在黑龙江、北京、山东、广东等地。这些区域网络之间并不是完全相互独立存在的，比如，一个新区域的社会关系的延伸会受到已经形成的区域网络的影响。T公司的销售经理在访谈中举了以下例子："B地区的一位项目经理，在承接了工程以后，将购买的T公司的W产品用于K的施工中，从而带动了T公司在K地区的销售量"。可见，某些节点企业会成为联结区域网络间的桥梁，而位于核心位置的自然还是T公司。作为各个区域子网络核心企业的集合体，具备核心企业优势。

在占据网络中心位置的同时，T公司还具备结构洞优势。一方面，T公司在施工公司与客户企业的关系联结中发挥着重要的中介作用。随着T公司作为中间方关系传递的发生与深入，施工公司和客户企业的关系强度逐渐加强，T公司的结构洞优势可能会逐渐减弱甚至消失（对于关系传递与结构洞优势是否存在悖论关系，本章在进一步讨论分析部分进行了阐释）。但在此之前，T公司具备显著的结构洞优势。另一方面，由于W产品在不同地区使用的差异，客户企业要到新地区开辟市场，就需要T公司给予相应的技术支持以及市场推广方面的帮助。T公司作为区域子网络联结的纽带，也在一定程度上具备结构洞优势。

由此，本章提出命题5：通过关系的传递与再传递，逐渐形成企业在多中心网络中的核心企业优势和结构洞优势。

在对主体、客体、路径、效应4个结构嵌入要素理论分析以及对五个命题整合的基础上，可以得到图 7.3 所示的理论模型。

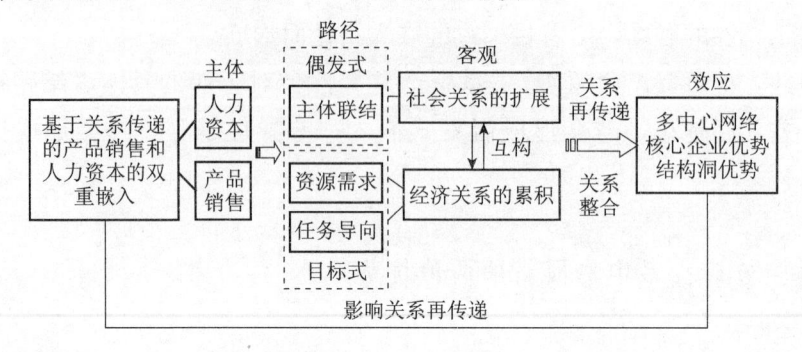

图 7.3　基于关系传递的结构嵌入演化机理

资料来源：作者绘制。

第三节　案例问题的扩展性分析

一、双重嵌入或多重嵌入的普适性

产品销售与人力资本的双重嵌入，是 T 公司客户关系网络构建过程中的一个有趣而显著的特点。这一现象的形成与该公司集 W 产品生产、销售、施工于一体的企业性质，以及施工与销售互相促进的经营理念是分不开的。那么，双重嵌入或多重嵌入的普适性如何，是否只是类似 T 公司的少数企业的特有现象呢？对于同一类的企业而言，无论是否对销售与施工的相互促进关系有所识别和关注，只要在施工过程中投入了相应的人力资本，双重嵌入都是客观存在的。

通过对命题 1 的分析，T 公司的人力资本投入也是对客户企业提供服务的体现，是企业在必需的售后服务之外进行的延伸。而产品销售与服务作为企业经营活动中紧密联系的两个方面，在很多企业都存在双重嵌入性。进一步，将双重嵌入和多重嵌入的嵌入主体扩展到销售和服务之外，还原嵌入性的初始定义，理解为企业的经济行为。那么，只要这些经济行为之间存在相互促进的可能性，并且同时受到同一类型社会关系的影响，就会形成多重嵌入。对于企业的经济行为，可以从不同的层面理解。从较为具体的层面来看，经济行为可以指企业在生产经营过程中的任何微观活动。例如，刘维林在本土制造企业突破低端锁定的研究中,通过对价值模块的解析认为在生产网络中存在着基于产品架构分工和基于功能架构分工的双重嵌入。① 从相对宽泛的层面来看,例如,战略和治理是企业经营活动中较为重要的两个方面,二者作为一体之两面,双重嵌入于呈现差序格局的社会关系网络中。②

可见,双重嵌入或多重嵌入作为表示有两种及两种以上经济行为嵌入同一社会关系,并且,这些经济行为之间存在相互促进关系的现象并不是特例,而是普遍存在于企业生产经营活动的各个层面,而双重嵌入之间的相互影响程度与企业的嵌入自主性能力有关。如果企业能够意识到经济活动之间的互动关系,使双重嵌入不仅仅是一个自发形成的现象,就能够充分发挥企业在社会网络嵌入中的能动性,形成双重嵌入更大程度上的相互促进。正如案例中的 T 公司,在销售与施工相互促进的理念下,摒弃企业被动嵌入既定网络的初始逻辑,有意识地通过关系传递和人力资本投入来构建销售网络,使双重嵌入在对关系质量提升的基础上得到有效互动。

二、关系传递与结构洞优势的悖论关系

关系传递与再传递作为一个不断形成企业联结的持续动态过程,使得社会网络中任何两个企业之间的联结都成为可能,会带来网络节点的高密度联结,增加了形成紧密型网络的可能性。而结构洞指的是,社会网络中某些个体之间无直接联系或关系间断的现象,③ 有利于各种知识尤其是蕴藏在异质信息流中的隐性知识的获取,④ 相应的结构洞优势主要存在于以非冗余关系和弱联结为特征的松散型网络中。从这种角度来看,关系传递会因促使紧密网络形成而弱化企业的结构洞占据,与结构洞优势相悖。那么,二者之间只是简单的悖论关系吗?关系传递会使企业失去结构洞优势吗?企业又如何在关系传递与再传递的持续进行中获取更多的网络优势?下文将从网络关系和

---

① 刘维林. 产品架构和功能架构的双重嵌入——本土制造业突破 GVC 低端锁定的攀升路径. 中国工业经济, 2012 (1): 152-160.
② 郑方. 治理与战略的双重嵌入性——基于连锁董事网络的研究. 中国工业经济, 2011 (9): 108-118.
③ Burt R. S. Structural Holes: The Social Structure of Competition. Cambridge, MA: Harvard University Press, 1992.
④ 刘雪锋, 徐芳宁, 揭上锋. 网络嵌入性与知识获取及企业创新能力关系研究. 经济管理, 2015 (3): 150-159.

整体结构两个层面进行解析。关系传递带来的结构洞变化，见图7.4。

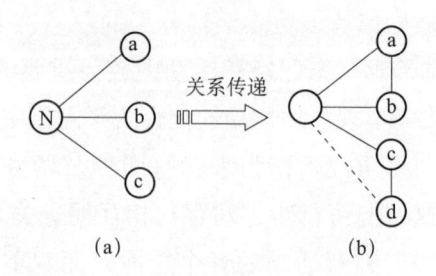

图7.4　关系传递带来的结构洞变化

注：图中的实线代表传递前存在的关系联结，虚线代表传递后形成的关系联结。
资料来源：作者绘制。

从企业的网络关系来看，将图7.4（a）作为以N为目标企业进行观测的社会关系初始状态，N与a、b、c之间存在关系联结。经过一定的关系传递后，形成图7.4（b）所示的关系状况。一方面，原本无直接联结的a、b之间通过N的关系传递建立了联结，因而，N相对于a、b而言的结构洞优势逐渐消失；另一方面，N通过c与d建立了联结，占据了d与a或b之间的中介位置，具备了成为d与a、d与b结构洞的可能性。可见，关系传递在削弱了某些结构洞优势的同时，也为企业占据新的结构洞位置提供了可能。

从整体的网络结构来看，通过关系的传递与再传递，企业的关系网络逐渐扩展，社会关系相关者渐次增加，使企业有可能占据网络中的核心企业位置。另外，随着关系传递的延伸，整体网络逐渐包括很多不同维度视角下的子网络。企业作为联结这些子网的纽带，也会形成相应的结构洞优势。因此，关系传递会在某种程度上削弱企业的结构洞优势，但存在带来新的结构洞优势和核心企业优势的可能，二者之间不是简单的悖论关系。

第四节　基于多案例研究的普适性分析

一、案例选择与描述

基于探索性单案例研究得到的命题，本章进一步进行了多案例研究以探讨相关结论的普适性。根据企业所处的行业进行个案企业的选择，尽量选择与机械行业不同的其他多种行业的企业，以避免行业对研究结论普适性带来的影响。关系传递在这些企业各经营环节中所起的作用各有侧重，但也呈现出一定程度上的统一规律，最终选取了5家企业作为案例研究对象。

5家受访企业的基本情况见表7.3，均来自天津市某产业科技园区。本章隐去了受访企业的名称，用字母加以代替。4位研究成员先对访谈提纲进行了讨论，又在试访谈的基础上，伴随访谈的逐渐深入，修正了访谈提纲。

表7.3　　　　　　　　　　案例企业的基本情况

	企业A	企业B	企业C	企业D	企业E
创立时间（年份）	2008	2003	1999	2005	2011
主营业务	高校科研管理系统	医疗器械	通信类软、硬件设备	广告和公关	互联网传媒
注册资金（万元）	100~500	1000~5000	1000~5000	10~50	0~50
企业人数（人）	0~50	0~50	50~200	0~50	10~50
企业性质	民营企业	有限责任企业	股份有限企业	有限责任企业	有限责任企业

资料来源：根据企业基本情况整理。

企业A的创业者所学横跨多个专业，创立了为高校提供科研管理系统的公司，主要进行高校实验室设备和人员的管理。该企业处于初创阶段，对技术和产品的要求较高，主要通过朋友关系寻找技术合作伙伴。B企业已经初具规模，正在寻求扩大生产所需资金，主要与投资公司达成资金注入合作，其中，有朋友和熟人介绍的合作。C企业的创立时间较早，主营业务是填补软、硬件通信类设备的生产和销售，主要的合作伙伴较单一，多为大型移动运营商，此外，也有通过其介绍的其他分销渠道。D企业主要开展广告业务和公关业务，长期合作伙伴有设备的供应商和学校，一般都是合作伙伴与D企业主动联系，或通过中间人介绍，与D企业建立合作。E企业刚刚创立，经营的是互联网媒体业务，属于新兴行业。这个行业中许多合作在开展时没有既定的模式和规律可循，需要结合具体情况进行处理。E企业对合作伙伴的选择范围较大，网络平台上的横向客户包含许多行业，倾向于与同行的公司合作，共同实现更大的市场份额。

二、多案例分析结果

受访企业由于主营业务和发展阶段等方面的差异，表现出独特的个性，但又呈现出一定的复现性。比较熟悉研究目的和内容分析方法的两位研究成员对调研记录进行了整理，整理出已分类的语干分别为 56 个和 58 个，其中，达成一致意见的语干 53 个。根据霍斯蒂（Holsti）的公式，[①] 可以计算出案例分析的信度：

信度＝2×达成一致意见的语干数/（分析者 1 整理的已分类语干数＋分析者 2 整理的已分类语干数）＝2×53/（56+58）＝93.0%

由于信度大于 0.9，说明两名分析者可以在对语干的选取和分类上达成一致。

（一）基于关系传递的关系嵌入在企业间合作的建立和维持的结构

由关系传递建立的关系嵌入在企业合作建立和维持的各阶段的结构，见表 7.4。

表 7.4　　　　　关系嵌入在企业合作中的结构

合作建立阶段		由关系传递到关系嵌入的结构	受访企业
建立前		关系传递：介绍业务	A、B、C、D、E
建立时	建立对象	同行业业务互补	C、E
		不同行业业务互补	A、B、C、D、E
	建立方式	先签约再合作：传统行业，客户种类多	A、B、D
		先合作后签约：传统行业，客户单一	C
		签约和合作的顺序不定：新兴行业	E
建立后	维持机制	产品和服务质量	A、D
		对方的服务意识	A、D、E
		双方信任	B、C、D、E
		双方沟通的程度	B、C、D

资料来源：根据调研资料整理。

受访者普遍都存在熟人、朋友或其他关系为企业介绍业务的情况。这些关系传递的正式途径一般通过行业推介会，行业对接会、展会、报告会等，传递的信息一般也是宏观的行业信息和经济趋势类信息。关系传递的非正式

---

① Holsti O. R. Content Analysis for the Social Sciences and Human ties. Reading，MA：Addison Wesley，1969.

途径是朋友间聚餐和电话沟通等，传递的信息就相对正式途径传递信息的范围更加广泛、内容更加具体，包括客户信息和政府信息等。受访企业也给自己的熟人、朋友介绍过业务。有的纯粹是为了帮忙，没有考虑自身企业的经济利益；有的是为了可以获得与被介绍双方日后的合作机会；有的是为了提高其公司在行业内的声誉，借以开拓市场。介绍业务的中间方一般只是为合作双方提供合作机会，有的也会关注被介绍企业的合作达成情况，但不会去促成其合作的实现，以至于不会对合作的质量产生影响。由关系传递形成的关系嵌入，在新产业区理论中得到了广泛关注。[1] 伍兹和斯皮罗提出，企业可以通过中间方得到潜在合作伙伴的相关信息，加大了企业间合作的机会，但在中间方未参与被介绍双方的合作时，不对其合作质量产生影响。[2] 由此得出特征1：

特征1：关系传递会加大企业合作的机会，但不参与合作的中间方不保证合作质量。

在受访的企业中，通过关系传递已建立的和正在寻找的合作伙伴，一般都是业务互补的公司。有的是在同行业内弥补自身技术的局限性，如 C 企业会通过科研院校，利用校园本身的资金实力和较充裕的开发时间来帮助企业攻克实践中的难题，再把实验成果拿回企业进行扩大生产；E 企业主营业务是互联网传媒，在发现一项业务时，与电视媒体和平面媒体共同合作，扩大整体市场份额，会比以单一形式的媒体在市场上单打独斗获得的收益更多。有的是在不同行业内，企业寻找互补的合作伙伴，如 A 企业，正不断寻找可以提供法务支持的合作伙伴；B 企业正为自身的扩大生产寻找投资资金。王晓娟进行的实证研究表明，应保持企业关系网络的开放度，使新的关系嵌入进来，彼此间传递非冗余的知识和信息，进行互补业务的合作。[3] 由此得出特征2：

特征2：由关系传递形成的关系嵌入倾向于互补业务的合作。

受访企业通过关系传递达成的合作，合同订立方式会因行业和客户群体

---

[1] Hagedoorn J. Understanding the Cross-level Embeddedness of Interfirm Partnership Formation [J]. Academy of Management Review，2006, 31 (3)：670～690.

[2] Uzzi B., Spiro J. Collaboration and Creativity: the Small World Problem [J]. American Journal of Sociology，2005, 111 (2)：447～504.

[3] 王晓娟. 知识网络与集群企业创新绩效——浙江黄岩模具产业集群的实证研究. 科学学研究，2008 (4)：874～879.

的范围不同而有所差异。在传统行业中，客户群体较大的企业倾向于先订立合同，再进行合作，A、B、D 企业都属于这种情况。B 企业的受访者特别强调，一定要先订立合同，再谈合作。首先，签订合同是公司程序的例行需要，否则与合作相关的各部门无法参与到合作中，比如，财务部门不能进账划款等，导致合同无法进行。其次，合同可以说明合作的细节和规定一定的沟通机制，有利于合作的维持。最后，先签订合同可以避免商业纠纷的发生，防止呆坏账的出现。在传统行业中，客户群体单一的企业倾向于先进行合作，再签订合同，C 企业就是这种典型。C 企业的受访者提到，C 企业长期的客户就是大型的通信运营商且相对单一，已与其建立了高度的信任，先合作再签约更有利于双方合作目标的达成。在新兴行业中，由于法制和行业规范还不健全，业务处理方式也有待统一，合作过程中会出现许多新问题，需要具体问题具体对待，合作中对签订合同和合作的顺序就比较灵活，如 E 企业。在交易成本相关文献中讨论的，交易中的合同用来制定适应性的政策和程序，提供定制化的方法和互惠承诺。[1] 合同越复杂，对于争端解决的承诺、责任和过程就越详尽。大多数的企业为了降低交易风险会倾向于使用正式合同。[2] 但社会关系价值和商定过程中产生的治理，相对于正式契约可以降低交易成本，[3] 客户群体单一的企业可以利用关系治理提升合作绩效。对于新兴行业中的企业而言，需要在承担的交易风险和交易成本之间做出取舍。[4] 由此得出特征 3：

特征 3：不同类型企业，在由关系传递形成的关系嵌入而引发的合作中，不同类型企业对于签合同与合作的顺序有所差异。

特征 3a：在传统行业中，客户群体大的企业倾向于先签合同再合作。

特征 3b：在传统行业中，客户群体单一的企业倾向于先合作再签合同。

特征 3c：在新兴行业中，企业签合同和合作的顺序要具体分析。

受访企业普遍重视由关系传递建立的关系嵌入形成的合作以及合作建立后的维持机制。D 企业受访者强调合作中产品和服务的质量是合作可以达成

---

[1] Williamson O. E. Comparative Economic Organization: The Analysis of Discrete Structural Alternatives. Administrative Science Quarterly, 1991, 36: 269~296.

[2] Adler P. Market, Hierarchy and Trust: The Knowledge Economy and the Future of Capitalism. Organization Science, 2001, 12 (2): 215~234.

[3] Dyer J. H., Singh H. The Relational View: Cooperative Strategy and Sources of Interorganizational Competitive Advantage. Academy of Management Review, 1998, 23 (4): 660~679.

[4] Gulati R. Does Familiarity Breed Trust? The Implications of Repeated Ties for Contractual Choice in Alliances. Academy of Management Journal, 1995, 38 (1): 85~112.

和维持的基础，A企业受访者提到与技术伙伴的合作中也比较重视产品质量。更高层次的维持机制是对方具有高度的服务意识，与合作企业能达到理念的一致。A企业受访者特别提到，目前的合作伙伴在合作中投入的精力较少，不能高效地为其企业提供满意的商品和服务，表现为服务意识的欠缺，致使A企业要不断寻找符合要求的合作伙伴。合作方之间必须存在相互信任才能使合作良好的维持。E企业的受访者就把合作中出现的问题，归为不可解决的和可解决的问题。不可解决的问题就是对方企业做出有违诚信合作宗旨的行为，双方在缺乏信任的情况下无法继续合作，导致合作关系的破裂；可解决的问题有很多，只要是建立在互利互信的基础上，企业会不惜加大投入，如降低价格提供高质量服务等来共同解决合作中的问题。B企业受访者认为，合作关系的维持除了相互信任外，还需要良好的沟通机制，积极化解误会，停止内耗，积极开展工作。张钢和任燕提出，关系嵌入的表现方式有对合作方的承诺度、支援度，与对方互相依赖程度，对合作方的信任程度，以及与对方及时沟通形成的紧密度与稳定度。[①] 由此得出特征4：

特征4：企业高度重视由关系传递形成的关系嵌入中的关系维持机制，提供高质量的产品和服务、提高服务意识、增进合作双方相互信任、促进合作双方进行良好沟通都有利于合作的维持。

（二）基于关系传递的结构嵌入在企业间合作的建立和维持的结构

由关系传递建立的结构嵌入对企业合作建立和维持的各阶段的结构，见表7.5。

表7.5　　　　　　　　结构嵌入在企业合作中的结构

合作建立阶段	由关系传递的结构嵌入的结构			受访企业
建立前	关系传递：由关系嵌入过渡到结构嵌入			A、B、C、D、E
建立中	建立对象	同行业业务互补		A、C、E
		不同行业业务互补		A、B、D
建立后	变化态势	宏观：行业指标和行业发展		A
		微观	对方企业发展	B、C、E
			企业相互匹配程度	C、D

资料来源：根据调研资料整理。

[①] 张钢，任燕．关系嵌入对创业导向的影响研究——基于组织学习的视角．科技进步与对策，2011 (19)：80～84.

受访企业都有通过已合作过的企业介绍，与其社会关系网内的其他企业进行合作的情况，即通过关系再传递，使关系嵌入过渡到结构嵌入。结构嵌入的建立对象，分为同行业间业务的互补和不同行业间业务互补的企业。A企业受访者提到，当合作的技术方不能单独解决技术问题时，会把自身同行业的伙伴介绍到合作中来，共同完成技术合作任务。E企业的受访者表示，会通过行业内合作伙伴的介绍，建立与其他类型媒体的合作。A企业的受访者谈到，企业在寻找法律服务的过程中，会通过合作过的投资公司的关系网为其介绍能提供法律服务的合作伙伴，在此过程中，投资公司也能从对A企业的投资回报中获得收益。科卡、马达范和普雷斯科特（Koka，Madhavan & Prescott）[1]认为，网络中的企业可以通过关系传递建立新的连接，从而改变其在网络中的位置，形成结构嵌入。鲍姆和达顿（Baum，Dutton）提出，结构嵌入是企业间基于供应关系的垂直连接，垂直连接的多是互补业务。[2] 池仁勇对2001～2003年264家浙江中小企业的研究表明，结构嵌入与企业间的资源获取能力有关，企业从其合作伙伴中汲取的也是互补资源。[3] 由此得出特征5和特征6：

特征5：关系传递使关系嵌入形成结构嵌入。

特征6：由关系传递形成的结构嵌入倾向于对互补业务的合作。

受访企业建立的结构嵌入网络产生变化的原因，主要分为宏观和微观两个方面。A企业主要做的是技术产品，其大多数合作伙伴都是从事技术工作的，行业指标和行业的发展成为A企业社会关系网络变化的最主要的宏观因素。在微观方面，合作方企业的发展变化和双方企业之间匹配的动态性，也引起企业社会关系网的变化。E企业受访者提到，有的合作伙伴在合作时就规定与E这种类型的企业的合作期限不能超过3年，或者合作伙伴发生解散清算的情况，合作就会被迫中止，合作网产生直接断裂。C企业使用的是填补式市场战略，研发的产品都是填补大的通信运营商没有占领的市场部分，产品类型经常会发生变化。这要求经销商的销路与自身要进行良好的匹配，但有时对方不能达到C企业要求的这种灵活性，C企业就不得不更换新的经

---

[1] Koka B. R., Madhavan R. & Prescott J. E. The Evolution of Interfirm Networks：Environmental Effects on Patterns of Network Change. Academy of Management Review，2006，31（3）：721～737.

[2] Baum J., Dutton J. E. The Embeddedness of Strategy. Shrivastava P. & Huff A. (Eds). Advances in Strategic Management，1996，13：3～40.

[3] 池仁勇. 区域中小企业创新网络的结点联结及其效率评价研究. 管理世界，2007（1）：105～121.

销商。胡雯和武常岐对制度的不确定性和市场的波动性进行了论述，提出国家法制和其他制度以及行业规范存在不确定性，宏观经济形势和消费者偏好的变化以及技术的革新，都会引致企业不断寻求和完善自身的关系网络。[1] 企业网络同社会网络一致，也存在关系破裂与存活的概念，关系变化的动力，来源于关系各方和他们之间的互动情况。[2] 由此得出特征7：

特征7：由关系传递形成的结构嵌入结构会因宏观和微观的原因产生变化。

三、相关结论与启示

本节通过对5家企业的多案例研究，对产业园区内企业的社会关系网络嵌入的建立和维持结构进行了初步归纳分析，可以看出关系传递及由此带动的企业网络结构嵌入演化是一个普遍存在的现象。研究发现：

第一，创业产业园中的企业存在经由关系传递形成的网络嵌入现象。创业产业园中的人际关系网和信息流动相对密集，为关系传递提供了有利的环境。通过关系传递，原本不存在的关系嵌入网络中来，形成关系嵌入；网络中，企业的位置关系也由关系传递发生相应的变化，形成新的结构嵌入。

第二，网络中的企业开展互补业务时更能体现网络嵌入。基于资源依赖的观点，[3] 企业在需求相互的稀缺资源时，会倾向于达成合作。

第三，因行业性质和客户范围的不同，企业订立合同和合作的顺序会有所差异。在传统行业中，客户较多的企业需定制详尽的合同，确保尽量降低交易风险后，再达成合作。传统行业中客户单一的企业，与合作伙伴在合作的基础上再签订合同，降低了交易成本。新兴行业中的企业则在权衡承担的交易风险和交易成本后抉择签订合同和合作的顺序。

第四，由于宏观和微观的原因，企业的社会关系网络会发生变化。这需

---

[1] 胡雯，武常岐. 关系网络开发利用的影响因素和结果：对中国民营企业的研究. 产业经济评论，2004（2）：35～63.

[2] Miner A. S., Amburgey T. L. & Stearns T. M. Interorganizational Linkages and Population Dynamics: Buffering and Transformational Shields. Administrative Science Quarterly, 1990, 35（4）：689～713.

[3] Wernerfelt B. A Resource-based View of the Firm. Strategic Management Journal, 1984, 5（2）：171～180.

要企业在合作中运用提高产品和服务的质量、提高服务意识、互相信任和积极沟通等企业关系的建立和维持机制进行关系的重新建立和修复，对中国企业的发展有一定借鉴意义。

中国的企业，尤其是在民营企业中，关系发挥的作用不可小视。[①] 受访者提出，中国企业大多由企业所有者进行直接经营，企业之间的合作，有可能就是企业的所有者之间利用关系形成的合作，与美国"硅谷"的企业中，职业经理人负责公司的运营相比，分属两种不同的经营模式。这为我国的企业创立和发展提供了启示：首先，企业之间相互介绍关系，即关系传递，为企业间的双方合作和多方合作提供了可能。企业所有者应多参加行业内展会、交流会和对接会等，结交行业内其他优秀的、对本企业的发展有帮助的企业。此外，企业家还应注重与其他企业家或业务负责人的私下交流，培养友情和增进信任。其次，达成合作的企业间应注重以互惠互信互利为基础进行合作，才能达到持续的价值共享和价值创造。[②] 互信原则是企业合作的基础，互惠互利原则是企业合作的根本属性，树立高度的服务意识，为对方提供优质的产品和服务，是企业合作得以持续进行、价值共享和价值创造的关键。最后，企业间还要加强沟通和交流，密切关注行业信息和政府信息，在多变的竞争环境中可持续地发展。由于企业家在不同亲密程度的关系中分享不同程度的信息，在与其他企业建立亲密关系的基础上，分享更具体的行业信息和政府信息，有利于企业取得先发优势，及时抓住机遇并调整企业目标，在错综复杂的内外部环境下，保持持续的企业生命力。

---

① 武常岐，吕振艳．民营化、外资股东和嵌入性：来自中国的数据．经济管理，2011（3）：51～58.
② 王晨，茅宁．以无形资产为核心的价值创造系统．科学学研究，2004（4）：405～410.

第八章

结论与研究展望

本书以企业网络为运行环境，以网络嵌入和演化博弈理论为基础，以关系传递为行为导向之源，剖析了企业网络组织关系嵌入、结构嵌入的演进机理与控制机制，并结合中国企业网络结构嵌入的运行实践来展开相关研究。通过一系列研究探析了关系传递路径下企业网络组织关系嵌入、结构嵌入的演进规律与控制机制，引出相关结论，以期为中国企业网络组织嵌入行为的应用提供可供选择的实现路径和方案。

第一节 本书的主要结论

在研究过程中，本书在企业网络组织的关系传递、关系嵌入、结构嵌入方面取得了较为重要的研究进展。

一、企业网络组织的关系传递动机在理论与实践层面存在差异

本书通对关系传递三方动机的系统研究，以及对理论性和实践性样本的单独分析与比较，得出了两类样本在关系传递动机研究方面的异同，同时，对三方动机链的耦合度进行了评价。主要结论如下：

第一，理论样本多强调从资源基础理论和交易成本理论来解释关系传递的三方动机；实践性样本主要是从竞争优势理论的角度来解释关系传递的三方动机。一方面，理论界认为，善于整合企业之间资源的企业具有更强的竞争力（Grandori，1993）。企业间关系是企业所拥有的一种难以模仿的独特资

源（王作军，任浩，2009），通过关系传递与其他企业建立关系，从而获得其他企业的资源，通过对三方资源加以整合，能够创造更多收益。同时，企业在经济活动中总会关注降低交易成本的方法或渠道，而通过关系的传递企业能够获得信息方面的资源，降低信息的搜寻成本，从而降低企业间的交易成本（白如彬，周国华，翟家宝，2010）。另一方面，实践界认为，企业间进行关系传递最终建立关系的目的是要使企业在竞争中取得优势。杰瑞罗（Jarillo，1998）认为，企业之间的持续互动关系，能够在资源、信息、技术等方面获得竞争优势。随着企业专业化程度的加强，企业在某一领域的竞争优势也越来越强。面对激烈的竞争，通过关系的传递使企业之间建立关系能够提升企业的整体竞争力，使每一个企业获得最大的收益。

第二，理论样本强调企业在市场方面、技术方面和竞合方面的关系传递三方动机。任何企业的经营都必须面向市场，也必然有竞争者存在。企业之间通过关系的传递能够与其他企业建立联系，通过信息的传递可以提高企业对市场的反应速度，能够提高各个企业在研发、市场、竞争方面的能力（阮平南，郭芳，2011）。企业之间通过关系传递建立关系能够共同解决问题，集合企业的所有资源，从而借助于其他企业的技术等帮助进行研发和生产，最终转化为自身的技术能力（Uzzi，1997；Hansen，1999；MeEvily，Marcus，2005）。

第三，在实践样本中，对于企业间关系传递的三方动机，创业投资型企业重点在融资关系、技术关系和政府关系方面，技术开发型企业和市场开拓型企业重点在市场关系、技术关系方面。创业投资型企业中资金是企业发展必不可少的资源，因而比较关注融资关系。企业家的财富是有限的，需要获取外部投资来追求自己的机会，融资成为创业过程中的核心（Evans，Leighton，1989；Casson，1982）。技术开发型企业和市场开拓型企业之间的界限不是很明显，一些企业既属于技术开发型企业，也属于市场开拓型企业，因此，同时关注市场关系和技术关系方面的关系传递。相比而言，技术开发型企业更重视技术关系，市场开拓型企业更重视市场关系。

第四，两类样本都强调在技术关系方面的关系传递。从理论样本和实践样本的分析比较可以看出，两类样本都强调了企业在技术关系方面进行关系传递的动机，无论是学者还是企业家都非常重视技术领域的关系。随着技术日新月异的发展，变得越来越复杂，技术的开发也变得越来越困难，技术研发成本越来越高。技术的开发不仅需要投入大量的资金，还需要相关领域的专家等大量的人力资本。在技术型企业中，想要凭借自身的力量来进行技术开发和研究，是难以开发出如此复杂和众多的技术的（Hagedoorn，1993；Hagedoorn，Schakenraad，1994）。通过关系传递进而建立关系的企业能够通过学习来获取对方的技术资源，然后转化为自身的技术优势。当两个企业之间的技术具有相似性时，他们之间更容易通过关系传递建立关系（李玉剑，2005）。

第五，企业网络结构嵌入中动机链的耦合程度不仅关乎传递过程能否实现，而且是影响传递动机与嵌入方式、价值取向的内在关系的一个重要变量。对耦合程度进行科学评价是衡量从传递到嵌入能否形成的尺度。而相关文献在研究结构嵌入形成过程及企业网络中行为动机时，都很少关注三方动机的耦合程度。针对上述问题，本节从信息动机耦合度、技术动机耦合度、学习动机耦合度及资产专用性四个方面给出了评价三方动机的耦合度指标体系。并结合具体案例，采用网络分析理论 ANP 和模糊评价方法，考虑指标之间的相互影响与制约的关系，建立了综合评价的决策模型，并进一步运用超级决策软件（super decision）进行了计算。

二、关系传递中的三方动机会对关系嵌入维度选择产生影响

本书以企业间关系最基本的关系单元——关系嵌入为研究对象，揭示内外部环境对企业关系嵌入形成过程和产生结果的影响。在前述研究中所分析出的合作方、中间方动机的基础上，剖析创业投资型企业、技术开发型企业、市场开拓型企业的关系嵌入维度选择的影响因素，挖掘出了关系传递三方动机对关系嵌入维度选择的作用路径，构建理论模型。进而以三种类型共 248 家企业为样本，采用逻辑回归（logistic）模型进行了实证分析，论证了 3 种不同类型的企业合作方和中间方在不同的经济环境下，由于自身形成合作的动机不同，对价值取向和嵌入方式这两种关系嵌入维度的选择是不同的。[1][2]

---

[1] Lavie D. Alliance Portfolios and Firm Performance: A Study of Value Creation and Appropriation in the US Software Industry [J]. Strategic Management Journal, 2007, (12): 1187~1212.

[2] Poppo L., Zenger T. Do Formal Contracts and Relational Governance Function as Substitutes or Complements? [J]. Strategic Management Journal, 2002, 23 (8): 707~725.

研究发现，合作方动机对价值取向的影响主要取决于分享知识的意愿和可分享程度：分享知识的意愿越强烈且可分享的程度越高，[1] 合作企业越倾向于选择互惠的价值创造；分享意愿不强烈，合作企业越倾向于选择单方的价值攫取。合作企业具有对知识的学习和市场规模的维持动机时，正式契约能避免合作关系的终止。[2] 合作企业中具有注重在合作中信任的动机时，正式契约会建立交流的屏障，唯有非正式的专用性技术的交流可以增进信任。中小企业在合作中为了维持可贵的合作关系，不应过多地谋取对方企业的利益，应注意在用正式契约控制合作风险的同时，也为合作伙伴开放分享知识和技术的渠道，致力于使共同价值增值，获得比攫取对方价值时更多的利益分成。

中间方动机对价值取向的影响主要取决于参与到被介绍企业现时合作和未来合作中的意愿：中间方介入合作的意愿越强烈，嵌入式关系合作中价值分享的程度越高；中间方不介入合作的，不影响合作的价值取向。中间方有需要参与到合作方工作的过程中学习和传播新技术时，无正式契约产生的隔阂感和有专用性人力资本投入的氛围，可以帮助中间方实现自我目标。[3] 被介绍合作的企业为了提高合作绩效，可以尽量把中间方吸纳入合作中来，并更多地使用专用性人力资本的合作方式，形成畅通的信息交流渠道，降低企业获取资源的成本。

三、运用结构方程方法验证了关系嵌入到结构嵌入的演进

关系嵌入是企业间的双向关系，重点关注直接的二元交易关系的强度与稳定性；结构嵌入则是重点研究交易的双方能够在对方中存在的结构比例大小问题，如企业所处整个网络中关系联结的位置、密度及规模等。企业的网络化发展是一个连续不断的演化过程。首先，剖析了关系嵌入视角下网络组织的演化动因；其次，基于演化生命周期，分析了网络组织演化过程中组织关系的发展演化模式与路径；再其次，以关系嵌入为视角，分析了其与网络

---

[1] Uzzi B. Social Structure and Competition in Interfirm Network: The Paradox of Embeddedness. Administrative Science Quarterly, 1997, 42 (1): 35 - 67.
[2] 王颖，王方华. 关系治理中关系规范的形成及治理机制研究. 软科学, 2007 (2): 67 - 70.
[3] 李敏，李良智. 关系治理研究述评. 当代财经, 2012 (12): 86 - 91.

组织演化借由资源获取、关系运作两种机制的互动；最后，构建从关系演化到结构演化的理论模式，得出网络组织演化的一般机理。

在此基础上，本书对某市高新区制造企业进行了大样本调研与实证研究，通过对 191 份有效样本的分析，得出如下结论：企业关系网络的结构维度、关系维度、认知维度均对企业网络化资源（信息、知识、声誉）获取有可被验证的直接影响。同时，企业网络化信息获取在企业关系网络结构维度、关系维度和认知维度对企业网络化绩效的影响中担当部分中介的角色。

四、运用演化博弈理论探析企业网络组织中企业合作的稳定性问题

随着网络规模的扩大，网络竞争越发激烈，企业间合作过程中的信任可能是暂时的，知识信息的溢出效应也可能会挫伤企业继续搜索的积极性和削弱知识共享意识。在企业网络组织嵌入过程中，网络成员意识到嵌入风险会使成员个体和网络组织整体的利益受损，所以需要采取一些措施来有效地规避这些风险，进而对网络组织嵌入风险进行控制，使网络组织内部运行的利益冲突最小化，获得外部竞争优势，极大限度地实现网络组织的协调与合作，从而不断提高企业的技术创新能力和市场竞争力。

首先，运用扎根理论对 S 公司的相关资料进行逐级译码分析，从全部资料中萃取出 103 个概念，通过对概念和状态的深入分析，最后凝练出四种嵌入风险状态，以期在今后网络组织的发展中运用科学合理的方法规避风险，提升网络组织效率和网络组织整体竞争优势。研究揭示了企业网络组织嵌入风险的类型，认为嵌入性强弱不同，信息共享程度高低不同，导致了网络组织嵌入风险的产生，其主要嵌入风险为契约性风险、锁定风险、负互惠风险和传导性风险。

其次，使用演化博弈理论研究了企业网络组织中企业合作的稳定性问题，模型结果揭示恰当的合作战略是实现合作稳定性的前提；恰当的企业间关系强度将对企业网络组织的稳定性起到积极作用。同时，企业网络作为一种松散的企业合作组织，其合作稳定性与网络治理机制密切相关。当企业在单纯的内生治理机制下运行，即仅依靠网络成员之间自发的嵌入关系维持相互间的合作时，企业的结构嵌入强度与企业合作的稳定性密切相关，结构嵌入强度高的企业更容易保持合作的稳定性，处于结构洞位置的企业也更容易找到

合适的合作对象。为了更好地保持企业网络组织合作的稳定性，除了注重内生的嵌入关系治理之外，还可以进一步引入和健全外部治理机制。引入外部治理机制的目的是强化组织中企业之间的信任，需要网络管理者从信息、法律两个层面进行制度创新，一方面，建立健全公开的监测机制，完善信息披露等环节；另一方面，强化法律约束，通过加大对机会主义的惩罚力度促使企业维持合作的稳定性。

五、应用探索性案例解析结构嵌入演化的理论模式

本书运用探索性单案例研究的方法，通过对T公司特定情境下关系传递与结构嵌入演化的深入研究，分析了关系传递对嵌入主体、客体、路径、效应等结构嵌入多个方面的关键因素产生的作用，得到了相应的命题和理论模型。并对命题中涉及的两个重要问题，即多重嵌入的普适性以及关系传递与结构洞的悖论关系进行了扩展性分析。

研究结论丰富了关系传递和嵌入性相关理论，并为企业实践提供了启示，主要包括以下几个方面：①挖掘不同类型的关系传递与再传递，优化企业的社会关系结构。主体联结、资源需求和任务导向推动下的关系传递分别以社会关系和经济关系为起点，会促进社会关系的扩展与经济关系的累积，因此通过对潜在关系传递与再传递的挖掘，以及由此带来的社会资本的跨层面转化、价值链与委托代理链的重构，可以形成工具性和情感性两种类别关系的互构，从而优化企业的关系结构，更有效地利用其中蕴含的社会资本。②在关键性经营活动与社会关系匹配的基础上，形成多重经济行为嵌入的协同作用。企业与不同主体间的社会关系对研发、生产、销售等不同性质的经营活动的影响程度存在差别，而同一种社会关系也有可能对多种经营活动产生重要作用，从而形成企业经济行为的多重嵌入。基于同一类社会关系的多重经济行为嵌入之间，可以通过关系质量的提升而相互促进，产生大于单个经济行为嵌入加总的协同效应。因此，以优化关系质量为纽带整合嵌入的多种经济行为，可以实现多重嵌入相互促进的螺旋式提升。③培育异质性关系资产的创造能力，提升企业在网络中的竞争力。关系资产的差异程度会对嵌入路径产生影响，差异程度越高，越能更好地满足其他企业的资源和任务需求，从而成为其他企业希望建立联结关系的目标企业，因而提供异质性关系资产

的能力，决定了企业在网络中的话语权和优势地位。④运用关系传递的合理化平台对企业社会关系进行整合，有效地扩展企业边界。充分发挥嵌入的自主性，利用相应的整合机制将片段式关系嵌入组合为系统化结构嵌入，选择性地将间接联结转化为直接联结，更有效地扩展企业边界和构建社会网络。⑤识别关系传递趋势及企业在网络中的关系位置，充分发挥相应的网络优势。一方面，构建能够整合多家企业资源的关系传递平台，通过利用现有关系的传递性建立更多有效的联结，将潜在的联系转化为现实的联结，形成社会网络中的核心企业优势；另一方面，探寻联结不同客户企业以及跨区域子网络的中介位置，成为跨越不同结构化个体与组织的桥梁，占据结构洞优势。根据网络紧密程度随着关系传递的改变以及企业在网络中关系位置的变化，分阶段、分区域地利用相应的核心企业优势和结构洞优势。

第二节 未来研究的展望

本书从理论上解析了经由关系传递路径的企业网络组织关系嵌入与结构嵌入的演进路径与机理，并运用演化博弈等研究方法探讨了嵌入过程的控制机制。随着研究的逐渐深入，结合网络组织领域不断涌现的新问题，未来可从以下几个方面对网络组织理论进行更深入地探讨。

一、网络平台的嵌入风险与治理研究

网络平台的兴起带来商业模式的创新，依托网络平台的准市场环境（Nee，1998；Knuth，2014），入驻企业与最终消费者作为交易主体嵌入平台中开展网络化的交易活动。在这一过程中，入驻企业的规模化嵌入促进了网络平台的发展壮大。然而，由于网络平台的虚拟性，入驻企业的注册制与低廉的专用性投资，导致企业"嵌入不足"等不当的嵌入行为，进而给网络平台带来多重嵌入风险（Burt，1992；Sitkin Sim B.，Pablo Amy L.，1992）。

近些年，网络平台的嵌入行为逐渐受到经济学、社会学、管理学等相关领域研究者的关注，逐渐引入嵌入性理论、网络外部性理论、多任务代理理论、双边市场理论等相关理论，深化、拓展对网络平台嵌入风险的研究深度

与广度。然而通过对文献的梳理发现，对于网络平台风险多是从平台和入驻企业单个主体进行研究的，很少就两个主体的关联风险关系进行探讨，而对于嵌入风险主要是从过度嵌入的视角进行研究，对于网络平台虚拟性导致的企业"嵌入不足"研究较少涉及。

因此，在今后的研究中，一方面，不应仅仅关注网络平台的运行风险或入驻企业的运营风险，而是要聚焦于网络平台与入驻企业双方的嵌入关系，分析入驻企业的嵌入行为引发的多重嵌入风险，探究嵌入风险的特征、成因以及风险治理。另一方面，研究要从集中于"过度嵌入"或"嵌入惰性"的嵌入风险分析逐渐过渡到对"嵌入不足"情境下的嵌入风险问题开展研究。此外，要从以静态视角进行实证检验和影响结果的研究趋向于以动态视角探讨风险传导的过程和机制，从传导路径和机理的层面深入挖掘嵌入风险在不同参与主体间的传导过程，并且基于中国网络平台的发展情境，尝试探索中国经济和制度背景下网络平台嵌入风险的治理机制研究。

二、网络社会的演化趋势与治理研究

网络社会是现实社会中人们彼此互动联系的特殊场域，是人类社会本身再生产出来的一个特定的人类活动空间，是人类社会大系统的一个子系统（史海梅，2007）。在没有出现互联网之前，人与人之间的相互作用构成了社会网络，是网络社会的初级形式。随着互联网和移动互联网的发展，人与人之间的相互作用的方式在不断地变化，社会网络开始被延伸至虚拟网络，逐步形成如今的网络社会。

在网络社会的产生、发展与演化中，信息在网络关系和结构中发挥着重要作用，这三者构成了网络社会演化的要素。目前，学者们关于这三者的研究还是孤立的，并没有研究三者之间的互动关系以及这3个要素是如何推动网络社会演化的。因此，在今后的研究中，第一，可以基于社会网络理论，研究在网络社会演化过程中，虚拟性、互动性和去中心化等特征的动态变化，即网络中的节点与联结如何从现实性转变为虚拟性、从价值性互动转向习惯性互动、从中心化走向去中心化，并采用案例研究法对其进行验证。第二，信息的经济性质决定网络社会中的关系与结构，需要详细分析信息、关系与结构三者在网络社会演化过程中所起的作用，以及它们之间的动态匹配关系，以提取网络社会的演化要素。第三，网络社会的崛起依托于信息技术的发展（Altman et al.，2015），信息技术为网络社会的发展提供了前提条件。但技术只是起点，社会本身才是推动社会变革深化的关键。换句话说，信息技术与社会活动的交互作用，才能推动网络社会从低级形态向高级形态演化。因此，在今后的研究中，我们可以在分析信息技术发展历程的基础上，对不同信息技术阶段下的网络社会形态进行界定与划分，进一步采用行为博弈法分析相应形态下人与人之间的互动关系与相互作用方式，分析推动网络社会演化的动力机制。第四，在人类社会中，个人或集体的身份（identity）、地位（situation）和权力（Power），是社会形态或制度结构变迁的三大构成要素（Fraster，Dutta，2008）。我们需要通过对身份、地位和权力等因素的参数设定，深入剖析演化路径，并直观呈现网络社会的演化历程及未来方向。

在网络社会的治理研究方面，虽然不少学者在借鉴国外网络社会治理研究的基础上，对中国的网络社会治理进行了探索，但是，现有对网络社会治理的研究仍存在明显的滞后性，至今还没有学者对网络社会治理模式的演化机制以及演化过程给予系统化的阐释。同时，网络社会的治理模式并非一成不变，网络社会的治理模式在不同的发展状态下不断演化。总之，网络社会的发展变化让传统优势组织发生衰变、传统大型组织发生裂变而新兴个体和小型组织则产生聚变。组织新形式和网络社会新形式需要重新摸索，何种治理机制才能让网络社会更好地遵循生态逻辑进行自主循环将是值得重点探讨的主题。

三、网络化协同研究——以京津冀流通业为例

流通业是现代服务业的重要组成部分，是反映一个地区经济发展和社会繁荣的重要窗口，也是启动市场、促进需求和消费不断升级的助推器。近些年来，随着各个产业都实行网络化战略，引发了学术界对流通业各个细分产业（零售业、批发业、物流业、餐饮业等）中网络化发展的具体研究，但对领域内网络化协同的研究尚有不足。

而从国家战略方面看，国家在发展三大产业的同时，越发重视避免发达国家呈现的产业空心化趋势，研究京津冀流通业网络化协同发展具有重大的战略意义和价值；从流通业产业布局方面看，京津冀城市群的发展及流通业

产业布局呈现出同构化，需要构建各自的产业优势、体现互补、互利的生态互补效应；从社会功能方面看，针对京津冀流通业的未来发展提出政策建议对于改善就业、增加国民生产总值、提高经济增加值具有重大的意义和价值；在产业生态方面，京津冀流通业各产业体系的生态化水平处于逐年提高的状态，但产业发展与资源消耗和环境负荷仍处于弱脱钩状态，产业的同类集中致使京津冀流通业各产业生态系统的完备性与稳定性不足，产业生态网络缺乏复合效应和集聚效应。因而，对京津冀流通业网络协同的研究具有重要意义。

在今后的研究中，我们从京津冀流通业目前的发展态势和国内外学者的研究现状出发，基于"国家政策支持""专项规划与基础设施""完备性与稳定性""新常态与网络平台"四个方面（OSWT），分析京津冀流通业发展存在的优劣势以及机会、风险；从进化与历史性考察、演化与集体选择、互联网与大数据三个方面，对网络化协同的运作机理进行理论探析；通过"资源特性—要素流变与驱动—产业基础—产业演化"的推动，分析总结出流通业转型升级的路径及发展模式（技术过程）；通过国内外流通业各产业转型升级的路径分析比较，以分行业的方法研究流通业网络化协同的发展模式。最终结合以上研究结论，针对京津冀流通业各产业发展中存在的问题，提供可操作性的对策建议。

参 考 文 献

[1] [美] 林南. 社会资本——关于社会结构与行动理论. 张磊译. 上海人民出版社, 2006.

[2] [美] 马汀·奇达夫, 蔡文彬. 社会网络与组织. 王凤彬, 朱超威等译. 中国人民大学出版社, 2007.

[3] 凯西·卡麦兹. 建构扎根理论: 质性研究实践指南. 边国英译. 重庆大学出版社, 2009.

[4] 包凤耐, 彭正银, 韩炜. 连锁董事网、关联方网与公司治理绩效的影响. 现代财经 (天津财经大学学报), 2013, 33 (12): 94-104.

[5] 边燕杰. 社会网络与求职过程. 牛津大学出版社, 1999.

[6] 蔡继荣. 联盟伙伴特征、可置信承诺与战略联盟的稳定性. 科学学与科学技术管理, 2012, 33 (7): 133-142.

[7] 蔡宁, 潘松挺. 网络关系强度与企业技术创新模式的耦合性及其协同演化——以海正药业技术创新网络为例. 中国工业经济, 2008, 25 (4): 137-144.

[8] 蔡宁, 吴结兵. 产业集群组织间关系密集性的社会网络分析. 浙江大学学报 (人文社会科学版), 2006, 36 (4): 58-65.

[9] 曹威麟, 谭敏. 社会网络视角下跨区域技术转移绩效影响因素研究——基于我国 30 个省区关系数据的实证检验. 中国科技论坛, 2012, 28 (1): 89-95.

[10] 曾鑫, 赵黎明. 科技企业孵化器、风险投资、创业企业三方合作网络研究. 中国科技论坛, 2011, 27 (8): 62-67.

[11] 曾一军. 新创企业的社会网络嵌入研究. 科技进步与对策, 2007, 24 (12): 91-95.

[12] 曾一军. 企业网络嵌入与竞争优势. 云南社会科学, 2010, 30 (6): 108-111.

[13] 晁流. 社区自治中的利益博弈——以南京"中青园"为例. 社会, 2004, 24 (4): 31-33.

[14] 陈钦纣. 企业家社会网络嵌入机制研究. 中央财经大学学报, 2009, 29 (9): 77-80.

[15] 陈向明. 质的研究方法与社会科学研究. 教育科学出版社, 2000: 318-336.

[16] 陈艳莹, 原毅军. 治理机制与企业网络的规模: 嵌入性视角的研究. 中国工业经济, 2006, 23 (9): 102-108.

[17] 池仁勇. 区域中小企业创新网络的结点联结及其效率评价研究. 管理世界, 2007, 23 (1): 105-121.

[18] 戴维奇, 林巧, 魏江. 集群内外网络嵌入与公司创业——基于浙江省四个产业集群的实证研究. 科学学研究, 2011, 29 (4): 571-581.

[19] 党兴华, 李玲, 张巍. 技术创新网络中企业间依赖与合作动机对企业合作行为的影响研究. 预测, 2010, 29 (5): 37-43.

[20] 党兴华, 郑登攀. 对《创新网络17年研究文献述评》的进一步述评——技术创新网络的定义、形成与分类. 研究与发展管理, 2011, 23 (3): 9-15.

[21] 窦大海, 罗瑾琏. 创业动机的机构分析与理论模型构建. 管理世界, 2011, 27 (3): 182-183.

[22] 范群林, 邵云飞, 唐小我等. 结构嵌入性对集群企业创新绩效影响的实证研究. 科学学研究, 2010, 28 (12): 1891-1900.

[23] 冯立威. 博弈论与信息经济学. 中国信息导报, 2004, 48 (8): 29-30.

[24] 高伟, 聂锐. 基于嵌入关系的企业网络链接模型研究. 科技进步与对策, 2010, 27 (10): 55-59.

[25] 贡敏, 刘枭. 关系理论研究述评. 技术经济, 2008, 27 (4): 109-115.

[26] 郭劲光, 高静美. 网络、资源与竞争优势: 一个企业社会学视角下的观点. 中国工业经济, 2003, 20 (3): 79-86.

[27] 郭劲光. 网络嵌入: 嵌入差异与嵌入绩效. 经济评论, 2006, 27 (6): 24-30.

[28] 韩敬稳, 赵道致. 力量不对等供应链下游寡头行为演化机理. 北京理工大学学报社会科学版, 2012, 14 (2): 51-57.

[29] 韩敬稳. 有限理性视角下强势零售商使用买方势力行为研究. 天津大学博士学位论文, 2012.

[30] 韩炜. 基于扎根理论的企业战略定位探讨. 现代财经——天津财经大学学报, 2008, 28 (10): 38-42.

[31] 何静,徐福缘,孙纯怡等.网络组织模式及其发展趋势研究.商业研究,2003,26(2):53-55.

[32] 胡雯,武常岐.关系网络开发利用的影响因素和结果:对中国民营企业的研究.产业经济评论,2004,3(2):35-64.

[33] 胡欣悦,汤勇力,李从东.任务导向的虚拟企业间续式结盟治理机制.系统工程理论与实践,2007,27(11):34-42.

[34] 黄中伟,王宇露.关于经济行为的社会嵌入理论研究述评.外国经济与管理,2007,29(12):1-8.

[35] 姜翰,金占明.企业间关系强度对关系价值机制影响的实证研究——基于企业间相互依赖性视角.管理世界,2008,24(12):114-125.

[36] 姜翰.非对称竞争对联盟成员机会主义行为倾向影响的实证研究——以我国运动用品(鞋服)制造业为例.南方经济,2007,25(10):14-27.

[37] 姜继娇,杨乃定,王良等.RIC环境下企业风险的识别、扩散与防范机制.科研管理,2007,28(6):154-158.

[38] 蒋军锋,党兴华,薛伟贤.技术创新网络结构演变模型:基于网络嵌入性视角的分析.系统工程,2007,25(2):11-17.

[39] 金列.扩张期创业企业融资动机对其发展战略取向影响研究.浙江大学硕士学位论文,2010.

[40] 金雪军,付明明.借贷中的私人关系嵌入问题研究.商业经济与管理,2005,25(3):61-65.

[41] 凯西·卡麦兹.建构扎根理论:质性研究实践指南.重庆:重庆大学出版社,2009.

[42] 兰建平,苗文斌.嵌入性理论研究综述.技术经济,2009,28(1):104-108.

[43] 李继宏.强弱之外——关系概念的再思考.社会学研究.2003,18(3):42-50.

[44] 李玲.技术创新网络中企业合作动机及合作行为的分析.技术与创新管理,2010,31(4):373-378.

[45] 李敏,李良智.关系治理研究述评.当代财经,2012,33(12):86-91.

[46] 李培林,梁栋.网络化:企业组织变化的趋势——北京中关村200家高新技术企业的调查.社会学研究,2003,18(2):43-53.

[47] 李士忠.工业化进程中的产业集群.华中科技大学博士学位论

文,2007.

[48] 李顺才,李伟. 基于知识根植性视角的联盟协作创新研究. 研究与发展管理,2007,19(1):1-5.

[49] 李维安,林润辉,范建红. 网络治理研究前沿与述评. 南开管理评论,2014,17(5):42-53.

[50] 李维安,邱昭良. 网络组织的学习特性辨析. 科研管理,2007,28(6):175-181.

[51] 李维安. "治理一般"与"治理思维". 南开管理评论,2011,14(6):1.

[52] 李维安. 网络组织:组织发展新趋势. 北京:经济科学出版社,2003.

[53] 李维安. 信息与组织革命的产儿——网络组织. 南开管理评论,2000,3(3):1.

[54] 刘凤朝,马荣康. 组织创新网络中的中间人角色及其影响因素——以中国制药技术领域为例. 科学学研究,2011,29(8):1240-1250.

[55] 刘衡,李垣. 战略网络、结构嵌入及其形成动机. 科技进步与对策,2009,26(11):16-19.

[56] 刘兰剑. 网络能力、网络治理与企业成长间关系及研究动向分析. 软科学,2011,25(3):105-109.

[57] 刘林平. 外来人群体中的关系运用——以深圳"平江村"为个案. 中国社会科学,2001(5):112-124,207.

[58] 刘清华. 企业网络中关系性交易治理机制及其影响研究. 浙江大学博士学位论文,2003.

[59] 刘维林. 产品架构和功能架构的双重嵌入——本土制造业突破GVC低端锁定的攀升路径. 中国工业经济,2012,29(1):152-160.

[60] 刘雪锋,徐芳宁,揭上锋. 网络嵌入性与知识获取及企业创新能力关系研究. 经济管理,2015,37(3):150-159.

[61] 刘雪锋. 网络嵌入性与差异化战略及企业绩效关系研究. 浙江大学博士学位论文,2007.

[62] 刘智勇. 柔性组织网络建构:基于政府、企业、NPO、市民之间参与与合作的公共服务供给机制创新研究. 公共管理研究,2008(3):165-177.

[63] 柳青. 基于关系导向的新企业团队异质性与绩效:团队冲突的中介作用. 吉林大学博士学位论文,2010.

[64] 罗家德. 社会网分析讲义. 社会科学文献出版社, 2010: 187-192.

[65] [美] 马克·格兰诺维特. 镶嵌——社会网与经济行动: 马克·格兰诺维特论文精选. 社会科学文献出版社, 2007.

[66] 彭正银, 包凤耐. 网络嵌入的文献述评与发展动态分析. 中国管理学年会, 2011.

[67] 彭正银, 韩炜. 任务复杂性研究前沿探析与未来展望. 外国经济与管理, 2011, 33 (9): 11-18.

[68] 彭正银. 网络治理: 理论与模式研究. 经济科学出版社, 2003.

[69] 钱人瑜, 李智, 钱振健. 网络治理的研究综述与理论框架创新. 商业经济研究, 2015, 34 (2): 116-117.

[70] 秦娟娟, 彭正银, 赵娟. 基于ANP的企业网络结构嵌入动机链耦合度模糊评价. 中国管理学年会, 2013.

[71] 屈维意, 周海炜, 姜骞. 资源——能力观视角下战略联盟的协同效应层次结构研究. 科技进步与对策, 2011, 28 (24): 17-21.

[72] 任胜钢, 吴娟, 王龙伟. 网络嵌入与企业创新绩效研究——网络能力的调节效应检验. 研究与发展管理, 2011, 23 (3): 16-24.

[73] 任胜钢. 企业网络能力结构的测评及其对企业创新绩效的影响机制研究. 南开管理评论, 2010, 13 (1): 69-80.

[74] 阮平南, 田秋. 基于绩效的战略网络中节点数量的研究. 情报杂志, 2010, 29 (7): 149-152.

[75] 沈灏, 李垣. 联盟关系、环境动态性对创新绩效的影响研究. 科研管理, 2010, 31 (1): 77-85.

[76] 盛亚, 李玮. 强弱齐美尔连接对企业技术创新的影响研究. 科学学研究, 2012, 30 (2): 301-311.

[77] 寿志钢, 苏晨汀, 周晨. 商业圈子中的信任与机会主义行为. 经济管理, 2007, 29 (11): 68-72.

[78] 苏中锋, 李垣. 基于不同动机的联盟控制方式选择及其对联盟绩效的影响. 南开管理评论, 2007, 10 (5): 4-11.

[79] 孙国强, 石海瑞. 网络组织负效应的实证分析. 科学学与科学技术管理, 2011, 32 (7): 24-30.

[80] 孙国强, 石海瑞. 网络组织负效应理论研究进展. 未来与发展, 2009, 30 (11): 31-34.

[81] 孙国强. 关系、互动与协同：网络组织的治理逻辑. 中国工业经济, 2003, 20 (11): 14-20.

[82] 唐建英. 我国视听新媒体市场的并购与联盟策略. 中国广播电视学刊, 2014, 28 (2): 67-69.

[83] 唐丽艳, 陈文博, 王国红. 中小企业协同创新网络的构建. 科技进步与对策, 2012, 29 (20): 89-93.

[84] 唐跃军. 供应商、经销商议价能力与公司业绩——来自 2005—2007 年中国制造业上市公司的经验证据. 中国工业经济, 2009, 26 (10): 67-76.

[85] 王晨, 茅宁. 以无形资产为核心的价值创造系统. 科学学研究, 2004, 22 (4): 405-410.

[86] 王凤彬, 李奇会. 组织背景下的嵌入性研究. 经济理论与经济管理, 2007, 29 (3): 28-33.

[87] 王福胜, 王摄琰. CEO 变更、CEO 网络嵌入性与企业价值. 公司治理国际研讨会, 2011.

[88] 王福胜, 王摄琰. CEO 网络嵌入性与企业价值. 南开管理评论, 2012, 15 (1): 75-83.

[89] 王国红, 邢蕊, 林影. 基于社会网络嵌入性视角的产业集成创新风险研究. 科技进步与对策, 2011, 38 (2): 60-63.

[90] 王家宝, 陈继祥. 关系嵌入、学习能力与服务创新绩效——基于多案例的探索性研究. 软科学, 2011, 25 (1): 19-23.

[91] 王玲. 基于博弈论的供应链信任产生机理与治理机制. 软科学, 2010, 24 (2): 56-59.

[92] 王瑟, 邝国良. 企业网络结构对集群竞争力影响的实证研究. 科技管理研究, 2010, 30 (2): 173-175.

[93] 王晓娟. 知识网络与集群企业创新绩效——浙江黄岩模具产业集群的实证研究. 科学学研究, 2008, 26 (4): 874-879.

[94] 王颖, 王方华. 关系治理中关系规范的形成及治理机理研究. 软科学, 2007, 21 (2): 67-70.

[95] 吴爱华. 基于技能的企业组织形式对员工专用性投资的影响模型. 系统管理学报, 2011, 20 (1): 40-46.

[96] 吴淼. 关系资产与企业收益创造——兼论不同社会形态下的企业收益变化. 中南财经政法大学学报, 2002, 45 (2): 103-107.

[97] 吴明隆. 问卷统计分析实务. 重庆大学出版社, 2010.

[98] 武常岐, 吕振艳. 民营化、外资股东和嵌入性: 来自中国的数据. 经济管理, 2011, 33 (3): 51-58.

[99] 武立东, 黄海昕. 价值链治理模式与企业升级的路径选择企业集团子公司主导行为及其网络嵌入研究: 以海信集团为例. 南开管理评论, 2010, 13 (6): 125-137.

[100] 夏喆. 企业风险传导的机理与评价研究. 武汉理工大学博士学位论文, 2007.

[101] 项保华, 叶庆祥. 企业竞争优势理论的演变和构建. 外国经济管理, 2005, 27 (3): 19-25.

[102] 谢天帅, 赵玉双, 李军. 第三方物流服务商道德风险的防范. 系统管理学报, 2009, 18 (2): 137-141.

[103] 邢晓柳. 区域创新网络中基于知识共享的企业合作创新风险分析. 科技进步与对策, 2010, 27 (10): 29-31.

[104] 许冠南, 周源, 刘雪锋. 关系嵌入性对技术创新绩效作用机制案例研究. 科学学研究, 2011, 29 (11): 1728-1735.

[105] 杨林, 杨倩. 高管团队结构差异性与企业并购关系实证研究. 科研管理, 2012, 33 (11): 57-67.

[106] 杨瑞龙, 聂辉华. 不完全契约理论: 一个综述. 经济研究, 2006, 52 (2): 104-115.

[107] 杨艳. 嵌入视角下的创业研究. 情报杂志, 2010, 29 (12): 176-181.

[108] 杨燕, 高山行. 联盟稳定性、伙伴知识保护与中心企业的知识获取. 科研管理, 2012, 33 (8): 80-89.

[109] 姚益龙, 邓湘益, 张展维. 东莞市中小企业关系型贷款实证研究. 南方经济, 2012, 31 (12): 49-55.

[110] 易法敏. 关系租金与组织调试: 网络嵌入视角的诠释. 经济理论与经济管理, 2009, 29 (8): 66-70.

[111] 应维云, 覃正, 李秀. 企业竞争优势战略的理论研究综述. 开放导报, 2005, 14 (5): 105-107.

[112] 游家兴, 刘淳. 嵌入性视角下的企业家社会资本与权益资本成本——来自我国民营上市公司的经验证据. 中国工业经济, 2011, 28 (6): 109-119.

[113] 于宁. 交易双方的"嵌入关系"及其市场效应和机制. 宏观经济研

究，2010，13（6）：66-70.

[114] 余吉安，高薇，杨斌等. 资源获取中的非市场策略研究. 中国软科学，2011，26（11）：64-81.

[115] 翟学伟. 是"关系"，还是社会资本. 社会，2009，29（1）：109-121，226.

[116] 詹映，温博. 行业知识产权战略与产业竞争优势的获取——以印度软件产业的崛起为例. 科学学与科学技术管理，2011，32（4）：98-104.

[117] 张方华. 网络嵌入影响企业创新绩效的概念模型与实证分析. 中国工业经济，2010，27（4）：110-119.

[118] 张钢，任燕. 关系嵌入对创业导向的影响研究——基于组织学习的视角. 科技进步与对策，2011，28（19）：80-84.

[119] 张军，王丽敏. 网络组织中企业合作竞争的风险研究. 生产力研究，2007，22（11）：136-137.

[120] 张维迎. 博弈论与信息经济学. 上海三联书店，1996.

[121] 张玉利，杨俊，任兵. 社会资本、先前经验与创业机会——一个交互效应模型及其启示. 管理世界，2008，24（7）：91-102.

[122] 张玉利，赵都敏. 新企业生成过程中的创业行为特殊性与内在规律性探讨. 外国经济与管理，2008，30（1）：8-16.

[123] 张章颖，陈莉平. 产业融合背景下产业合作网络的嵌入性竞争优势. 科技进步与对策，2009，26（18）：69-72.

[124] 赵娟，彭正银. 企业网络组织关系嵌入理论与效应分析. 中国商贸，2012，21（31）：136-138，141.

[125] 赵永刚. 超级竞争中的演化博弈及其应用. 华中科技大学硕士学位论文，2006.

[126] 甄志宏. 从网络嵌入性到制度嵌入性——新经济社会学制度研究前沿. 江苏社会科学，2006，27（3）：97-100.

[127] 郑方. 治理与战略的双重嵌入性——基于连锁董事网络的研究. 中国工业经济，2011，28（9）：108-118.

[128] 郑晓博，朱振坤，雷家骕. 社会网络与战略匹配及其对企业绩效影响的实证研究. 科学学与科学技术管理，2011，32（1）：133-140.

[129] 周劲波，黄胜. 关系网络视角下的国际创业研究述评. 外国经济与管理，2013，35（2）：22-33.

[130] 周小虎. 企业社会资本与战略管理：基于网络结构观点的研究. 人民出版社, 2006.

[131] 周勇, 万迪昉, 王莹. 不确定性对企业进入科技园区影响的实证研究. 研究与发展管理, 2010, 22 (4): 76-84.

[132] 朱庆华, 田一辉. 企业实施绿色供应链管理动力模型研究. 管理学报, 2010, 7 (5): 723-728.

[133] 庄晋财, 沙开庆, 程李梅等. 创业成长中双重网络嵌入的演化规律研究——以正泰集团和温氏集团为例. 中国工业经济, 2012, 29 (8): 122-134.

[134] 邹佳青. 华人社会中的社会关系网络——社会网络中的中等关系与本土化解释. 当代青年研究, 2003, 21 (4): 45-49.

[135] Adler P. Market, Hierarchy and Trust: The Knowledge Economy and the Future of Capitalism [J]. Organization Science, 2001, 12 (2): 215-234.

[136] Ahuja G. Collaboration Networks, Structural Holes and Innovation: A Longitudinal Study [J]. Administrative Science Quarterly, 2000, 45 (3): 425-455.

[137] Aid C. Behind the Mask: The Real Face of Corporate Social Responsibility [J]. Journal of Dental Education, 2004, 34 (2): 168-70.

[138] Alex C., Rekha R. & Federico Tamagni. Growth Processes of Italian Manufacturing Firms [J]. Structural Change and Economic Dynamics, 2011, 22 (1), 54-70.

[139] Altman E. J., Nagle F., Tushman M. L. Innovating without Information Constraints: Organizations, Communities and Innovation: When Information Costs Approach Zero. In C. Shalley, M. Hitt, J. Zhou (Eds.), Oxford Handbook of Creativity, Innovation, and Entrepreneurship: Multilevel Linkages [M]. Oxford University Press, 2015.

[140] Andersson P. Analysing Distribution Channel Dynamics: Loose and Tight Coupling in Distribution Networks [J]. European Journal of Marketing, 1992, 26 (2): 47-68.

[141] Andersson U., Forsgren M. & Holm U. The Strategic Impact of External Networks: Susidiary Performance and Competence Development in the Multinational Corporation [J], Strategic Management Journal, 2002, 23 (11): 979-996.

[142] Arrow K. J. The Limits of Organization [M]. New York: Norton, 1974.

[143] Auster E. R. Macro and Strategic Perspectives on Inter-organizational Linkages: A Comparative Analysis and Review with Suggestions for Reorientation [J]. Advances in Strategic Management, 2010, 10 (1): 3-40.

[144] Austin J. E., Hesselbein F. & Whitehead J. C. The Collaboration Challenge: How Nonprofits and Businesses Succeed Through Strategic Alliances [J]. 2000, 30 (3): 632-634.

[145] Bae J., Gargiulo M. Partner Substitutability, Alliance Network Structure, and the Firm Profitability in the Telecommunications Industry [J]. Academy of Management Journal, 2004, 47 (6): 843-859.

[146] Baker W. The Network Organization in Theory and Practice [M]. Boston: Harvard Business Press, 1992.

[147] Barber B. All Economies Are "Embedded": The Career of a Concept, and Beyond [J]. Social Research, 1995, 62 (2): 387-413.

[148] Barney J. B. Firm Resource and Sustained Competitive Advantage [J]. Journal of Management, 1991, 17 (1): 99-120.

[149] Bartholomew S., Dacin M. T. Alliance Embeddedness: The Impact of Institutional Context in Motivating International R&D Collaboration in Biotechnology [C]. Paper Presented at the Academy of International Business Annual Meeting, Vienna. 1998.

[150] Berninghaus S., Guth W. & Kliemt H. From Teleology to Evolution: Bridging the Gap Between Rationality and Adaptation in Social Explanation [J]. Journal of Evolutionary Economics, 2003, 13 (4): 385-410.

[151] Bhattacharya C. B., Smith N. C. & Vogel D. Integrating Social Responsibility and Marketing Strategy: An Introduction [J]. California Management Review, 2004, 47 (1): 5-8.

[152] Björkman A., Piekkari R. Language and Foreign Subsidiary Control: An Empirical Test [J]. Journal of International Management, 2009, 15 (1): 105-117.

[153] Blackman Deborah, Kennedy Monica & Quazi Ali. Corporate Social Responsibility and Individual Resistance: Learning as the Missing Link in Implementation [J]. Management Learning, 2013, 44 (3): 237-252.

[154] Bradach J. L., Eccles R. G. Price, Authority and Trust: From Ideal

Types to Plural Forms [J]. Annual Review of Sociology, 1989, 15 (1): 97-118.

[155] Brian Uzzi. Social Structure and Competition in Inter-firm Networks: The Paradox of Embeddedness [J]. Administrative Science Quarterly, 1997, 42 (1): 35-67.

[156] Buckley P. J., Jeremy C. & Tan H. Reform and Restructuring in Chinese State-Owned Enterprises: Sinotrans in the 1990s [J]. Management International Reviews, 2005, 45 (2): 147-172.

[157] Burt R. S. Corporate Profit and Cooperation: Networks of Market Constraints and Directorate Ties in the American Economy [M]. New York: Academic Press. 1983.

[158] Burt R. S. Structural Holes: The Social Structure of Competition [M]. Cambridge: Harvard University Press, 1992.

[159] Burt R. S. The Contingency of Social Capital [J]. Administrative Science Quarterly, 1997, 42 (2): 339-365.

[160] Burt R. S. The Network Structure of Social Capital [J]. Research in Organizational Behavior, 2001, 22 (00): 345-423.

[161] Burt R., Waite P. & Burnley R. Cornish Mines: Metalliferous and Associated Minerals [J]. University of Exeter, 1987: 1845-1913.

[162] Campbell D. J. Task Complexity: A Review and Analysis [J]. Academy of Management Review, 1988, 13 (1): 40-52.

[163] Carroll A. B. Corporate Social Responsibility: Evolution of A Definitional Construct [J]. Business & Society, 1999, 38 (3): 268-285.

[164] Clarkson M. E. A Stakeholder Framework for Analyzing and Evaluating Corporate Social Performance [J]. Academy of Management Review, 1995, 20 (1): 92-117.

[165] Coase R. H. The Problem of Social Cost [J]. Journal of Law and Economics, 1960, 3 (10): 1-44.

[166] Coleman J. S. Social Capital in the Creation of Human Capital [J]. American Journal of Sociology, 1988, 94 (1): 464-478.

[167] Coleman, James. Foundations of Social Theory [M]. Belknap Press of Harvard University Press, 1990.

[168] Contractor F. J., Kumar V. & Kundu S. K. et al. Reconceptualizing

the Firm in a World of Outsourcing and Offshoring: The Organizational and Geographical Relocation of High-Value Company Functions [J]. Journal of Management Studies, 2010, 47 (8): 1417–1433.

[169] Cramer Jacqueline. Experiences with Structuring Corporate Social Responsibility in Dutch Industry [J]. Journal of Clearer Production, 2005, 13 (6): 583–592.

[170] Creed S. J. Subcontractor Evaluation and Management Framework for Strategic Partnering [J]. Journal of Construction Engineering & Management, 2008, 134 (11): 842–851.

[171] Cressman R. The Stability Concept of Evolutionary Game Theory [M]. Berlin Heidelberg: Springer-Verlag, 2002.

[172] Creswell J. W. Research Design: Qualitative, Quantitative and Mixed Methods Approaches [M]. California: Sage Publication, 2003.

[173] Cronin J. Differential Equations [M]. Marcel Dekker, 1994.

[174] Cyer R. M., March J. G. A Behavioral Theory of the Firm [M]. Prentice Hall, 1963.

[175] Das T. K., Teng B. S. Instabilities of Strategic Alliances: an Internal Tensions Perspective [J]. Organizational Science, 2000, 11 (1): 77–101.

[176] Dellestrand H. Subsidiary Embeddedness as a Determinant of Divisional Headquarters Involvement in Innovation Transfer Processes [J]. Journal of International Management, 2011, 17 (3): 229–242.

[177] Doane D. The Myth of CSR: The Problem with Assuming that Companies Can Do Well While Also Doing Good Is That Markets Don't Really Work That Way [J]. Stanford Social Innovation Review, 2005, 3 (3): 23–29.

[178] Dore Ronald. Goodwill and Spirit of Market Capitalism [J]. British Journal of Sociology, 1983, 34 (4): 459–482.

[179] Dörrenbächer C., Gammelgaard J. Multinational Corporations, Inter-organizational Networks and Subsidiary Charter Removals [J]. Journal of World Business, 2010, 45 (3): 206–216.

[180] Dussauge P., Garrette B. & Mitchell W. Learning from Competing Partners: Outcomes and Durations of Scale and Link Alliances in Europe, North America and Asia [J]. Strategic Management Journal, 2000, 21 (2): 99–126.

[181] Dyer J. H., Nobeoka K. Creating and Managing a High Performance Knowledge Sharing Network: the Toyota Case [J]. Strategic Management Journal, 2000, 21 (3): 345-367.

[182] Dyer J. H., Singh H. The Relational View: Cooperative Strategy and Sources of Interorganizational Competitive Advantage [J]. Academy of Management Review, 1998, 23 (4): 660-679.

[183] Eccles R. G., Nohria N. Beyond the Hype: Rediscovering the Essence of Management [M]. Harvard Business School Press, 2003.

[184] Eccles R. G. The Quasifirm in the Construction Industry [J]. Journal of Economic Behavior and Organization, 1981, 2 (4): 335-357.

[185] Eisenhardt K. M., Graebner M. E. Theory Building from Cases: Opportunities and Challenges [J]. Academy of Management Journal, 2007, 50 (1): 25-32.

[186] Eisenhardt K. M. Building Theories from Case Study Research [J]. Academy of Management Review, 1989, 14 (4): 532-550.

[187] Fernandez R. M., Weinberg N. Sifting and Sorting: Personal Contacts and Hiring in a Retail Bank [J]. American Sociological Review, 1997, 62 (6): 883-902.

[188] File K. M., Judd B. & Prince R. A. Interactive Marketing: the Influence of Participation on Positive Word-of-mouth and Referrals [J]. Journal of Service Marketing, 1992 (4): 5-14.

[189] Fisch J. H. Real Call Options to Enlarge Foreign Subsidiaries: The Moderating Effect of Irreversibility on the Influence of Economic Volatility and Political Instability on Subsequent FDI [J]. Journal of World Business, 2011, 46 (4): 517-526.

[190] Foss K., Foss N. J. & Nell P. C. MNC Organizational form and Subsidiary Motivation Problems: Controlling Intervention Hazards in the Network MNC [J]. Journal of International Management, 2012, 18 (3): 247-259.

[191] Fraster M., Dutta S. Throwing Sheep in the Boardroom: How Online Social Networking Will TransformYou Life Work and World [M]. John Wiley & Sons, 2008.

[192] Fukuyama Trust: The Social Values and the Creation of Prosperity

[M]. New York: Free Press. 1995.

[193] Furubotn E. G., Richter R. Institutions and Economic Theory: The Contribution of the New Institutional Economics [M]. University of Michigan Press, 1997.

[194] Gabow H. N., Goemans M. X. & Williamson D. P. An Efficient Approximation Algorithm for the Survivable Network Design Problem. Mathematical Programming, 1998, 82 (1): 13 - 40.

[195] Gnyawali D. R., Madhavan R. Cooperative Networks and Competitive Dynamics: A Structural Embeddedness Perspective [J]. Academy of Management Review, 2001, 26 (3): 431 - 445.

[196] Gnyawali D. R., Singal M. & Mu S. Knowledge Ties among Subsidiaries in MNCs: A Multi-level Conceptual Model [J]. Journal of International Management, 2009, 15 (4): 387 - 400.

[197] Goedhuys M., Veugelers R. Innovation Strategies, Process and Product Innovations and Growth: Firm-level Evidence from Brazil [J]. Structural Change and Economic Dynamics, 2012, 23 (4): 516 - 529.

[198] Goes J. B., Park S. H. Inter-organizational Links and Innovation: The Case of Hospital Service [J]. Academy of Management Journal, 1997, 40 (3): 673 - 696.

[199] Goodman L. E., Dion P. A. The Determinants of Commitment in the Distributor-Manufacturer Relationship [J]. Industrial Marketing Management, 2001, 30 (3): 287 - 300.

[200] Gopal A., Koka B. R. The Asymmetric Benefits of Relational Flexibility: Evidence from Software Development Outsourcing [J]. MIS Quarterly-Management Information Systems, 2012 (2): 553 - 576.

[201] Graafland J., Zhang L. Corporate Social Responsibility in China: Implementation and Challenges [J]. Business Ethics: A European Review, 2014, 23 (1): 34 - 49.

[202] Grabher G. The Weakness of Strong Ties: The Lock-in of Regional Development in the Ruhr Area Embedded Firm: Onsocial-economics of Industrial Networks [M]. London: Routledge, 1983.

[203] Granovetter M. Coase Encounters and Formal Models: Taking Gibbons Seriously [J]. Administrative Science Quarterly, 1999, 44 (1):

158-162.

[204] Granovetter M. Economic Action and Social Structure: A Theory of Embeddedness [J]. American Journal of Sociology, 1985, 91 (3): 481-510.

[205] Granovetter M. Economic Institutions as Social Constructions: A Framework for Analysis [J]. Acta Sociologica, 1992, 35 (1): 3-11.

[206] Granovetter M. The Strength of Weak Tie [J]. American Journal of Sociology, 1973, 78: 1360-1380.

[207] Gujarati D. N. Basic Econometrics (3rd) [M]. New York: McGraw-Hill, 1995.

[208] Gulai R., Singh H. The Architecture of Cooperation: Management Coordination Costs and Appropriation Concerns in Strategic Alliance [J]. Administrative Science Quarterly, 1998, 43 (4): 781-814.

[209] Gulati R., Sytch M. Dependence Asymmetry and Joint Dependence in Inter-organizational Relationships: Effects of Embeddedness on a Manufacturer's Performance in Procurement Relationships [J]. Administrative Science Quarterly, 2007, 52 (1): 32-69.

[210] Gulati R., Wang L. O. Size of the Pie and Share of the Pie: Implications of Network Embeddedness and Business Relatedness for Value Creation and Value Appropriation in Joint Ventures [J]. Research in the Sociology of Organizations, 2003, 20: 209-242.

[211] Gulati R. Does Familiarity Breed Trust? The Implications of Repeated Ties for Contractual Choice in Alliances [J]. Academy of Management Journal, 1995, 38 (1): 85-112.

[212] Gulati R. Network Location and Leaning: The Influence of Network Resources and Firm Capabilities on Alliance Formation [J]. Strategic Management Journal, 1999, 20 (5): 397-420.

[213] Gulati R. Social Structure and Alliance Formation Patterns: A Longitudinal Analysis [J]. Administrative Science Quarterly, 1995, 40 (4): 619-652.

[214] Hackley C. A., Dong Q. American Public Relations Networking Encounters China's Guanxi [J]. Public Relations Quarterly, 2001, 46 (summer): 16-19.

[215] Hagedoorn J. Understanding the Cross-level Embeddedness of Interfirm Partnership Formation [J]. Academy of Management Review, 2006, 31

(3): 670 – 690.

[216] Hakansson H. Industrial Technology Development: A Network Approach [M]. London: Croom Helm, 1987.

[217] Halinen A., Salmi A. & Havila V. From Dyadic Change to Changing Business Networks: An Analytical Framework [J]. Journal of Management Studies, 1999, 36 (6): 779 – 794.

[218] Halinen A., Törnroos J. A. The Role of Embeddedness in the Evolution of Business Networks [J]. Scandinavian Journal of Management, 1998, 14 (3): 187 – 205.

[219] Hansen M. T., Podolny J. M. & Pfeffer J. So Many Ties, So Little Time: A Task Contingency Perspective on Corporate Social Capital in Organizations [J]. Research in the Sociology of Organizations, 2001, 18 (3): 21 – 57.

[220] Hansen M. T. The Search-transfer Problem: The Role of Weak Ties in Sharing Knowledge across Organization Subunits [J]. Administrative Science Quarterly, 1999, 44 (1): 82 – 111.

[221] Heide J. B., John G. Alliances in Industrial Purchasing: The Determinants of Joint Action in Buyer-supplier Relationships [J]. Journal of Marketing Research, 1990, 27 (1): 24 – 36.

[222] Heide J. B., Miner A. S. The Shadow of the Future: Effects of Anticipated Interaction and Frequency of Contact on Buyer-Seller Cooperation [J]. Academy of Management Journal, 1992, 35 (2): 265 – 291.

[223] Heide J. B. Inter-organizational Governance in Marketing Channels [J]. Journal of Marketing, 1994, 58 (1): 71 – 85.

[224] Heikkinen M. T., Mainela T. & Still J. et al. Roles for Managing in Mobile Service Development Nets [J]. Industry Marketing Management, 2007, 36 (7): 909 – 925.

[225] Hemingway C. A., Maclagan P. W. Managers' Personal Values as Drivers of Corporate Social Responsibility [J]. Journal of Business Ethics, 2004, 50 (1): 33 – 44.

[226] Hess M. "Spatial" Relationships? Towards a Conceptualization of Embeddedness [J]. Progress in Human Geography, 2004, 28 (2): 165 – 186.

[227] Holsti O. R. Content Analysis for the Social Sciences and Human

ties. Reading [M] . MA: Addison Wesley, 1969.

[228] Homburg C. , Stierl M. & Bornemann T. Corporate Social Responsibility in Business-to-Business Markets: How Organizational Customers Account for Supplier Corporate Social Responsibility [J] . Journal of Marketing, 2013, 77 (6): 54 - 72.

[229] Huang Q. , Davison R. M. & Gu J. Impact of Personal and Cultural Factors on Knowledge Sharing in China [J] . Asia Pacific Journal of Management, 2008, 25 (3): 451 - 471.

[230] Huff L. , Kelley L. Levels of Organizational Trust in Individualist Versus Collectivist Societies: A Seven-Nation Study [J] . Organization Science, 2003, 14 (1): 81 - 90.

[231] Hulsink W. , Elfring T. & Stam W. The Locus of Innovation in Small and Medium-sized Firms: The Importance of Social Capital and Networking in Innovative Entrepreneurship [J] . Social Science Electronic Publishing, 2008, 21 (7): 1 - 47.

[232] Jamali D. , Keshishian T. Uneasy Alliances: Lessons Learned from Partnerships between Businesses and NGOs in the Context of CSR [J] . Journal of Business Ethics, 2009, 84 (2): 277 - 295.

[233] Jamali D. The Case for Strategic Corporate Social Responsibility in Developing Countries [J] . Business and Society Review, 2006, 112 (1): 1 - 27.

[234] Jaussaud J. , Schaaper J. Control Mechanisms of Their Subsidiaries by Multinational Firms: A Multidimensional Perspective [J] . Journal of International Management, 2006, 12 (1): 23 - 45.

[235] Jiang H. Relational Governance and Alliance Outcomes: An Investigation of Chinese Electronic and Telecommunication Manufacturing [C] . Annual Management Conference in Kyoto University. 2007.

[236] Jianyun T. W. , Glenn Rowe. The Liability of Closeness: Business Relatedness and Foreign Subsidiary Performance [J] . Journal of World Business, 2012, 47 (2): 288 - 296.

[237] Johnson C. , Ford R. & Kaufman J. M. Emotional Reactions to Conflict: Do Dependence and Legitimacy Matter? [J] . Social Forces, 2000, 79 (1): 107 - 137.

[238] Jones C. , Hesterly W. S. & Borgatti S. P. A General Theory of Network Governance: Exchange Conditions and Social Mechanisms [J]. Academy of Management Review, 1997, 22 (4): 911 – 945.

[239] Kale P. , Singh H. & Perlmutter H. Learning and Protection of Proprietary Assets in Strategic Alliances: Building Relational Capital [J]. Strategic Management Journal, 2000, 21 (3): 217 – 237.

[240] Kaufmann L. , Roessing S. Managing Conflict of Interests between Headquarters and Their Subsidiaries Regarding Technology Transfer to Emerging Markets: A Framework [J]. Journal of World Business, 2005, 40 (3): 235 –253.

[241] Kevin Zheng Zhou, Chengting Su & Yeqing Bao. A Paradox of Price-quality and Market Efficiency: A Comparative Study of the US and China Markets [J]. International Journal of Research in Marketing, 2002, 19 (4): 349 – 365

[242] Khoo H. H. , Tan D. K. C. Using the Australian Business Excellence Framework to Achieve Sustainable Business Excellence [J]. Corporate Social Responsibility and Environmental Management, 2002, 9 (4): 196 – 205.

[243] Klerkx L. , Villalobos P. & Engler A. Variation in Implementation of Corporate Social Responsibility Practices in Emerging Economies' Firms: A Survey of Chilean Fruit Exporters [J]. Natural Resources Forum, 2012, 36 (2): 88 – 100.

[244] Knuth M. Broken Hierarchies, Quasi-markets and Supported Networks-A Governance Experiment in the Second Tier of Germany's Public Employment Service [J]. Social Policy & Administration, 2014, 48 (2): 240 – 261.

[245] Koka B. R. , Madhavan R. & Prescott J. E. The Evolution of Interfirm Networks: Environmental Effects on Patterns of Network Change [J]. Academy of Management Review, 2006, 31 (3): 721 – 737.

[246] Krackhardt D. The Strength of Strong Ties: The Importance of Philos in Organizations [J]. Networks and Organizations, 1992: 216 – 239.

[247] Kyte R. , Stiglitz J. 2007 Grotius Lecture Response Balancing Rights with Responsibilities: Looking for the Global Drivers of Materiality in Corporate Social Responsibility and The Voluntary Initiatives that Develop and Support Them [J]. American University International Law Review, 2008, 23 (3): 451 – 558.

[248] Lane P. J. , Lubatkin M. Relative Absorptive Capacity and Inter-Or-

ganizational Learning [J]. Strategic Management Journal, 1998, 19 (5): 461-477.

[249] Larissa Rabbiosi. Subsidiary Roles and Reverse Knowledge Transfer: An Investigation of the Effects of Coordination Mechanisms [J]. Journal of International Management, 2011, 17 (2): 97-113.

[250] Larson A. Network Dyads in Entrepreneurial Settings: A Study of the Governance of Exchange Relationships [J]. Administrative Science Quarterly, 1992, 37 (1): 76-104.

[251] Larson A. Network Dyads in Entrepreneurial Settings: A study of the Governance of Exchange Relationships [J]. Administrative Science Quarterly. 1992, 37 (1): 76-104.

[252] Larson R. The Handshake between Invisible and Visible Hands [J]. International Studies of Management and Organization, 1993, 23 (1): 87-106.

[253] Lavie D. Alliance Portfolios and Firm Performance: A Study of Value Creation and Appropriation in the US Software Industry [J]. Strategic Management Journal, 2007, 28 (12): 1187-1212.

[254] Lechner C., Kreutzer M. Coordinating Growth Initiatives in Multi-unit Firms [J]. Long Range Planning, 2010, 43 (1): 6-32.

[255] Lee C. Y. A Theory of Firm Growth: Learning Capability, Knowledge Threshold and Patterns of Growth [J]. Research Policy, 2010, 39 (2): 278-289.

[256] Lee T. W. Using Qualitative Methods in Organizational Research [J]. Beverly Hills, CA: Sage Publications, Inc., 1999.

[257] Lin N. Building a Network Theory of Social Capital [J]. Connections, 1999, 22 (1): 29-51.

[258] Lindgreen A., Swaen V. & Maon F. Introduction: Corporate Social Responsibility Implementation [J]. Journal of Business Ethics, 2009, 85 (2): 251-256.

[259] Ling Hu. A Research on the Mechanism of Strategic Management Knowledge Transfer from MNC Headquarters to Chinese Subsidiaries [J]. Energy Procedia, 2011, 13: 9954-9962.

[260] Lusch R. F., Brown J. R. Independency, Contracting and Relational Behavior in Marketing Channel [J]. Journal of Marketing, 1996, 60 (10): 19-38.

[261] Maignan I., Ferrell O. C. & Ferrell L. A Stakeholder Model for Implementing Social Responsibility in Marketing [J]. European Journal of Marketing, 2005, 39 (9/10): 956-977.

[262] Marcela Miozzo, Mo Yamin. Institutional and Sectoral Determinants of Headquarters Subsidiary Relationships: A Study of UK Service Multinationals in China, Korea, Brazil and Argentina [J]. Long Range Planning, 2012, 45 (1): 16-40.

[263] March J., Simon H. Organizations [M]. New York: Wiley, 1958.

[264] Mayhew B H. Behavioral Observability and Compliance with Religious Proscriptions on Birth Control [J]. Social Forces, 1968, 47 (1): 60-70.

[265] Mcevily B., Marcus A. Embedded Ties and the Acquisition of Competitive Capabilities [J]. Strategic Management Journal, 2005, 26 (11): 1033-1055.

[266] Mcwilliams A., Siegel D. S. Creating and Capturing Value: Strategic Corporate Social Responsibility, Resource-Based Theory, and Sustainable Competitive Advantage [J]. Journal of Management: Official Journal of the Southern Management Association, 2011, 37 (5): 1480-1495.

[267] Mehmet D., Marina A. & Ekrem T. Survival of Japanese Subsidiaries in the Middle East and North Africa [J]. Journal of World Business, 2011, 46 (4): 411-425.

[268] Miner A. S., Amburgey T. L. & Stearns T. M. Inter-organizational Linkages and Population Dynamics: Buffering and Transformational Shields [J]. Administrative Science Quarterly, 1990, 35 (4): 689-713.

[269] Moon J. The Social Responsibility of Business and New Governance [J]. Government and Opposition, 2002, 37 (3): 385-408.

[270] Mowery D. C., Silverman B. S. Strategic Alliances and Interfirm Knowledge Transfer [J]. Strategic Management Journal, 2015, 17 (S2): 77-91.

[271] Nee V. Norms and Networks in Economic and Organizational Performance [J]. American Economic Review, 1998, 88 (2): 85-89.

[272] Nijhof A., Bruijn T. D. & Honders H. Partnerships for Corporate Social Responsibility: A Review of Concepts and Strategic Options [J]. Management Decision, 2008, 46 (1): 152-167.

[273] Ocasio W. Towards An Attention-based View of the Firm [J].

Strategic Management Journal, 1997, 18 (S1): 187-206.

[274] Oliver A. L. , Ebers M. Networking Network Studies: An Analysis of Conceptual Configurations in the Study of Inter-Organizational Relationships [J]. Organization Studies, 1998, 19 (4): 549-583.

[275] Oliver C. Institutional Embeddedness and the Dynamics of Organizational Populations [J]. American Sociological Review, 1992, 57 (4): 540.

[276] Panapanaan V. M. , Linnanen L. & Karvonen M. M. et al. Road Mapping Corporate Social Responsibility in Finnish Companies [J]. Journal of Business Ethics, 2003, 44 (2): 133-146.

[277] Park S. H. , Luo Y. Guanxi and Organizational Dynamic: Organizational Networking in Chinese Firms [J]. Strategic Management Journal, 2001, 22 (1): 455-477.

[278] Paul S. A. Market, Hierarchy and Trust: The Knowledge Economy and the Future of Capitalism [J]. Organization Science, 2001, 12 (2): 215-234.

[279] Paul S. A. Social Capital: Maturation of a Field of Research [J]. Academy of Management Review, 2014, 39 (4): 412-422.

[280] Peng G. Z. FDI Legitimacy and MNC Subsidiary Control: From Legitimation to Competition [J]. Journal of International Management, 2012, 18 (2): 115-131.

[281] Peng M. W. The Resource-based View and International Business [J]. Journal of Management, 2001, 27 (6): 803-829.

[282] Polanyi K. Trade and Market in the Early Empires [M]. Nueva York: MacMillan. 1957.

[283] Pomering A. , Dolnicar S. Assessing the Prerequisite of Successful CSR Implementation: Are Consumers Aware of CSR Initiatives? [J]. Journal of Business Ethics, 2009, 85 (2): 285-301.

[284] Poppo L. , Zenger T. Do Formal Contracts and Relational Governance Function as Substitutes or Complements? [J]. Strategic Management Journal, 2002, 23 (8): 707-725.

[285] Putnam R. D. Tuning in, Tuning out: The Strange Disappearance of Social Capital in America [J]. Political Science and Politics, 1995, 28 (4): 664-683.

[286] Ring P. S. , Ven A. H. V. D. Structuring Cooperative Relationship Between Organizations [J] . Strategic Management Journal, 1992, 13 (7): 483 - 498.

[287] Risso M. A Horizontal Approach to Implementing Corporate Social Responsibility in International Supply Chains [J] . International Journal of Technology Management, 2012, 58 (1/2): 64 - 82.

[288] Rodrigo P. , Arenas D. Do Employees Care About CSR Programs? A Typology of Employees According to Their Attitudes [J] . Journal of Business Ethics, 2008, 83 (2): 265 - 283.

[289] Salman N. , Saives A. L. Indirect Networks: An Intangible Resource for Biotechnology Innovation [J] . R&D Management, 2005, 35 (2): 356 - 412.

[290] Schotter A. , Beamish P. W. Performance Effects of MNC Headquarters-subsidiary Conflict and the Role of Boundary Spanners: The Case of Headquarter Initiative Rejection [J] . Journal of International Management, 2011, 17 (3): 243 - 259.

[291] Shane S. , Cable D. Network Ties, Reputation and the Financing of New Ventures [J] . Management Science, 2002, 48 (3): 364 - 381.

[292] Shipilov A. V. Network Strategies and Performance of Canadian Investment Banks [J] . Academy of Management Journal, 2007, 49 (3): 590 - 604.

[293] Shrivastava P. , Huff A. S. & Dutton J. E. et al. The Embeddedness of Strategy [J] . Studies in Surface Science & Catalysis, 1996, 147 (4): 619 - 624.

[294] Simon H. A. Administrative Behavior: A Study of Decision Making Processes in Administrative Organization [M] . New York: Macmillan Publishing Co. , 1971.

[295] Simsek Z. , Lubatkin M. H. & Floyd S. W. Inter-firm Networks and Entrepreneurial Behavior: A Structural Embeddedness Perspective [J] . Journal of Management. 2003, 29 (3): 427 - 442.

[296] SitkinSim B. , Pablo Amy L. Reconceptualizing the Determinants of Risk Behavior [J] . Academy of Management Review, 1992, 17 (1): 9 - 38.

[297] Tajfel H. , Turner J. C. The Social Identity Theory of Intergroup Behavior [J] . Political Psychology, 1986, 13 (3): 276 - 293.

[298] Teece D. J. Profiting from Technological Innovation: Implications for Integration, Collaboration, Licensing and Public Policy [J] . Research Policy,

1993, 15 (6): 285-305.

[299] Thune T. University-industry Collaboration: The Network Embeddedness Approach [J]. Science and Public Policy, 2007, 34 (3): 158-168.

[300] Tolstoy D., Agndal H. Network Resource Combinations in the International Venturing of Small Biotech Firms [J]. Technovation, 2010, 30 (1): 24-36.

[301] Tzeng C. H. An Evolutionary-institutional Framework for the Growth of an Indigenous Technology Firm: The Case of Lenovo Computer [J]. Technology in Society, 2011, 33 (3): 212-222.

[302] Uzzi B., Spiro J. Collaboration and Creativity: the Small World Problem [J]. American Journal of Sociology, 2005, 111 (2): 447-504.

[303] Uzzi B. Embeddedness in the Making of Financial Capital: How Social Relations and Networks Benefit Firms Seeking Financing [J]. American Sociological Review, 1999, 64 (4): 481-505.

[304] Uzzi B. Social Structure and Competition in Inter-firm Network: The Paradox of Embeddedness [J]. Administrative Science Quarterly, 1997, 42 (1): 35-67.

[305] Uzzi B. The Sources and Consequences of Embeddedness for the Economic Performance of Organizations: the Network Effect [J]. American Sociological Review, 1996, 61 (4): 674-689.

[306] Vissa B. A Matching Theory of Entrepreneurs' Tie Formation Intention of Economic Exchange [J]. Academy of Management Journal, 2011, 54 (1): 137-158.

[307] Walters G., Anagnostopoulos C. Implementing Corporate Social Responsibility through Social Partnerships [J]. Business Ethics: A European Review, 2012, 21 (4): 417-433.

[308] Wang C. L., Siu N. Y. M. & Barnes B. R. The Significance of Trust and Renqing in the Long-term Orientation of Chinese Business-to-business Relationships [J]. Industrial Marketing Management, 2008, 37 (7): 819-824.

[309] Wang S. Y., Windsor C. & Yates P. Introduction to grounded theory [J]. The Journal of Nursing, 2012, 59 (1): 91-95.

[310] Wathne H. Kenneth, Heide B. Jan. Opportunism in Interfirm Rela-

tionships: Forms, Outcomes and Solutions [J]. Journal of Marketing, 2000, 64 (4): 36 – 51.

[311] Wernerfelt B. A Resource-based View of the Firm [J]. Strategic Management Journal, 1984, 5 (2): 171 – 180.

[312] White D. R., Owen-Smith J. Networks Fields and Organizations: Micro-dynamics, Scale and Cohesive Embeddings [J]. Computational and Mathematical Organization Theory, 2004, 10 (1): 95 – 117.

[313] Williams C. Subsidiary-level Determinants of Global Initiatives in Multinational Corporations [J]. Journal of International Management, 2009, 15 (1): 92 – 104.

[314] Williamson O. E. Comparative Economic Organization: The Analysis of Discrete Structural Alternatives [J]. Administrative Science Quarterly, 1991, 36 (2): 269 – 296.

[315] Williamson O. E. Economic Institutions: Spontaneous and Intentional Governance [J]. Journal of Law Economics and Organization, 1991, 7 (Special Issue): 159 – 187.

[316] Williamson O. E. The Economic Institute of Capitalism [M]. New York: Free Press, 1985.

[317] Wong Y. H., Tam J. L. M. Mapping Relationships in China: Dynamic Approach [J]. Journal of Business and Industrial Marketing, 2000, 15 (1): 57 – 70.

[318] Xiao Z., Tsui A. S. When Brokers May Not Work: The Cultural Contingency of Social Capital in Chinese High-tech Firms [J]. Administrative Science Quarterly, 2007, 52 (1): 1 – 31.

[319] Xiao Z., Tsui A. S. When Brokers May Not Work: The Cultural Contingency of Social Capital in Chinese High-tech Firms [J]. Administrative Science Quarterly, 2007, 52 (1): 1 – 31.

[320] Xin K. R., Pearce J. L. GuanXi: Connections as Substitutes for Formal Institutional Support [J]. Academy of Management Journal, 1996, 39 (6): 1641 – 1658.

[321] Yan A., Gray B. Bargaining Power, Management Control, and Performance in United States-China Joint Ventures: A Comparative Case Study [J].

Academy of Management Journal, 1994, 37 (6): 1478-1517.

[322] Yin R. K. Case study research: design and methods [M]. Blackwell Science Ltd, 1989.

[323] Yli-Renko H., Autio E. & Sapienza H. J. Social Capital, Knowledge Acquisition and Knowledge Exploitation in Young Technology-Based Firms [J]. Strategic Management Journal, 2001, 22 (6-7): 587-613.

[324] Zaheer A., McEvily B. & Perrone V. Does Trust Matter? Exploring the Effects of Interorganizational and Interpersonal Trust on Performance [J]. Organization Science, 1998, 9 (2): 141-159.

[325] Zhang J., Hoenig S. & Benedetto A. D. et al. What Contributes to the Enhanced Use of Customer, Competition and Technology Knowledge for Product Innovation Performance?: A Survey of Multinational Industrial Companies' Subsidiaries Operating in China [J]. Industrial Marketing Management, 2009, 38 (2): 207-218.

[326] Zimmerman M. Weaving the Web: The Original Design and Ultimate Destiny of the World Wide Web by Its Inventor [Book Review] [M]. DIANE Publishing Company, 1999: 20.